墨香财经学术文库

辽宁省教育厅基本科研项目（LJKR0220）研究成果

U0656634

总承包企业网络治理能力对项目绩效的影响研究

Research on the Impact of Network Governance Capabilities of General Contracting Enterprises on Project Performance

张锦兰　著

东北财经大学出版社
Dongbei University of Finance & Economics Press

大连

图书在版编目（CIP）数据

总承包企业网络治理能力对项目绩效的影响研究 / 张锦兰著. 一大连：东北财经
大学出版社，2024.6
（墨香财经学术文库）
ISBN 978-7-5654-5261-1

Ⅰ.总… Ⅱ.张… Ⅲ.互联网−影响−建筑工程−承包工程−建筑企业−工业企业管
理−项目管理−经济绩效−研究 Ⅳ.F407.96

中国国家版本馆CIP数据核字〔2024〕第099069号

东北财经大学出版社出版发行

　大连市黑石礁尖山街217号　邮政编码　116025

　网　　址：http∥www.dufep.cn

　读者信箱：dufep@dufe.edu.cn

大连永盛印业有限公司印刷

幅面尺寸：170mm×240mm　字数：210千字　印张：14.5　插页：1
2024年6月第1版　　　　　2024年6月第1次印刷
责任编辑：王　莹　王　斌　责任校对：刘贤恩
封面设计：原　皓　　　　　版式设计：原　皓
定价：75.00元

本书系沈阳建筑大学马克思主义学院中央财政支持地方高校改革发展资金建设项目资助成果。

前言

　　总承包作为国内外大型复杂工程项目的重要组织形式，是以向业主交付最终产品为目的，对项目进行整体构思、系统安排、协调运行的承包体系。总承包项目生命周期较长、业务流程复杂、利益相关者众多，这意味着项目目标的实现有赖于利益相关者专业分工与动态协作。价值网络中的各利益相关者在为获得项目价值进行合作的过程中难免因价值分配不均衡而产生矛盾和冲突，其中价值网络的协同效应成为确保项目目标实现的关键。因此，总承包项目治理体现为项目利益相关者对价值网络的治理。

　　近年来，尽管我国总承包项目数量持续上涨，但整体上其自身系统优势并未得到充分发挥，加之各利益相关者衔接不够紧密，因而难以通过分工与协调实现项目整体竞争力的提升。总承包企业作为价值网络的核心企业，其治理能力决定了能否有效协同合作企业，以便共同实现项目最优绩效。然而，现有研究对网络治理能力的探讨相对有限，其内涵、维度等仍较为模糊，尤其是针对临时性项目网络情境下总承包企业网络治理能力的状况及对项目绩效的影响研究更为少见。

　　有鉴于此，本书基于项目治理理论、社会网络理论和协同理论，梳理并借鉴了总承包项目管理、网络治理能力、界面协同以及项目绩效等研究成果，并综合运用文献研究、扎根理论、案例分析和实证研究等方法，从总承包企业网络治理能力概念界定与测量入手，探索并检验了总承包企业网络治理能力对项目绩效的作用机理。本书的主要内容包括：

　　第一，完成了总承包企业网络治理能力概念的界定与测量。本书在梳理总承包企业能力、网络治理能力等相关文献的基础上，采用扎根理论方法，深入调研走访总承包企业，收集相关数据信息，并通过规范的三级编码分析，获取了总承包企业网络治理能力的初始测量题项。在此基础上，通过基于大样本数据统计的探索性因子分析和验证性因子分析，检验了该构念测量工具的信度与效度，最终形成总承包企业网络治理能力的测量量表。结果表明，总承包企业网络治理能力是包含四个核心维度的一阶多维度构念。四个维度分别是网络交流能力、网络整合能力、网络控制能力和网络学习能力，分别反映了总承包企业在项目网络治理过程中应具备的不同能力，这不仅明晰了该构念的内涵，也为后续探索总承包企业网络治理能力与项目绩效之间的内在关系及实证研究奠定了基础。

　　第二，有效识别了总承包企业网络治理能力影响项目绩效的作用机理。本书采用多案例分析方法，选取四个典型案例，通过纵向案例研究分别对四个案例企业的网络治理能力、界面协同以及项目绩效状况进行剖析，初步分析了三个概念之间的内在逻辑关系。在此基础上，以跨案例横向对比的方法识别出总承包企业的网络治理能力、界面协同与项目绩效的作用关系机理，并对蕴含其中的内在规律进行研究。研究结果显示，总承包企业网络治理能力对项目绩效的影响是通过界面协同效应实现的，总承包企业在网络治理中能够促进合作企业间协同效应的发挥，进而推动项目绩效的提升。基于此，本书探索出总承包企业"网络治理能力–界面协同–项目绩效"的关系模型，通过提出相关概念之间的关系，揭示了总承包企业网络治理能力影响项目绩效的"黑箱"。

　　第三，实证检验了总承包企业网络治理能力与界面协同以及项目绩效之间的关系。本书在对相关文献及根据案例研究所得概念间的关系进行梳理后，提出了相关研究假设和"网络治理能力–界面协同–项目绩效"的理论框架，并采用结构方程模型，通过大样本数据分析验证了研究假设。研究结果表明，网络治理能力对界面协同、项目绩效具有显著正向影响，界面协同对项目绩效具有显著正向影响。中介效应检验结果显示，总承包企业网络治理能力在对项目绩效产生正向影响的同时，还通过界面协同推动项目绩效的提高。可见，总承包企业网络治理能力与界面协同在实现项目绩效中发挥着重要作用，研究结论明确了总承包企业网络治理能力、界面协同与项目绩效三个概念间的理论逻辑，为总承包企业提高项目绩效提供了基本路径。

本书的研究成果丰富并深化了项目治理理论、协同理论、社会网络理论等研究，在一定程度上拓展了相关理论的研究范畴，取得了以下研究进展：一是基于扎根理论，探索并开发了总承包企业网络治理能力的内涵、结构表征及测量量表，拓展了网络治理情境下总承包企业能力研究；二是突破了传统静态视角研究项目治理范式，运用社会网络分析，从网络层面研究总承包项目治理，丰富了临时性项目情境下的网络治理研究，在理论上具有一定的开创性；三是探明并检验了本土情境下总承包企业网络治理能力对项目绩效的影响机制，提出了"网络治理能力–界面协同–项目绩效"的理论模型，揭示了界面协同在二者之间的中介作用，拓展了临时性项目网络治理视角下的协同理论研究。

作　者

2024 年 3 月

目录

1 绪论

1.1 研究背景

在经济全球化和社会环境快速变化的大背景下，项目工程领域的专业化分工愈加明显，总承包模式作为一种对整体项目进行全面构思、统筹安排、协调推进的承包体系，已成为国内外大型复杂工程项目的重要组织实施形式。在总承包项目模式下，整个项目的完成离不开由诸多合作企业共同组成的网络合作。基于此，如何更好地提高网络治理能力、提升合作效率、推动项目绩效提升成为总承包企业面临的重要课题。

1.网络化发展趋势为我国总承包企业发展提出了更高要求

2023年，美国《工程新闻纪录》（ENR）发布的"全球最大250家国际承包商"中有81家中国企业上榜，其2022年国际营业额合计1 179.3亿美元，同比增长4.4%，占全部上榜企业国际营业总额的27.5%。这一数据充分体现出中国总承包企业在全球工程建筑市场的领先地位。事实上，无论是国际市场还是国内市场，工程总承包近年来都得到了广泛的应用和推广，尤其是在建筑、电力、化工、石化以及冶金等行业，总承包模式已逐渐发展成为一种主流模式。可见，我国总承包企业在国际市场上的发展优势逐渐显现，特别是随着我国共建"一带一路"倡议的提出，世界各国对总承包项目的需求也愈加旺盛，这对我国总承包企业参与国际竞争提出了新的挑战。

总承包企业得到快速发展并被广泛认可，主要受两方面因素影响：一是离不开网络化发展趋势的推动；二是由总承包企业自身特点所决定。首先，伴随着经济全球化和信息技术的迅猛发展，企业的生存环境和生存方式发生了巨大变化。作为社会网络的重要组成部分，企业不可能脱离社会关系而独立存在，必然遵循社会规则开展活动，尤其是在协调处理各种社会关系的基础上推动自身发展（Murphy，1985）。经济全球化扩大了企业之间的交往范围，交往形式也变得愈加多样，企业发展更多地依赖于相互间密切合作；而现代信息技术的发展不仅为企业提供了外向合作的技术条件，而且促进了企业获取外部资源的范围和能力。由全球化、信息化推动的网络化发展趋势为总承包企业快速发展创造了参与全球竞争的条件。其次，总承包企业为业主提供投资少、工期短、高质量的综合服务优势得到业主的青睐。总承包项目的实施需要从项目整体进行把控，而大多总承包企业不具备一体化建设能力，这就需要通过整合设计、采购、施工等不同环节供应主体资源，实现项目目标。总承包企业无法通过一己之力来满足业主越来越高的现实需求状态，决定了只有形成以专业能力为基础的社会化分工合作网络实现资源共享，才能通过优势互补，提升项目绩效。

可见，在网络化发展趋势下，企业间的竞争已由个体竞争转入到以合作为主导的协作型竞争，竞争主体由单个企业转向企业网络间的竞争。总承包企业只有顺应这一发展要求，有效发挥自身竞争优势，积极嵌入全球经济竞争网络中，构建良好的网络关系，才能立足于世界经济发展之林。

2.总承包企业网络治理能力已成为提升项目绩效的关键着力点

经过多年的培育和发展，尽管我国总承包企业在不断发展中取得了显著成果，但整体实力仍然参差不齐。现阶段，我国总承包企业主要是通过强强联合模式，协同合作企业共同参与国际工程总承包市场竞争，而这一模式更多局限于表面化合作，有时不能形成集成管理、资源共享的有机融合格局。通过对我国总承包企业调研发现，导致无法有机融合的内在原因主要是总承包企业不能充分发挥主导作用，没有有效引领、协调合作企业来实现统筹全局发展。

从价值管理视角分析，总承包项目目标实现的过程就是项目价值创造的过程，有赖于所有利益相关者面向全生命周期的价值协同创造与价值系统增值。总承包项目网络是参与项目实施的利益相关者进行价值获取和价值创造的有效载体，总承包项目需要通过价值网络中各利益相关者自身的价值创造，以及利益相关者之间的价值协调来提高项目运行效率，降低项目交易成本，实现项目价值增值。而总承包企业作为项目实施的总设计师，肩负着决定和把控价值网络发展方向和发展路径的重要责任。所以，总承包企业能否在项目价值网络中发挥自身特殊资源优势，实现网络有效治理，对项目绩效水平至关重要。然而，通过梳理已有总承包企业能力相关文献，发现鲜有从网络治理视角进行总承包企业能力的研究。因此，探索总承包企业网络治理能力及其对项目绩效的影响机理，不仅能够弥补现有关于网络治理能力方面研究的不足，也将为我国总承包企业培育和发展相关能力提供有益的理论参考。

3.项目合作网络中企业之间的协同研究成为管理学领域研究热点

由于总承包项目生命周期较长、业务流程复杂、利益相关者众多，实现项目目标必须依赖于利益相关者专业分工与动态协作。而在由诸多利益相关者构成的总承包项目价值网络中，各利益相关者在为获得项目价值进行合作的同时，也难免因价值分配等因素产生矛盾冲突。这是因为参与网络合作的利益相关者作为相互独立的个体存在明显的异质性，他们在项目目标、运行方式、企业文化等方面存在差异，在整个项目生命周期内表现出复杂的关系与行为。加之一些总承包企业只注重项目短期目标和眼前利益，忽视了在产业内协同发展获得整体竞争优势等战略目标，这不仅不利于项目总体目标实现，而且还会影响企业自身长远发展。

　　总承包企业作为价值网络的总体协调者，承担着对项目全生命周期内不同阶段、不同过程和利益相关者之间进行协调与决策的责任。总承包企业如何有效协调各利益相关者之间的关系，防范和化解各种风险，减少矛盾冲突，最大限度地消除因各种不确定因素导致的界面壁垒是项目取得成功的关键。而现实的状况是，一些总承包企业由于缺乏有效的网络治理能力，在网络合作中并没有协调处理好与利益相关者的关系，致使项目建设过程中出现诸多不协调不一致的问题，这必然导致项目网络不能始终保持科学有序的运行状态，最终影响项目价值的系统增值。从已有研究成果看，针对我国总承包企业在项目管理中网络协同化方面的研究相对欠缺。因此，有必要从网络治理层面，深入探讨总承包企业如何对项目的全过程各要素进行动态协同管理，这对于促使利益相关者之间实现协同效应，提高项目绩效水平，具有重要的研究价值。

　　综上所述，我们必须正视当前工程项目建设所处的时代发展背景，客观认识我国总承包企业的整体实力和水平，着力构建完善总承包企业的网络治理能力，增强总承包企业在国内外工程领域的竞争优势，充分利用网络化发展为我们带来的良好机遇，通过培育具有科研、设计、施工、咨询服务等综合实力的工程总承包企业，为我国工程建设产业实现又好又快发展作出贡献。基于此，本书围绕总承包企业网络治理能力展开专题探讨，并进行总承包企业网络治理能力影响项目绩效的理论分析与实证研究，旨在明晰总承包企业网络治理能力影响项目绩效的作用机理。

1.2　研究意义

　　本书立足于总承包企业的网络治理能力研究，探索性地提出总承包企业网络治理能力的内涵及测量指标，并构建总承包企业网络治理能力与项目绩效的关系模型，揭示了总承包企业网络治理能力对项目绩效的内在作用机理，研究结论将为总承包企业网络治理的研究提供有力的理论支持和实践指导。

1.2.1　理论意义

1.本书对总承包企业网络治理能力进行内涵解读与测量量表开发，为深入做好网络治理研究奠定理论基础

目前，学者们对网络治理方面的研究时间较短，特别是基于网络视角的总承包项目研究更是少见，鲜有学者聚焦于"总承包企业网络治理能力"进行探讨和分析，这也导致了网络治理的内涵及测量尚不清晰。现有对网络治理的研究中，学者们多是着眼于战略网络、动态联盟等长期合作导向的网络组织，很少从项目网络这一临时性契约关系网络进行研究，这种对于网络治理属性的认识只是将网络治理一般化地放在网络化背景中，还难以从根本上阐释总承包企业网络治理能力的实质。因此，本书围绕总承包企业网络治理能力，通过对总承包项目的发展现状分析，借助项目治理、社会网络等相关理论，提出总承包企业网络治理能力的概念，利用扎根理论研究以及相关统计方法，划分了总承包企业网络治理能力的结构维度，并开发了相应的概念测量量表，这些探索为后续做好总承包企业网络治理能力的分析，尤其是对项目绩效的影响及作用机理研究奠定了概念内涵与工具基础。

2.通过对总承包项目实践情境的分析，针对总承包企业网络治理能力对项目绩效的作用机理进行系统识别，以界面协同为中介完善了"能力-绩效"的研究范式

现有研究一般围绕网络能力对项目绩效之间的影响关系进行探讨，这些研究大多停留于理论分析层面，由于缺乏对特定背景下总承包企业研究的系统性、针对性，加之实践情境的支持与印证不足，致使一些结论有待于进一步论证和检验。同时，相关研究中缺少针对中介变量的分析，尤其是少见中间变量对项目绩效影响过程机制的研究，这也导致在深入探究网络运行内在机理方面具有很大的局限性。因此，本书采用案例研究方法，突出网络治理的研究视角，结合具体总承包项目实践情境，探索性分析了总承包企业网络治理能力与项目绩效之间的作用机理。特别是研究中引入了界面协同这一中介变量，探究了"网络治理能力-界面协同-项目绩效"过程机理，这些研究有助于企业对于项目绩效实现路径与关键要素的选择，尤其是能够帮助企业揭示总承包企业网络治理能力与项目绩效的关系"黑箱"。

3.通过大样本实证统计分析，全面揭示总承包企业网络治理能力、界面协同与项目绩效之间的关系，为后续做好总承包企业网络治理研究提供借鉴

当前，对于总承包企业网络治理与项目绩效关系的研究仍然处于理论探索阶段，缺乏立足于大样本统计检验的实证研究。无论是管理学领域还是经济学领域，相关研究的共性问题是各领域基本以案例研究、理论思辨等定性分析方法为主，这些研究成果在应用方面不具有更为广泛的普适性和推广价值，特别是围绕总承包企业网络治理能力对项目绩效的影响研究更为少见。因此，本书在剖析"网络治理能力-界面协同-项目绩效"内在作用机理的基础上，构建了三者之间的关系假设并推理出相互间的路径模型，并通过大样本统计实证方法对各变量之间的内在逻辑关系进行检验，揭示了总承包企业网络治理能力对项目绩效的影响路径。这些研究进一步促进了总承包企业价值创造与增值能力，有益于从界面协同的视角为总承包企业网络治理问题提供新的研究途径和解决方案，进而推动了网络治理研究体系的系统构建，在进一步拓展网络治理理论方面具有较为深刻的理论价值。

1.2.2　现实意义

1.为总承包企业提供网络治理策略，有助于总承包企业在提高网络治理能力基础上实现网络运行良性互动

对总承包企业网络治理能力这一概念进行深度开发与检验，有助于总承包企业从网络交流能力、网络整合能力、网络控制能力、网络学习能力视角深刻认识和理解网络治理能力的内涵和测量方法，有利于总承包企业更好地探寻提升网络治理能力路径，帮助企业抓住网络治理能力的核心本质和作用功能，推动以网络治理能力的提高带动产业竞争力的提升。同时，还能促使企业结合各自实际，有效识别自身网络治理能力存在的优势和短板，有针对性地选取提高网络治理能力的要素，增强网络治理的主动性和主导权，取得持续性竞争优势，促进总承包企业网络

治理水平的提高，进而强化网络治理的具体实践。

2.总承包企业网络治理能力与项目绩效关系的实证研究，有助于总承包企业项目绩效的提高

总承包项目网络系统是由核心企业与项目利益相关者等多家企业组成，它们是项目绩效提升和项目目标实现的主体，网络成员企业的协同合作成为项目绩效提升和项目目标实现的重要保障。因此，本书基于总承包项目情境系统研究了总承包企业网络治理能力、界面协同对项目绩效的影响，这些研究有利于帮助企业直观了解总承包企业网络治理能力对项目绩效的影响作用机理，以及这一机理所涉及的关键环节或要素，从而有助于总承包企业从深层次思考项目合作网络中如何实现合作企业间的动态联结，全面把握"网络治理能力-界面协同-项目绩效"的内在运行机理，有利于总承包企业从提高网络治理能力视角，提出进一步提高合作绩效的方法和策略，从而促进项目绩效的持续改善。

1.3 相关研究进展

针对研究重点，本书采用文献回顾和理论归纳方法，对总承包项目管理、网络治理能力、界面协同、项目绩效等研究现状进行了系统梳理，分析相关领域的研究进展及各领域间的关联性研究，在此基础上，提出目前研究存在的局限，为有效构建本书框架奠定扎实基础。

1.3.1 总承包项目管理的相关研究

1.总承包项目管理的研究现状

自20世纪60年代开始，为满足市场发展需求，工程总承包作为一种工程建设模式得到不断发展，从模式上看主要有EPC总承包、EC总承包、EP总承包、PMC总承包、BOT总承包等。随着社会技术经济水平的发展，建设工程业主的需求也在不断变化和发展，其总趋势是通过简化自身管理工作，得到更加全面、更为高效的服务，进而更好实现建设工程的预期目标。与此相适应，建设项目管理模式也在不断发展，目前主要有DBB模式、CM模式、DBM模式、PMC模式、EPC模式等。比

较而言，一般采用项目总承包模式（EPC）可以降低造价10%左右（孙继德，2003）。近年来，EPC模式得到了国内外业主的普遍认可，特别是以设计为主体的EPC模式得到了更为广泛的使用和推广（罗自坚，2003）。从内涵上看，工程总承包是指工程项目的设计、施工、采购、安装以及调试环节，乃至项目的竣工移交，都由总承包商承担，以期达到项目的设计、采购、施工等各阶段能紧密融合，并对承包工程的质量、工期、成本、安全、环保全面负责的总承包模式（樊陵姣，2013）。简言之，就是公司受项目建设单位委托，按照合同约定内容对工程建设项目的设计、采购、施工、试运行等实行全过程承包（文艳芳、苏三庆、董晓宁，2009）。我国工程总承包大体经过了"业主自行施工—项目管理模式—工程指挥部模式—管理模式"四个发展阶段。随着发展历程的不断推进，工程总承包模式逐渐成为业界普遍欢迎的模式并被应用到一些重大项目建设之中，尤其是EPC模式已成为工程建设领域重点研究和发展的对象（樊陵姣，2013）。

从国外研究情况看，对总承包项目的研究起步阶段主要倾向于内部管理成本、风险、质量，以及项目设计采购、计划监控等问题，而随着总承包项目的实践发展，近年来的研究则更多关注企业之间的合作沟通、信任协调、影响因素、运营管理以及项目组织与绩效等运行机制问题。国外关于国际工程以及工程承包项目管理、组织管理的研究和实践均起步较早，研究关注重点逐渐从质量管理、资金控制等项目管理的传统领域向项目组织管理、知识管理等方面转变。Desta等（2006）通过调查研究得出了可以应用于德国建筑承包项目管理的PMO模型。Eric和Anthony（2011）论述了如何通过软件技术和组织重构提升项目管理成熟度以及组织成熟度，以期在项目管理中引入ERP系统。Zhang等（2014）以复杂工程运营组织在全寿命周期管理中的问题为研究对象，对提升管理能力、运营能力进行了研究。Jaakko等（2015）针对项目管理困难，以柔性契约为载体，探讨了提高项目管理绩效的有关问题。

从国内研究情况来看，早期研究可划分为三大类：一是关注项目管理模式，即围绕总承包项目建设，以项目体系、项目机制以及项目管理等方面作为研究重点；二是关注项目内部管理领域，即对项目的进度、质量、成本等方面进行系统研究；三是关注项目设计、采购、施工等业务间的协调问题、界面管理问题、集成管理问题（陈建，2012）、总承包企业转型问题（王建超、孟德乾，2018），这些也是近年来学术领域的研究热点。从这些成果看，研究重点日趋向第三类转变，以深入推进总承包企业的实质性问题研究。有些学者对总承包项目的界面问题进行了分析探讨（郭琦、杨国亮、高海曼，2014），并对项目建设中的集成方式、协调模式等方面进行了研究。

综上，现有对总承包项目管理方面的研究，尽管能够对项目设计、管理等相关问题进行深入研究，但分析来看，这些研究成果仍然缺乏深入性、系统性，尤其是围绕网络治理方面的研究更为少见。因此，对总承包项目的研究还应着眼于企业的总承包项目建设，突出做好网络治理能力的深入研究，尤其要聚焦项目设计、项目管理、项目绩效等方面，剖析总承包企业网络治理能力在企业项目建设中的作用与影响，以深入破解总承包企业在项目建设中的网络治理难题。

2.总承包项目管理的发展趋势

（1）总承包企业占据国际建筑市场的主导地位不断提高

近年来，随着我国经济社会的不断发展，总承包企业在国际市场参与度越来越高。2023年美国《工程新闻纪录》（ENR）"全球最大250家国际承包商"中有81家中国企业上榜，上榜数量较上年度增加2家，继续蝉联各国榜首。中国上榜企业2022年国际营业额合计1 179.3亿美元，同比提高4.4%，占全部上榜企业国际营业总额的27.5%。近年来，中国上榜企业数量持续增长，上榜企业数量从2017年的69家增加至81家；整体业务规模保持稳定发展，业务量占比从2017年的23.7%提升至27.5%。其中，4家中国企业进入榜单前10强，分别是中国交通建设集团有限公司（排名第3位）、中国建筑股份有限公司（排名第6位）、中国电力建设集团有限公司(排名第8位)、中国铁建股份有限公司（排名第9位）；共有11家中国企业进入榜单50强。从这些数据看，总承包企业在国际市场上的发展优势越发明显，其主导作用越发突出，这也使得企业间的合作更加频繁和紧密。

（2）总承包模式在广泛认可中不断得到优化

由于总承包模式有着自身的独特优势，近年来在国内工程建设项目中得到普遍采用和推广，并且得到国际业主的广泛认可与肯定。2023年，全国建筑业企业（指具有资质等级的总承包和专业承包建筑业企业，不含劳务分包建筑业企业）完成建筑业总产值315 911.85亿元，同比增长5.77%；完成竣工产值137 511.82亿元，同比增长3.77%；签订合同总额724 731.07亿元，同比增长2.78%；实现利润8 326亿元，按可比口径计算比上年增长0.2%。特别是5家建筑央企均实现盈利，净利润合计1 033.18亿元。其中，中国中铁2023年净利润334.83亿元，排名第一；中国交建净利润增幅最大，同比增长23.61%。深入分析后可发现，大企业领先于中小企业，能力强的企业领先于能力弱的企业。可以说，工程总承包是大型企业的天下、有综合能力企业的天下。但在国际工程承包中，一些建筑企业仍采用劳务分包等模式，这些模式相对于工程总承包模式来说，方式显得有些陈旧，经营范围也不够宽泛。一些企业还不具备全产业链的能力和实力，而这条产业链有的环节恰恰是高附加值环节，这也为公司从传统模式向总承包模式转变带来了难得的契机。近年来，在共建"一带一路"过程中，各国在基础设施项目的高附加值项目也日益增多，这对企业管理模式和项目管理能力提出新的挑战。

（3）工程项目管理模式逐渐向集成化方向转变

从传统承包企业的项目管理模式来看，主要包含项目实施、工程验收以及保修期内管理，但随着工程项目的大型化趋势，以及业主对项目各方面期望值的提高，尤其是业主更加希望承包企业能够不断扩大项目承包范围，彻底改变"建完就走"的经验模式，真正体现项目建设全过程服务。由于工程总承包是对整个工程项目的承包体系，这也决定着总承包企业在项目建设中需要加强对资金流、信息流、物流等要素控制（王伍仁，2008）。具体说来，无论是原材料采购，还是项目施工、竣工验收以及交付使用全过程中，都将工程分包商、供应商以及业主构建成一个系统性网络，加强彼此间的沟通与协同，强化伙伴关系，不断在合作中提升自身价值，发挥总承包企业的核心地位。

（4）总承包企业的治理能力在业务拓展中加速提升

工程总承包模式的运用，改变了以往分阶段管理的模式，如今对各阶段统筹系统化的管理使项目管理更具有规律性。然而，从现在企业的运行情况看，一些公司的业务结构存在矛盾和冲突，由于各主体间缺乏有效沟通，加之各方利益诉求等原因，导致资源不能得到合理使用，项目利润也就无法实现最大化。究其原因，主要是项目的复杂性和多样性所致，也就是说，项目管理的多学科介入对总承包企业的各方面能力提出了新挑战，这也为本书的深入研究提供了难得契机。

3.总承包项目的特点

（1）项目自身具有较强的综合性和复杂性

总承包项目尤其是大型总承包项目，一般投资规模较大，有的投资额高达百亿元乃至上千亿元，项目对资源的需求量也比较大，这也决定了该类项目的建设任务繁重、管理相对复杂。项目管理一般可分为整体管理、质量管理、成本管理、时间管理、沟通管理、范围管理、采购管理、风险管理八个方面。从应用范围看，集成管理由于覆盖范围较广，统筹了人财物以及信息技术等，所以成为在管理领域应用较多的管理模式。集成管理的管理范围既涉及知识与技术，也包含着时间空间等诸多维度，在管理方法上通过采用协同、组织等方法实现管理与融合；从管理内容看，不仅系统内部结构复杂，而且涵盖组织外部的相关资源，这些要素关系复杂、联系紧密，在客观上要求项目管理在发展中不断完善。

（2）项目目标的实现离不开各参与方的协同配合

总承包项目的参与单位较多，周期也相对较长，有的达到几年甚至十几年，因此，完成项目任务离不开参与方的默契配合（安胜利，2007）。而且，项目中的各子过程都有各自目标，实施中都会按各自程序严格执行，这种情况极易导致网络组织在运行中存在一定的无序性。所以，在项目实践中，各集成要素应按照合同约定，相互协同、密切配合，取长补短、聚合放大，以此推动实现事半功倍的管理目标。从这个意义上讲，集成管理要素或系统有序性、协同性越强，集成系统的整体功能也就越强。当然，EPC工程总承包项目的集成管理过程的实现，主要依靠过程集成管理策划、集成管理管控措施以及信息资源共享集成等方面加以保证（樊陵姣，2013）。

（3）项目的实施对合作企业技术能力要求较高

项目管理活动不是工程的简单重复，而是一项具有创新性活动，项目的临时性决定项目管理活动也具有临时性，而且受到项目资源条件的限制（史亮，2014）。随着现代工程建设项目规模的不断扩大，对参与方相互间的信息技术等提出更高要求，这些交互信息不仅内容丰富，而且也更加细致具体。同时，施工技术以及工程质量的要求也不断提高。所以，项目组织结构形式必须能够适应这一变化，这对总承包企业的专业技术水平提出更高要求（安胜利，2007）。由于集成系统的结构和功能存在着相互联系与制约关系，这就决定了系统在集成时，各要素之间应以物质、信息和能量间的交流交换推动形成新的协同机制，进而更好地促进合作企业技术和能力的提高。

（4）项目的推进依赖于企业完善的组织程序和规则

由于总承包项目参与方较多而且分散，客观上要求总承包企业要协同管理、携手并进。从实践经验看，一些大型承包项目之所以取得成功，离不开借助大量的外部资源。尤其是对于一些跨省跨市甚至跨国的企业，由于项目参与方的地理位置不同，自身的文化背景、管理习惯等都不尽相同，这就要求总承包企业必须实行标准化、规范化的管理方式，积极建立完备的组织程序，才能更好地实现项目管理（安胜利，2007）。同时，也需要总承包企业进一步优化企业组织结构，提高风险管控能力。所以，在项目管理中总承包企业建立和完善组织程序和组织规则，能够更好地实现对进度目标的控制。

4.总承包企业的能力研究

总承包能力是一家企业能够承担工程总承包项目的能力，即总承包企业在竞争中优于其他承包商的能力（刘芳，2007）。总承包能力与核心竞争力不同之处在于，核心竞争力体现了企业在某一方面具有的优势，而总承包能力则更加注重体现企业的整体性能力。纵观已有研究成果，学者们对总承包企业能力研究大体划分为三个历程，即由"点"到"线"，再到"面"的发展阶段。

（1）第一阶段为"点"的阶段，这个阶段是基础研究阶段

该阶段注重单个企业内部能力尤其是业务能力的建设性研究，也是传统企业能力的理论构建阶段。总承包企业作为全功能的专业化组织，实施的是从项目策划、工程设计、设备采购到施工管理的一体化总承包。如果没有全过程的设计、施工、采购、管理深度合理交叉，就很难实现一体化组织。总承包企业只有把加强核心竞争力建设作为关键点，才能在竞争中始终保持优势（胡志伟，2004）。从工程总承包能力范畴上看，主要涵盖融资、资源管理、技术及创新、市场营销和战略管理组织及项目管理等方面能力（郑磊，2005）。对于如何提高总承包能力问题，应立足于内部协调、外部协调、项目管理、采购和技术创新等方面能力，可以从制订总承包发展规划、提高项目管理、加强供应链管理、提升技术创新等方面制定对策（刘芳，2007）。

（2）第二阶段为"线"的阶段，这个阶段是研究发展阶段

该阶段注重节点企业之间关系的研究，强调供应链上的协同及企业外部联系，突出强调提升企业管理能力的研究。对关系进行分类进而针对特定类型的关系进行特征研究，是学者们常用的研究范式。研究发现，总承包企业除了协调、组织、管控外，更凸显出以服务为特征的建造成本的控制，总承包企业是沟通协商的桥梁，具体体现在主动协调、采购管理、信息传递三方面（黎庶，2010）。工程总承包企业就是通过对纵向生产过程各个阶段企业资源的综合运用，充分发挥范围经济的资源共享、合成效应、内部市场、抵御风险等优势，实现对建设项目全过程的集成化管理（谢丽芳，2010）。工程总承包企业能力的改变不会自发产生，它需要一定的推动力量，通过企业内外部推动机制，即动力机制、学习机制、创新机制和匹配机制促使企业能力更新（陈辉华，2011）。针对全供应链管理主要存在的问题，企业要完善内部组织结构及管理制度、加强供应链文化建设、建立业务流程、加强信息平台建设、完善绩效评价机制与分配机制等建设，进而有效提升企业供应链管理，实现供应链信息流同步化、集成化（夏秋，2016）。可见，学者们对总承包企业能力的研究已经突破传统研究模式，不再局限于企业内部，而是更加注重供应链的协同，并逐渐向网络关系能力研究的方向

倾斜。

（3）第三阶段为"面"的阶段，这个阶段是研究提升阶段

该阶段注重研究企业与企业之间的相互关系，突出企业网络能力的提升研究，但目前仍属探索阶段。企业网络的研究隶属于社会网络研究的范畴，主要建立在社会网络分析方法的基础上。利用这一方法，近几年，越来越多的学者对网络节点、网络关系、网络位置等特征进行了初步分析，将定性资料和定量资料加以整合，使研究不断得以深化。从维度上看，网络能力可划分为网络愿景、网络管理、组合管理、关系管理四方面能力，而且这四个维度对企业绩效有着正向影响作用（任胜钢，2010）。基于工程项目协同运作出现的问题，总承包企业在推进项目管理协同化进程中，通过搭建信息化平台实现成员企业的信息共享，从而以高效率实现项目协作中的动态管理（陈实、刘勤，2015）。随着总承包项目规模的不断变大，功能要求也越来越多，随之工程项目的合同管理界面工作也变得日益繁杂，为减少由界面工作不力导致不必要的矛盾，关联性合同界面管理越发重要，这也需要加强合同界面信息反馈、界面控制与修改、合同界面的协调机制等，提高协同的实效性（王勇，2017）。可见，在"面"的研究方面，学者们更加注重对网络能力与项目绩效的影响以及界面管理方面的研究，这也成为对总承包能力研究的一个重点方向。

1.3.2 网络治理能力的相关研究

1.网络治理能力的概念

探讨总承包企业网络治理能力相关问题是总承包企业研究的新方向、新内容，近年来，尽管有学者对总承包企业能力以及网络治理有所研究，但梳理中发现，现有文献中直接对总承包企业网络治理能力进行研究的情况相对稀缺，多数学者将网络治理简单套用到总承包企业情境之中，对网络治理属性的认识，也是一般化地将其放在网络化背景中加以理解，这难以从根本上阐释总承包企业网络治理能力的实质。为有效实现对总承包企业网络治理能力内核的认识，本书扩大检索范围，对网络治理能力相关文献进行综述。这些文献内容包含了对网络能力、联盟

能力、动态能力、核心企业治理能力等方面，本书既体现了项目管理的内容，更反映了网络治理的内容。治理与管理存在着本质区别，管理往往围绕层级组织而展开对权力的控制，具有权威性；而治理一方面通过权力要求遵守正式制度，另一方面也涵盖了对契约等非正式制度的自觉遵守，体现着权力的回归。从网络组织的特点看，由于其具有明显的原则性和灵活性，仅仅依赖于对管理的研究显然无法揭示其中的内涵，而治理因其更加体现自组织式的自然法则，则被更多应用于具有柔性的网络组织研究之中。为此，越来越多的学者关注对网络治理的研究。

基于此，本书尝试从不同视角对网络治理进行梳理与分析，这也是深入剖析网络治理能力的前提条件。通过对国内外文献研究发现，目前，学术界一般从战略管理视角、网络关系视角以及价值链视角对网络治理进行阐释。从结果分析，尽管相关成果并没有直接阐明"网络治理能力"的内涵，但这些研究为深入探讨网络治理能力的内核提供了重要的参考价值。一般而言，对网络能力的研究主要立足于网络关系以及网络结构密度两个视角。

（1）网络关系视角

网络关系视角下的网络能力主要是指企业立足于主体性角度，科学处理网络中合作企业关系，对相互关系进行合理调节的一种能力。从根本上讲，网络能力是处理网络关系的能力（陈学光，2007），旨在通过分析网络合作企业的竞合关系，解决相互冲突，整合彼此资源，以期达到实现合作企业的项目目标，最终实现利益最大化（穆勒，2011）。

目前，对网络能力的研究一般可划分为网络内在管理和外部关系维护两个层面。网络内在管理主要是指核心企业对合作网络的设计和构建，明确活动目的、形成关系组合，提出角色管理、处理网络事务的基本原则。在网络构建过程中，首先要进行网络化设计，使成员企业都能处在网络正确的节点上，以此达到网络结构的稳定。此时的合作网络，其治理形式不仅是节点企业的自发治理，而且逐渐演变为由核心企业主导下的治理状态。这就要求核心企业充分发挥"核心"作用，在网络运行中不断强化对网络成员企业的规范约束，以此推动网络整体绩效提高，这也意味着网络治理模式就此形成。事实上，这个过程基本上是适应外部环境变化（Gulati，1999），处理单个关系（Hakanson，1995）的过程。徐金发等（2001）认为，企业网络能力的构成主要涵盖三个维度：网络构想能力、关系组合能力和角色管理能力。这三个维度分别属于战略、关系和过程三个层次（吴娟，2010）。作为网络的主导者，核心企业的职责和任务就是促使成员企业目标与网络整体目标达成一致，以此更好地提高网络绩效。由于网络一体化特点以及跨层次治理模式，使企业对网络的治理既强调网络中个体的治理（彭正银、杨静、汪爽，2013；Rowley，1997；Carpenter、Westphal，2001），更注重个体间关系的治理，同时还需考虑网络整体最优效应（Provan、Kenis，2008），即网络治理体现着"节点—关系—网络"的结构化治理逻辑。

从外部关系维护层面看，网络能力主要是指在企业外部环境发展变化中，所表现出的企业处理与发展外部网络之间关系的能力（Gulati，1999）。这些关系包括企业网络、产业网络、交易关系和关系组合四个方面，在此基础上可以总结出网络愿景能力、关系组合管理能力、关系管理能力、网络协调管理能力四个维度（Möller、Halinen，1999）。陈杨杨、孙丽莹、王雪青（2015）通过构建项目节点企业网络模型，对如何将承包商与业主等利益关系网络进行治理等方面展开了探讨。企业在网络关系处理中，能够发展在与其他企业合作中取得的网络能力，这充分体现了网络能力就是一种联盟能力（Kale、Dyer、Singly，2002）。对核心企业的联盟能力而言，需要其加强与其他成员企业的协同，约束和规范彼此之间的行为，各企业的要素通过协调实现有机互动，从而变成整个网络所拥有的要素，最终通过协同促使成员企业目标与网络整体目标相统一。在核心企业的推动下，这时的网络治理已由自发治理状态转变为核心企业的主导治理状态。从这个视角看，企业网络能力是企业合理利用和处理与外部网络之间的关系，有效协调各利益相关方之间的利益，最终实现网络合作伙伴利益最大化的能力（李翠、倪渊，2015）。

（2）网络结构密度视角

从网络的整体性看，网络能力本质上是指网络节点企业依据网络结构要求，不断调整自身在网络中的位置，进而对网络结构密度进行调节的能力。核心企业通过占据有利的网络位置推动对网络活动的管理，以得到更多有价值的资料实现网络绩效的提高（方刚，2008）。在此背景下，学者们纷纷从结构密度视角对网络能力展开研究。

首先，Kristian 将核心企业网络能力划分为组合管理和网络管理两方面能力，其中组合管理包括单个企业之间的关系管理以及整个网络组合的管理（Möller、Halinen，1999）。这里提到的单个企业关系管理能力与所阐释的管理能力十分类似；而整个网络组合管理能力就是围绕网络企业整体状况不断做好网络位置的调整，以此实现对网络结构密度的调节。Ritter 等（2004）将企业在网络结构中的位置分为掌控者地位和从属地位。既然在网络中有了不同的地位，作为网络中的核心企业，势必要结合网络结构和不同位置的企业需求，实现对网络结构密度的调整，这对网络能力提出较高要求。从这个意义上讲，网络能力是企业在对所在网络价值进行识别过程中，对网络结构进行构建并加以开发、维持与利用，进而获得稀缺资源、带动网络发展的一种动态能力（邢小强、全允桓，2007）。

此外，有学者对核心企业如何调节网络结构密度推动网络管理进行了研究，认为网络占位能力对网络结构密度调节至关重要。该能力与 Hagedoorn 等（2006）指出的中央型网络能力十分相似，强调企业能够通过网络占据能力使自己处于网络最有利位置。Möller、Halinen（1999）在对网络管理能力的阐释中也有类似表述，认为该能力内涵明确，即处于网络中央位置且不依靠其他企业传递信息，但是却能够成为合作企业信息传递纽带的能力。也就是说，核心企业通过运用该能力实现对网络中央位置的占据，以此得到更多信息技术（Powell 等，1996），获得互补性知识（Salman、Saives，2010）和提供信息准确性（Bel，2005）。而且企业对中央位置的占据还能够更好地提高企业声誉（Powell 等，1996），并同时增强合作企业的信任与互惠（Tsai、Ghoshal，1998）。徐金发等将网络能力分解为网络构想能力、网络角色管理能力以及网络关系组合能力三个维度（徐金发、许强、王勇，2001）。其中网络构想能力类似于 Möller 和 Halinen 的观点，都是从网络结构密度的角度对网络能力进行研究。网络角色管理一方面要求企业在网络管理中不断改善网络位置、调节结构密度，另一方面又要求把网络关系处理好、改善好。所以，徐金发等对网络能力的研究，涵盖了两个方面——结构密度与关系联结。

上述两个视角由于研究角度不同，所以对网络能力研究的侧重点也就不同。从总体来看，网络关系视角的网络能力是基于企业这一主体性，包括点与点、点与面，单个企业之间、单个企业与整个网络之间的关系等，该视角的网络能力注重微观层面，研究得更加具体、更有操作性；而结构密度视角的网络能力则是基于网络整体性，关注网络联结的相互协调与配置，对整体网络结构加以研究，这个视角的网络能力相对更为稳定，更能增加企业持续竞争优势。从文献梳理情况看，尽管目前研究没有明确界定网络治理能力的内涵，但这些不同视角的探索对深入做好网络治理能力研究提供了借鉴。同时，上述探索都是基于企业之间长期合作战略联盟视角的研究，鲜有从项目临时性合作网络层面进行探索，尤其是缺乏对总承包项目情境下的网络治理研究。随着网络化的不断发展，学者们在研究总承包企业能力时，关注到了网络中总承包企业的地位作用发挥，如陈辉华（2011）把总承包企业的网络关系管理纳入其能力体系中。因此，在借助当前网络能力相关研究对"总承包企业网络治理能力"这一概念进行界定时，不能只抓住单一视角进行研究，而应全面归纳两种视角对总承包企业网络治理能力的内核进行概括，以此真正反映该概念的合理性、科学性。

2.网络治理能力的测量

在对网络能力的概念和内涵进行分析后，深入做好网络能力构成维度的分析，将能够更好地把握对网络能力的认识，并且有利于企业对网络的构建以及提高网络管理水平。尽管目前学者们对这方面的研究较多，但研究的结果却各有不同。从分析来看，对网络能力的维度研究基本体现了由浅入深、逐步深化的过程。具体来说：

从初始理论构建维度看，最早开展对网络能力研究的学者是 Ritter（1999），应当说，他的网络能力结构模型最具代表性，随后，Ritter、Gemunden（2003）构建的模型为后来关于网络能力结构的研究奠定了基础。他们认为，企业网络能力在构成上主要有两个方面——资质条件、任务执行，其中资质条件是企业开展网络活动完成项目目标的前提，而任务执行的过程与资质条件遥相呼应，企业的任务执行得好则必然推动网络管理资质的提高。借鉴这样的研究基础，马刚（2005）构建了新的网络能力模型，这个模型将组织学习纳入其中，包括资质条件、任务执行以及组织学习等方面内容。朱秀梅等（2010）在此基础上又对网络能力进行了重新构建，组成了涵盖网络导向、网络构建和网络管理三维度的网络能力结构。

从网络结构细化维度看，对网络能力的探索，仅仅立足于企业自身研究还不够，必须注意到企业与企业之间的相互关系，并且要处理好相互间的内在关系。尤其是对核心企业而言，必须具有发展与管理外部关系的能力和水平，这是提高企业竞争力的必要条件。于是，在 Ritter、Gemunden（2003）的研究基础上，Möller、Halinen（1999）提出了丰富的网络结构模型，他们基于业务关系将网络能力分为企业层、网络层、组合层、特定层四个层次，并建构了网络构想、网络管理、关系管理、集合管理等四方面能力维度模型。从分析情况看，上述维度表现的网络能力要素是彼此关联的，不分主次轻重。国内学者对四个维度又进行了提炼概括，进一步阐明了网络能力的内在关系。徐金发等（2001）将网络能力划分为网络构想、关系组合以及角色管理三个方面；邢小强、全允桓（2006）在此基础上，把网络能力定义为能够构建、维持与利用各种网络关系并以此获得互补资源带动网络发展的动态能力，他们将网络能力划分为网络愿景能力、网络管理能力、关系管理能力以及组合管理能力四个方面。任胜钢（2010）进一步提出网络能力的结构测量指标，并通过实证研究证明了提高企业网络能力可以促进企业积极利用外部网络资源，进而提高自身的技术创新水平，从而有效提高企业的创新绩效。

从演化维度看，一些学者侧重于对不同环境情形下的网络能力进行研究，并对网络能力在各自演化阶段的影响因素、测量指标等进行分析。郭永辉（2016）对合作企业关系网络治理情况进行了研究，其中部分研究将外部背景因素纳入到项目的利益相关者网络中。钟云等（2015）从 PPP 项目的企业网络视角，为未来做好项目关系治理提供了有益借鉴。张哲等（2015）认为，影响企业绩效发挥中介调节作用的是网络位置，这为深入研究企业绩效提供了路径。Hagedoorn 等（2006）认为网络能力是企业在网络构建、设置和管理方面表现出的一种特别技能，并将网络能力划分为两个维度：中央性网络能力和效率网络能力。李翠、倪渊（2015）从联盟生命周期视角出发，挖掘了联盟核心企业网络能力的结构维度，即网络规划能力、网络构建能力、网络管理能力和网络变革能力，并构建了联盟核心企业网络能力动态评价模型。

上述研究表明，现有关于对网络能力测量的研究还是较为宽泛和松散，并且呈现出明显的差异性，但其核心维度主要体现在构建能力、协调能力、整合能力、学习能力、创新能力等方面，这些研究基本强调单个企业通过网络获取自身所需资源的能力，大部分没有上升到整体网络的高度进行研究，还没有形成系统的针对核心企业网络能力理论框架，当然更缺少关于核心企业网络治理能力的研究。基于此，本书在第 5 章将探讨网络治理能力在总承包企业情境下的拓展应用，并通过扎根理论对总承包企业网络治理能力的维度构成进行分析。

3. 企业网络能力的影响因素

首先，网络组织结构的状况直接关乎网络能力水平的提升。在网络组织结构中，网络规模至关重要。一般而言，一个网络中如果网络成员的数量越多则网络成员之间的关系就越复杂。除了网络规模外，网络密度对网络企业产生较大影响，如果网络企业在网络中连接越少，则说明该网络的网络密度相对较小，也体现了各网络企业之间的沟通交流越松散（Bonner、Kim、Cavusgil，2005）。从影响结果看，网络松散程度较大的状况势必影响企业的行为和决策。反之，如果在网络中，企业之间具有融洽的合作关系，则必然体现出合作企业在日常网络治理中有着密切的合作。企业在网络中的地位和作用是有差别的，尤其是在网络内部出现不平等的权力结构时，发挥关键性主导作用的往往是核心企业，它能结合动态变化情况及时进行必要的调整，进而提高企业的网络管理能力（陈怡安、古孙福、李中斌，2009）。

其次，从网络资源的视角看，企业一般通过建立知识共享平台实现网络资源的优化整合，资源交换与组合是企业获取优势资源的重要渠道，也是网络架构的核心要素（Pittaway、Robertson、Munir，2010）。

在关系资源方面，集体声誉以及和谐关系对企业网络能力产生较大影响。对一家企业而言，如果能够长期与网络节点企业保持稳定的合作关系，则会获得比其他企业更好的集体声誉，这也能得到网络企业的认可，进而获得更多合作机会（王夏阳、陈宏辉，2002）。同时，企业内部资源也是企业实现与网络合作企业协同沟通的必备条件，在获取外部资源过程中，最重要的是加强网络内部企业相互间的学习，企业可通过学习获取知识与信息技术。

最后，包括社会环境、政策环境等在内的外部环境对网络能力产生较大影响。企业对网络的一系列培育、管理等方面能力都是以社会环境作背景，企业处于什么样的社会环境就会产生什么样的企业文化。企业的生产经营活动必须依赖于相关政策制度，政策环境作为外因必然对企业产生引导与制约作用（Schein，1992）。从地域和社会风俗看，企业之间的合作创新尤其是在构建、优化企业网络中离不开良好的人文环境作支撑（Amit、Schoemaker，1993）。可见，企业之间的学习成效受到社会文化的影响，进而也会影响企业自身所处的网络运行状况（徐金发、许强、王勇，2001）。同时，企业文化对企业网络产生影响，企业文化开放程度越高，对企业加强差异化管理、保持竞争优势的支持力度就越大，这也有利于实现企业内部的控制和管理（张伟峰、万威武，2004）。企业文化类型的不同导致企业创新的差异化，这种文化上的差异决定了企业创新效率的不同（张钢，2005）。

4.企业网络能力与绩效的关系

企业网络能力促使其充分利用在网络中占据的优势地位，不断整合网络内外部资源，在与其他节点企业的互动与协调中对网络运行施加影响，进而协同参与网络的利益相关者实现良好的网络绩效。Hagedoorn等（2006）研究技术联盟时发现，网络能力有助于企业获取及时丰富的技术信息，选择恰当的技术合作伙伴，提升技术协作水平，最终提升企业技术创新绩效。方刚（2008）基于资源观研究了网络能力与创新绩效的关系，认为网络能力的有效发挥有利于实现网络成员间的学习效应、溢出效应、协作效应和互补效应，通过在网络中获取异质性资源的知识转移过程，进而促进网络创新绩效。李文彬（2010）以思科价值网络的成功案例，阐释了企业在网络关系治理中，如何通过价值网络的构建并协同处理网络中各利益相关者的关系，将价值网络转化成创造价值的活动（Bell，2005），以发挥网络效应的作用，实现企业和社会效益最大化。Ritter、Gemunden（2003）的实证研究证实网络能力好的企业在产品和流程等方面的创新表现也比较突出。另外，从核心企业网络位置情况看，企业位置中心度对实现创新绩效具有显著影响。胡海青等（2011）认为，核心企业通过突出的网络能力获得自身在网络中的关键位置，这个核心位置使企业拥有更多机会、获得知识和资源，从而推动企业实现创业绩效。章丹（2012）研究发现，在技术创新网络中核心企业在网络运行中具有重要作用，其可以通过网络能力改善网络管理活动，进而促进网络绩效的提升。李春发等（2014）从网络协调视角分析生态产业共生网络中核心企业领导力与网络绩效的关系，证实了生态产业共生网络中核心企业通过发挥影响力、控制力和引领力协调各方关系，从而对生态效率、关系质量和网络整体绩效产生正向影响。

通过对上述文献的梳理可以看出，总承包企业在网络治理中既要关注自身价值，更要注重强化价值合力的聚合再生（浦贵阳，2014），注重通过战略规划引领、强化资源整合、共享知识资源、密切沟通配合等方面推动网络实现更大价值，实现总承包项目绩效的有效提升，确保项目整体在进度、成本、质量和业主满意度上达到理想状态。

1.3.3　界面协同的相关研究

目前，界面协同的研究主要集中于界面协同的内涵特征、界面分类、内在机理等方面。此外，部分学者以协同学理论为支撑点，对供应链协同机理、协同模型以及协同评价指标体系进行了研究。基于本书主题，主要对界面协同的概念、测量、影响因素，以及界面协同与绩效的关系进行梳理。

1.界面协同的概念

"界面"一词的表述，原本是对工程技术的研究表达，描述了机械设备各组成部分间的对接关系（官建成、靳平安，1995）。从管理学角度看，学者们对界面的概念并未形成一个共识性的标准定义。Wren

（1967）从组织理论视角将其定义为在一个系统内，当相互依赖的自主组织为了实现更大目标，在与其他组织的合作中形成组织之间的接触点。自20世纪70年代开始，界面概念被国外管理学领域所运用，充分反映了两个物体之间的结合状态以及系统各要素间的内在关系。尤其是近年来，该研究得到进一步拓展，被广泛应用于企业之间的项目管理范畴（吴涛、海峰、李必强，2003；华锦阳、张钢，2000）。"界面"之所以得到重视与应用，主要是由于其蕴含着关系网络中各节点关系的协调性问题（Wren，1967），突出了企业间的适配性、一致性、兼容性，内在体现出互动、整合、协调等内容，也就是相互之间的"界面协同"。在项目建设与管理中，会产生诸多的矛盾与分歧，这些问题都是由界面所引发（王亦澍，2006）。这些"界面协同"涵盖了产品界面、关系界面、知识界面、信息界面等方面（罗珉、任丽丽，2010），可见，界面已成为了解组织之间内在关系的方法论手段。

一般而言，企业合作网络是由核心企业与合作企业共同组成的网络系统，在这个合作网络中，核心企业控制着信息与资源，帮助合作企业建立联结，而合作企业作为模块化企业，具有资源以及能力要素的互补性，彼此之间的相互合作降了网络运行中的不确定性，并与核心企业一道实现网络的共同价值（罗珉、何长见，2006）。不可否认的是，这种合作中既存在竞争关系又存在合作关系，但无论何种关系，都存在彼此之间的界面问题。从根本上说，企业之间关系界面规则体现的是一种协同机制，是合作企业在信息、知识、技术等方面的彼此联系、相互协调，最终实现合作网络的利益最大化。进一步讲，合作组织界面协同演进的过程，也是合作网络中成员企业之间利益、职责的协调过程，这个协调是实现合作网络共同目标的关键（Loasby，2000）。要想实现界面之间的协同，就要在网络中处理好合作企业间的适当关系（Hoetker、Mellewigt，2010），解决关乎网络系统结构均衡的彼此间界面问题，确保项目目标实现。学者们围绕这方面问题进行了有价值的探索，比如，毛庆（2014）通过对总承包商价值网络节点企业动态合作关系的分析，探索了总承包商的二层协同机理，为总承包商实施协同管理提供了指导。张臻（2013）在对总承包项目质量链管理协同工作机制研究中，以协同论为基础分析了项目总承包企业与各利益相关者之间的协同状况。

通过界面协同的内涵分析，不难看出，界面协同主要有三方面特征：一是客观性。无论是组织还是系统，都必然离不开外部环境而存在，这说明将二者相隔离的界面也是客观存在的，毋庸置疑，界面协同也必然具有客观性。二是渗透性。尽管界面的形成割裂了组织内部以及组织与外部环境之间的联系，但同时也意味着界面能够将它们相互联系起来，这是因为界面存在着空隙，正是这种空隙促使它们发生联系，彼此渗透、相互交流，这为协同带来了可能。三是动态性。组织间关系始终处于不断变化中，这种关系的变化必然影响主体之间的联系与交流，即界面协同伴随着各行为主体的行动变化而改变。界面演化离不开界面的多样化，为此可以通过选择机制找到资源要素能够达到最优配置的两个界面（章琰，2006）。正是由于界面协同具有上述特征，才为各节点主体交互作用提供了可能，更为网络中各节点企业的彼此协同带来可行。

2.界面协同的测量

界面协同是综合运用网络治理、技术共享等方法，彻底打破项目网络中各节点企业间的封闭界限，积极营造开放、合作、协同的新型企业关系，实现网络企业同步营运、资源共享和协同合作。在协同过程中，网络核心企业有着不可替代的主导地位，它不仅在网络中优化配置、协调各方，而且能够真正将各具优势的节点企业联合起来，风险共担、利益共享，为实现共同项目目标而合作（马婕，2016）。一般来讲，界面协同的效应主要体现在目标协同、过程协同、组织协同、信息协同四个方面。

目标协同是项目管理的要点，是核心企业通过在合作企业之间建立交织相融的伙伴关系，形成统一目标，改变自利行为方式，引领网络企业为了共同项目目标而努力。目标协同一般可分为目标制定和目标管理两个方面，明晰的项目目标决定了项目的发展方向，良好的目标管理有利于及时化解项目实施中的矛盾和问题，推动项目目标的实现。对于项目管理而言，目标协同通过定量与定性分析的方法，研究制定控制管理的具体办法，切实解决项目时间、质量、费用等目标的优化整合问题

（马婕，2016）。

过程协同是对工程项目全过程以及阶段衔接过程中的协同，从全过程管理看，涵盖了项目策划、规划设计、项目实施以及管理维护等基本阶段（成虎，2011），只有做好各实施阶段的有效衔接才能更好地实现过程协同。过程协同一般可分为工程协同、阶段协同、环节协同、工序协同四个方面（张志强，2014）。其中，工程协同涉及不同的专业领域，这些领域的企业需要相互配合，协同合作才能完成项目，合作中包括无缝衔接、综合效益、工程交接考核分值等内容。一些领域还需进一步细化协同内容，比如，以采矿业为例，在协同中需要考虑"采掘平衡水平"等相关内容。阶段协同体现了过程性把控的关键，根据工程的推进状况进行谋划和设计，比如，可以按规范设计考核分值、按施工设计考核分值、按标准验收考核分值。环节协同突出对工程的细节性掌握，包括流程的细化度、流程的规范性、流程的有效性等内容，环节协同得越好，越能确保工程保质保量的完成。对于工序协同而言，由于工序交接与协同配合需要有清晰的施工计划作为支持，工序协同能够通过沟通和协作，确定各个工序之间的依赖关系，更好地支持工序交接和配合的顺利进行，确保工序交接的准确性。通过过程协同，能够在项目实施中解决问题、优化方案、提升效率，初步达到"1+1>2"的协同效果。

组织协同贯穿于项目建设的全生命周期，是一个全过程的、动态化的协调管理活动。组织协同既包括组织内部协同，也包括组织外部协同，是组织在充分调动包括优势资源在内的各方面因素，按照既定目标协调一致开展项目管理活动的过程（丁洪斌、尤建新，2009）。无论是组织内协同还是组织间界面协同，组织资源都是协同的基础保障。这些组织资源从种类上看，既存在有形资源和无形资源，也存在数据、规则等介于有形与无形之间的资源，如技术资料和规章制度等；从可识别性角度看，组织资源又包含着人财物以及技术等方面资源。组织协同通过清晰划分组织职能、岗位职责、组织结构和流程再造等，有效协调矛盾各方，不断清除合作壁垒，产生协同效应，从而提高组织管理效率，促进组织整体目标的实现（吴永平，2007）。

在信息协同方面，主要是指在项目管理过程中，企业通过激励等系列手段加强合作企业间的交流互动，推动彼此之间信息畅通，实现信息共享。信息协同划分为信息管理水平、信息系统以及信息共享三个方面（李辉山、费纪祥，2016）。合作企业以信息化管理为平台，利用先进的网络技术等管理技术，将传统意义上的"点对点""线对线"的联系转变为统一平台式信息沟通协同环境（刘勇，2009），逐渐形成流畅化、柔性化、异质化的管理方式，最终形成降低成本、加快进度、提高质量、实现共赢的协同管理模式。

对界面协同效应分析梳理的过程，也是汲取吸纳的过程。无论是从理论还是实践，协同的最终结果是实现协同效应，即在相对复杂的网络系统中，各节点企业在彼此协同合作中产生"1+1>2"的协同效应。这些研究成果为深入做好界面协同研究提供了重要的理论支撑，尤其是对总承包企业而言，最大化发挥协同效应，不断增强网络治理从无序到有序转变的内在动力，有利于项目治理水平的提高。

3.界面协同的影响因素

对界面协同的影响因素进行分析，是协调解决界面问题的基本前提。近年来，对协同的影响因素研究主要侧重于供应链协同、协同管理等方面，尽管对界面协同的研究相对少见，但相关研究成果对做好界面协同分析具有重要的借鉴意义。综合来看，对界面协同的影响因素可从组织、关系、技术、环境四个角度进行分析（曾文杰，2011）。

首先，基于组织因素分析。张臻（2013）在对EPC项目质量链协同工作机制的影响因素研究发现，其项目质量链上的节点企业因质量目标、企业文化和利益分配等方面的差异性，必然会对协同机制产生影响。比如，由于受本位思想影响，当个体目标和总体目标发生冲突时，各节点企业一般仅注重自身利益，而很少顾及整体利益，这极易导致合作企业形成壁垒。王春青等（2013）在研究中也证明了同样的观点，认为由于合作主体对目标认识有所不同，致使合作企业只考虑个体利益而忽视整体利益，这会使合作中出现"一盘散沙"。Ritala（2013）和An等（2012）强调了知识管理对协同的重要作用，他们认为知识管理包括改革、修正、重构三部分，通过知识管理能够使合作伙伴重构知识部件，达到各部分协同以促进沟通、促进协作，进而促进企业之间的连通性。换言之，核心企业通过推动合作企业相互学习、知识分享，加之对知识保护有利于促进创新绩效（Ritala、Hurmelinna-Laukkanen，2013）。在对机制的研究中，曹永辉（2016）通过实证研究发现，质量联盟与供应链运营绩效存在着正相关关系，能够更好地提高产品质量、满足顾客需求，所以，企业在网络合作中应注重质量联盟以促进供应链绩效的提高。

其次，基于关系因素分析。在界面协同的多重关系中，信任是其中引用最多的词汇，这种信任是企业相信合作方能够作出有利于自己的行动，而并非作出自己意料之外的不利于己的行为（Anderson、Narus，1990）。Bunduchi（2013）探讨了信任在协同创新中的作用，强调合作企业如果过于依赖信任或距离接近，会使各合作企业更加注重渐进式创新，也对颠覆式创新产生影响。除了信任之外，网络企业的有效沟通对界面协同十分必要。比如，信息的不对称性极易引发信息黏滞、出现信息孤岛，也就是说各种信息的传输路径受到限制，导致有价值信息只能滞留在信息源周围（张志强，2014）。可见，无论是正式方式还是非正式方式，沟通都能有助于实现企业之间及时共享有价值信息（Anderson、Narus，1990）。Mohr、Spekman（1994）将沟通行为细化为沟通质量、信息分享形式、企业目标制定的参与度，这三方面状况影响着协同的成效。甚至有学者将协同能力视为一种建立在彼此信任、相互交流基础上的管理网络关系能力，这种能力推动了供应链组织间的协同创新（Blomqvist、Levy，2006）。从上述研究可以看出，界面协同的影响因素与合作企业关系具有较高的关联性，甚至合作关系的重要性可能要高于其他方面因素。

再次，基于技术因素分析。不言而喻，技术层面的协同就是合作企业在技术方面达到协同，主要表现在能够确保信息共享畅通化、协议传输统一化、平台构建一体化等。对于核心企业而言，如果不能为合作企业提供良好的沟通协作技术支持，则势必影响界面协同的成效。Matopoulos等（2007）在构建供应链协同概念模型时提出，该模型可由设计治理活动与建立维护合作关系两部分组成，而设计治理活动包括对信息数据交换技术的选择、协同广度深度的设定。孙文红（2012）认为供应链上成员之间为了获得更高利益，虽然可以通过信息共享等方式协调交流，但必须借助于电子商务手段和互联网等现代技术手段实现目的。Akkermans 等（2004）认为，协同计划要有运筹学算法作为技术支持以及决策支持系统作为支撑，并通过实证研究证实，在供应链管理中组织间协同状况受电子商务技术的影响，两者是正相关关系，影响着供应链绩效的水平（Wang、Chou、Lee，2014）。

最后，基于环境因素分析。环境的不确定性对合作企业的网络发展产生重要影响，尤其是如果核心企业对未来发展不能作出准确评估，则势必影响组织绩效的状况。当网络外环境的不确定性程度较低时，核心企业便相对容易和准确把握市场变化方向，网络企业针对信息共享等方面作出的决策更为科学可行，也能够满足客户的需求，进而提高供应链绩效，反之则不然（章怡心、李登科，2018）。同时，环境的不确定性因素越高，合作企业越容易在交易中出现机会主义行为。近年来，很多学者围绕影响协同的相关制度等因素进行了研究，但少有学者从宏观的外部环境进行探讨。比如，外部市场的竞争现状、政府的相关政策导向、相关行业的特殊政策等，这些因素也是影响界面协同的重要因素，深入做好这些问题研究有助于企业立于更高层面推进协同创新，规避相关阻碍因素（陈思洁，2016）。另外，从网络自身特征看，由于网络中各成员之间的复杂联结，加之相互间是竞争与合作并存，这种竞合关系从根本上影响着界面协同的成效，如何获得各自利益最大化始终是网络成员企业关心的核心问题。

4.界面协同与绩效的关系

综合已有研究成果，学者们关于界面协同对项目绩效及其影响方面的研究相对较少，大多围绕企业成立时间、企业声誉、企业规模、企业资源状况相关特性以及企业目标、意愿和能力加以分析（Sobrero、Roberts，2002），也有学者从行业竞争激烈程度和竞争范围、企业对组织间合作态度（Wagner、Eggert、Lindemann，2010），以及战略目标、成长能力、经营能力、信任程度（孙国强、王敏，2013）等方面加以研究。但无论从哪个角度，越来越多的研究表明，网络组织的绩效更突出地表现在网络整体的协同效应上（孙国强、王敏，2013）。

界面协同之所以对项目绩效产生影响，主要是由于网络组织自身具有重要的协同效应（孙国强，2003）。毛加（2013）认为，合作网络中各节点企业相互之间不是孤立存在的，而是在彼此依赖中共同推进的，企业间在实现资源、信息等方面共享的基础上实现良性互动，进而推动项目整体目标的实现。Griffith、Gibson（2001）指出项目前期规划是项目成功实施的关键，而最终该项目能否取得成功还要看各参与方的协同状况。这就是说在项目实施中，企业之间的协同关系决定了项目绩效的好坏与建设项目的成败。杜斌、李斌（2017）认为，协同创新绩效状况受到资源整合利用效率以及组织间的协同互动情况所影响，从单个企业到网络企业，从链接机制到动态反馈，从主体之间的合作到深层次对接，实现了协同度的渐进式递进，可见，网络协同过程与创新绩效具有正相关关系。网络合作企业只有通过成员之间建立共同认可的合作机制，才能更好地推动项目绩效的提升（刘敬严、陈国勋，2014）。

协同作为一种手段，其运行机理是通过对系统中各子系统之间关系的协调，不断打破异质性资源壁垒，最终完成对整体系统资源的优化与配置。章怡心、李登科（2018）认为，协同各维度与绩效之间存在着显著的正相关关系，项目建设中，通过提高协同中的信息共享、激励联盟与同步决策，能够有效改善项目绩效。张欣、马士华（2007）通过与传统模式对比发现，在协同模式与信息两者处于共享情况下，其供应链系统总成本能够在原有基础上降低 22.76% 的幅度。Attaran 等（2007）研究结果表明，协同活动有利于合作企业协同绩效的提高，其主要表现在信息交流共享以及共同努力关系的建立上，这些协同活动增强了企业相互间的信任，而这又是促进项目绩效提升的重要因素。叶飞、徐学军（2009）通过实证分析也表明了上述观点，认为网络各节点企业信息共享水平对运营绩效具有显著正向关系。对总承包企业网络治理而言，不仅要与合作企业之间建立良好关系，而且更要善于共享网络合作企业的信息资源，及时消除彼此矛盾，以此提升运营绩效。李昌明（2014）认为，相对于信息共享，协同生产给系统供应链带来的利益水平，协同合作能够给企业带来更大的收益。同时，在制造行业中供应链协同合作情况越好，项目绩效实现程度就越高，二者之间呈现显著的正相关关系

（曾文杰，2011）。Vereecke、Muylle（2006）通过实证分析表明，网络企业越是处于较高层次的协同，则该企业的项目绩效提高得就越快，反之则不然。

1.3.4 项目绩效的相关研究

1.项目绩效的概念

对项目绩效的内涵解释，学者们从不同视角对其进行了界定。Kane、Lawler（1979）基于绩效结果理论的视角，将项目绩效理解为某个员工通过工作而产生的输出结果，这个结果和目标是相对独立存在的。由于工作成果和顾客满意度、组织目标和股东投入资金具有相关性，所以绩效应该是工作的结果。Murphy（1985）基于绩效行为理论的视角，将绩效定义为员工在实现组织的目标过程中所产生的一系列行为。Campbell等（1971）认同了这一观点，把绩效界定为能够被观察到的员工工作行为，即包括组织目标和为了实现组织目标而产生的行为，用员工自身贡献水平来测量。绩效不是行为的结果或者后果，而是行为本身。Mwita（2000）基于绩效综合理论的视角，认为绩效应该综合考虑结果和行为因素，这个理论结合了结果理论和行为理论的观点。其中工作结果是员工通过支出体力和脑力所得到的最终劳动成果。综合分析看，项目绩效作为一种评价指标，体现了项目实施中组织运行效率、运行效力的状况，其内涵应是行为、产出和结果三个因素的统一。

另外，有学者对项目绩效的不同评价标准进行了分析。Westerveld（2003）认为，一般意义上的项目成功反映的是传统意义上的"铁三角"，即时间、成本和质量三方面要求。随着对项目绩效研究的深入，Westerveld提出要将"项目绩效"与"项目成功"划分开来。项目成功只不过占据项目绩效的30%。在Jugder、Muller（2005）看来，"铁三角"目标在项目实施中只能作为管理目标而不应作为终极项目目标，这主要是因为"铁三角"的绩效考核方法对项目战略意义是有所限制的。所以，对于项目结果评价指标，除了传统意义的指标外，还应充分关注其他方面利益相关者的因素，比如，项目团队满意度、用户认可度和企业的学习氛围等（Atkinson，1999）。Collins、Baccarini（2004）认为，项目能否实现目标的评价标准，主要看包括项目业主在内的战略组织目标是否得以满足。综合上述观点，尽管项目的承包方、业主方以及项目管理者对项目绩效有着差异化的理解（Davis，2014），但项目成功一般还是以过程绩效、质量绩效、学习与创新、利益相关者等方面指标进行评估。

对总承包企业的项目管理而言，项目绩效的内涵就是以加强项目网络中各层级组织系统的绩效管理，推动项目建设实现正效应，最终产生项目整体性的协同效应（毛加，2013）。

2.项目绩效的测量

通过对文献的梳理发现，由于学者们对项目绩效研究视角不同，致使对项目绩效的测量标准也不够统一。相对而言，传统项目绩效评价方法和结果更为直接明了，比如前文谈到的"铁三角"评价标准被许多企业在实践中采用。但随着实践中企业的适应性调整，传统意义上的项目绩效评价标准越发暴露出相对的局限性，一些测量指标无法全面体现项目的整体性要求。林鸣等（2005）在研究中指出，基于企业的战略管理角度，项目绩效评价既应注重企业市场开发情况，同时又应关注企业长期效益（Pinto、Mantel，1990）。Shenhar等（2001）认为评价项目是否取得成功，主要看效率、对客户影响情况、商业和组织成功、未来准备四个方面。

对于评价指标的延展情况，学者们将项目绩效评价逐渐向组织影响、关系指标等因素延伸。Jha、Iyer（2007）明确提出了评价项目是否成功的两个标准——客观评价标准和主观评价标准。客观评价标准包括时间、成本、质量、安全和争议；主观评价标准则包括标准客户、承包商和项目管理团队等利益相关方的满意度。这两项标准，实际上就是面向项目任务的标准和面向人的标准，其中面向项目任务的是指项目要实现的目标，面向人的标准是指项目团队的满意度（Andersen等，2002）。Yeung（2009）等在研究工程项目绩效指标过程中发现，该指标包含时间、成本、质量、有效沟通、创新以及客户满意度等方面因素。可见，项目成功的标准应该包括项目关键目标的实现、最终用户和其他利益相关者的满意度（Ika，2010）。在此基础上，Khan等（2013）认为，项目是否取得成功主要体现在组织效益、项目效率、项目影响、利益相关者满意度和未来潜能五个方面。

3.项目绩效的影响因素

对项目绩效的影响因素，归纳来看，主要可划分为侧重项目治理视角和侧重利益相关者视角两个方面。

首先，在侧重项目治理视角下的影响因素方面。从治理角度探讨项目绩效改善，主要是围绕项目的一系列结构、系统和过程进行的有效控制，通过治理达到改善项目绩效的目的。在影响因素方面，一般从沟通机制、控制机制、协调效果、风险管理以及问题解决能力等方面进行研究（Jeffrey、Pinto，1988），也可以将上述几种或多种管理因素应用到整体项目中加以考察。仅从沟通协调机制看，Katz（1982）认为，企业在项目建设中良好的沟通协调推动了企业之间的互动合作，这对于合作企业做好与外部环境的联系，进而形成目标共识很有益处，如果企业之间联系沟通得好则项目绩效也相对较好。可见，沟通是增加合作企业之间以及利益相关者之间的桥梁和纽带，良好的沟通能有效降低合作中的矛盾和冲突，有利于彼此之间信任程度的提升，从而也带动了项目绩效的提升（Turner、Muller，2004）。Muller、Rodney（2007）对领导风格进行了研究，在实证研究中发现，作为项目经理来讲，其领导风格的不同影响了项目绩效的成功，所以，企业在安排项目经理工作时会充分考虑其领导风格情况，不同风格的项目经理会被企业安排到不同的工程项目岗位之中。Carvalho等（2015）认为企业可以在项目管理体系、管理技能和培训投入上下功夫，不断在项目管理的实践中成长发展起来，管理的成熟度越高则对项目绩效的实现越好。

其次，在侧重利益相关者视角的影响因素方面。项目治理涉及各种利益关系，主要包括项目管理层、指导委员会（或者管理团队）、母公司、客户以及其他利益相关者。项目治理为企业在项目建设中提供了结构模式，这种结构模式既能够让企业构建明确的项目目标，而且还能确定实现项目绩效的监控手段（Turner，2006）。其中，伙伴关系模式中通过对项目绩效的实时监控，能够及时纠正实际绩效与预期绩效两者之间的偏差，从而以较小成本完成项目任务（Wong、Cheung，2005）。相关研究表明，项目治理立足于制度设计的视角，阐释了实现项目成功必须有赖于满足利益相关者责、权、利的配置要求（严玲、尹贻林、范道津，2004）。具体来看，丁荣贵（2007）提出了项目治理的P-R4模型，即利益相关方的治理角色、利益相关方的需求、治理角色承担风险以及治理角色之间的关系。梁永宽（2008）认为，关系治理和合同治理的强弱与项目绩效之间有着重要关系。实践表明，影响项目成功的因素主要包括与承包商相关因素、与业主相关因素、与项目利益相关者因素和与设计者相关因素（Rezvani、Chang、Wiewiora，2016）。

1.3.5 相关研究述评

通过对网络治理能力、界面协同与项目绩效研究现状的整体回顾，相关研究已取得了诸多进展，但也存在一些缺憾和不足，体现在以下三个方面：

在研究视角方面，鲜有文献从网络层面研究总承包项目治理，限制了项目治理领域研究视角的丰富和研究内容的深入。通过对相关文献的梳理发现，当前对总承包项目治理研究多以单个企业的管理或治理作为切入点，鲜有学者从网络治理的角度对总承包项目治理进行分析。尽管国内外学者对总承包项目管理的研究都能立足项目实践问题，对总承包项目的设计、协调、集成以及管理等问题进行系统研究，但总体来看，这些研究还缺少针对性、深入性，尤其是缺少必要的实证研究作支撑，这势必导致研究结论在普适性上存在欠缺。分析现有成果，从网络治理层面研究项目实践的文献还相对不足，特别是围绕总承包项目实施中的网络治理研究则更为少见，仅有少量针对跨地域、跨组织的治理平台、治理方法和治理秩序的研究，这些成果大部分是基于固有的传统治理方法，阐述的也一般是"点对点""点对面"的相互关系，缺少立足"面对面"的宏观网络的统一性认识，实际上由于网络治理在治理模式上并不是独立的、固定的和僵化的，所以，这些研究成果缺乏对网络治理模式的动态化考量，尤其是没有形成共识性的网络治理机制。可见，网络治理现有研究内容存在一定的局限性，这不仅有碍于项目建设领域的情境化研究，不能从根本上理解和把握总承包企业情境下的网络治理规律，还不能指导总承包企业的网络治理实践问题。因此，本书在研究对象上着眼于总承包企业，利用扎根理论研究以及相关统计方法，对总承包企业网络治理能力的结构维度加以划分，同时对网络治理理论在总承包模式下的适用性进行论证。这样，不仅能够克服目前研究在对象选择上的局限性，丰富总承包企业情境下网络治理能力的规律研究，而且也有利于拓宽"能力—绩效"这一主题的研究视角。

在概念解析方面，总承包企业网络治理能力的概念、结构维度以及作用还不够明确，极易导致在相关内容的理解上存在模糊性。从相关文献的梳理和分析来看，目前学者们的研究关注了网络能力、网络治理、项目管理等议题，并将相关内容直接简单化地置于总承包项目情境之下。其中，网络治理方面研究时间还相对较短，特别是基于网络视角的总承包企业能力研究更是少见，鲜有学者聚焦于"总承包企业网络治理能力"这一概念进行探讨和分析，至今还未形成一个理论界普遍认同的结构框架，这势必导致网络治理能力的内涵及测量不够清晰；当然，由于没有共识性的框架，也就无法对其功能及其产生的效应进行系统化梳理。深入分析对"总承包企业网络治理能力"概念及其作用理解上出现的难度，一个重要原因是现有研究对网络能力和网络治理能力之间的本质研究存在模糊性，即多数学者简单化地将网络能力作为网络治理能力进行研究，对于网络中的治理主体——核心企业关注度不高，研究不够深入，没有对核心企业的治理能力与网络节点企业的网络能力严格区分。同时，现有对网络治理的研究中，学者们多是着眼于战略网络、动态联盟等长期合作导向的网络组织，鲜有从项目网络这一临时性契约关系网络进行研究，这种对于网络治理属性的认识只是一般化地放在网络化背景中，还难以从根本上阐释总承包企业网络治理能力的实质。因此，本书借助当前网络能力等相关研究成果，聚焦于总承包企业情境，采用扎根分析法、相关统计法，提炼出总承包企业网络治理能力的核心特征结构，深化对这一概念的认识和理解。

在理论发展方面，缺少总承包企业网络治理对项目绩效的影响研究，尤其是还没有将界面协同作为中介变量深入探讨，对相关理论发展的研究有待进一步深化。尽管有学者基于"能力—绩效"的理论研究范式，从不同视角探讨了二者的内在关系，但还没有学者从网络治理的视角对项目绩效进行研究。由于在研究视角上缺少对总承包企业网络治理的针对性研究，相应就限制了其对项目绩效的细化以及研究成果的普适性，这实质上是忽视了问题背后所隐含的"网络治理能力"如何作用于项目绩效这一本源性问题。同时，已有研究主要是针对"能力—绩效"之间的关系直接展开，对内在的转化路径尚不清晰，总承包企业网络治理能力对项目绩效影响的中介作用机理是否存在，如果存在又如何实现等问题没有得到深入破解。越来越多的研究表明，网络治理绩效的重要性应体现在网络整体的协同效应上，然而针对这方面的研究并不多见，即使有学者对界面协同与项目绩效的关系进行过探讨，也只是围绕企业资源、目标意愿、行业竞争等方面进行初步的尝试性分析。另外，界面协同在网络治理能力与项目绩效中发挥什么作用，网络治理能力是不是通过界面协同影响项目绩效，他们之间的演化机理是什么，这些问题不解决就难以完全打开总承包企业网络治理能力对项目绩效影响的"黑箱"。针对现有研究存在的这些问题，本书在分析网络治理能力合理内核的基础上，围绕总承包企业网络治理能力对项目绩效的影响进行理论分析和实证研究。同时，对界面协同这一中间变量进行探讨，这不仅是对界面协同作为中介变量在"能力—绩效"研究范式上的补充和完善，而且揭示了总承包企业网络治理能力作用于项目绩效的一般化规律。

1.4　研究思路

1.4.1　研究对象与研究内容

1.研究对象的界定

本书的研究对象是获得项目总承包资质，在国内外工程项目领域从事总承包业务的总承包企业。从类型上看，总承包项目的组织形式和实施形式分为不同种类，不同形式的总承包项目有着不同的特点，其治理方式也不尽相同，但综合来看，大体可划分为设计主导型总承包企业和施工主导型总承包企业，本书研究对象涵盖了上述两种类型企业。从选择标准看，考虑到研究的可借鉴性和普适性，本书选取的总承包企业要求成立时间在3年以上，企业规模以大中型企业为主。选择行业一般包括建设工程、石油化工、市政建设、道桥工程、交通运输等多个行业领域。研究范围为总承包项目在实施阶段的项目治理，主要包括合同签订后的设计、采购、施工和竣工阶段中的治理。

2.研究内容

本书以总承包企业为研究对象，探究总承包企业网络治理能力的内涵及其结构维度，并重点剖析总承包企业网络治理能力各维度对项目绩效的影响关系，以及界面协同的中介作用，从而丰富和完善"能力—协同—绩效"的理论研究范式。本书包括六个章节：

第1章为绪论。首先根据现实实践和理论研究现状，提出本书的研究问题及研究意义，并通过梳理相关研究领域进展及理论空缺，明确研究思路，进而确定本书的研究内容和研究方法，最终勾勒出本书的关键技术路线。

第2章为理论基础。本章将对研究涉及的项目治理理论、社会网络理论以及协同理论等相关理论进行深度梳理和系统分析，归纳主要理论观点，推导前沿发展趋势，并提出对本书的借鉴意义。

第3章为总承包企业网络治理能力概念开发与测量。本章采用扎根理论研究方法，将总承包企业深度访谈分析结果与现有文献相结合，系统解析总承包企业网络治理能力的本质特征，界定其概念内涵，进而采用探索性因子分析和验证性因子分析方法检验该构念的信效度，最终形成总承包企业网络治理能力的测量工具。

第4章为总承包企业网络治理能力对项目绩效的影响机理研究。本章采用探索性多案例研究方法，选取四个典型案例企业，通过案例内分析和跨案例比较分析，识别"能力—协同—绩效"的具体表现形式及三者间的内在关系，揭示出总承包企业网络治理能力影响项目绩效的作用机理。

第5章为总承包企业网络治理能力与项目绩效关系的实证研究。本章基于案例研究结果与相关理论，提出相关研究假设，构建"网络治理能力–界面协同–项目绩效"的理论模型，并采用结构方程研究方法，通过大样本数据统计分析验证研究假设的合理性，进一步阐释总承包企业网络治理能力对项目绩效的内在作用机理。

第6章为结论与展望。本章对研究的发现进行系统的归纳与描述，详细阐释本书的理论贡献与主要创新点，同时，对研究可能存在的局限进行说明，提出对未来相关研究的展望。

1.4.2 研究方法与技术路线

本书采用了多种定性和定量研究方法，总体上是按照"文献梳理—核心构思开发—案例分析—模型构建—实证检验"的思路进行研究，研究采用以下方法：

1.文献分析法

运用了文献分析的方法对相关基础理论以及国内外相关研究进行综述，明确了本书的主要问题与研究内容。之后，又采用该方法对项目治理理论、社会网络理论以及协同理论进行了梳理，以此确定研究的理论基础，进而构建本书的研究框架。

2.扎根分析法

因为总承包企业网络治理能力的构成维度没有成熟量表加以借鉴，所以，要做好研究必须以探索性开发概念构思为前提。为此，本书通过对相关企业的调查研究，严格依据扎根理论程序，认真做好开放性编码、主轴编码、选择性编码，全面阐释了总承包企业网络治理能力的结构表征。

3.案例研究法

通过选取典型企业，在进行调研访谈基础上，获得所需研究数据，从而以深入探讨和分析相关具体案例，得出一般性结论。在方式上通过案例内分析和跨案例分析，探讨总承包企业网络治理能力各维度对界面协同、项目绩效的影响过程，构建总承包企业网络治理能力对项目绩效的作用模型，进而提出彼此间的关系命题，为解决实际问题提供实证支撑。

4.实证分析法

研究基于案例研究提出的概念间关系以及文献研究的结果，提出总承包企业网络治理能力、界面协同与项目绩效之间的关系假设，确定实证研究的研究框架。基于先前开发的总承包企业网络治理能力的测量量表，运用SPSS和AMOS的结构方程模型对模型中的关系进行进一步检验，形成系统的具有一定普适性的总承包企业网络治理能力对项目绩效影响的研究结论。

本书的技术路线如图1-1所示。

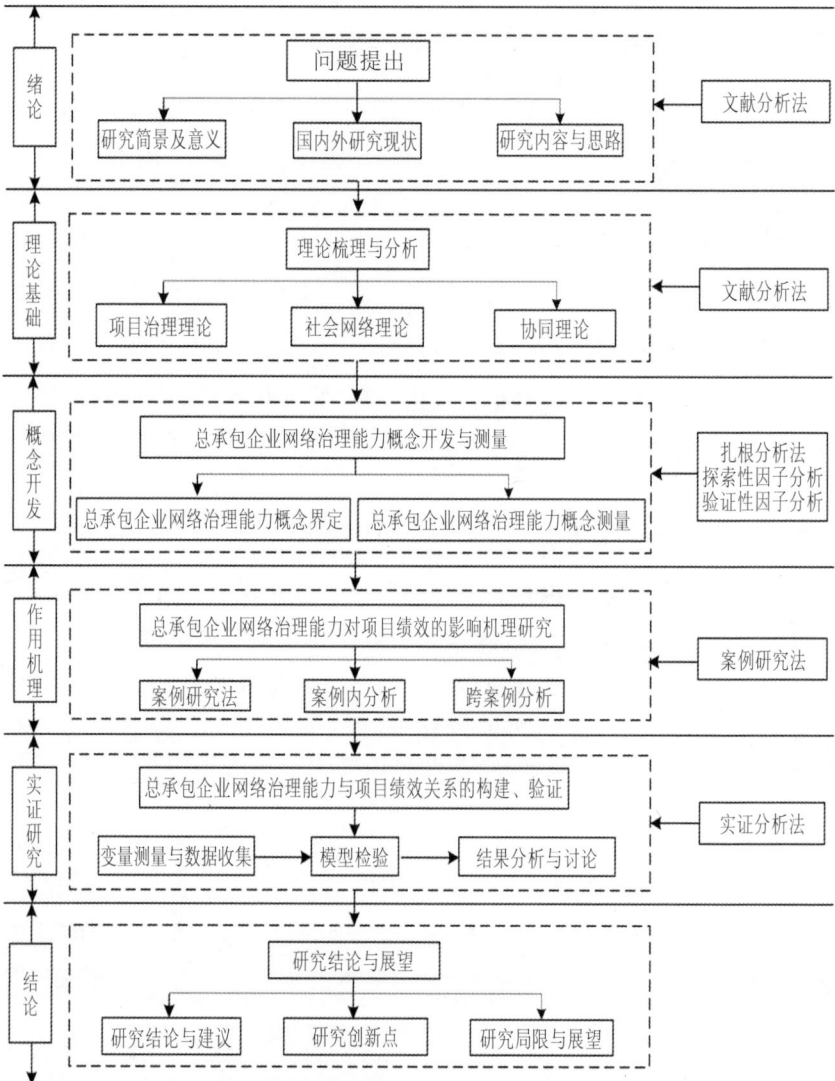

图1-1　技术路线图

2 理论基础

2.1 项目治理理论

2.1.1 项目治理的本质和内涵

对项目治理的探索最早起源于对企业实践上的治理（Muller、Ebrary，2011），即利益相关者在项目实施中，利用相关规则制度实现对相互之间关系的约束，以此实现科学化的决策目标（李维安，2011）。对项目治理概念的界定，国外具有代表性的主要有 Turner（2001）、Renz（2007）、Lambert（2003）、Bekker（2008）、Muller（2009）等学者的界定。Lambert（2003）认为，项目治理是针对项目的一系列系统、结构、过程进行的控制和管理，最终保证项目的交付和使用，进而实现企业的充分效用和利益。在 Turner（1999）看来，项目治理作为一种方式存在，是通过建立和完善有效的治理机制实现良好的运行秩序。这些研究十分注重委托人的利益，并通过对项目的有效治理推动项目的有效实施，确保委托人利益得以顺利实现。而 Muller（2009）认为项目治理是在公司治理框架内从项目内外部利益相关者的最佳利益出发的管理活动，项目治理由价值体系责任、过程和政策所构成，其目的是促进项目执行实现组织目标。

随着研究的不断深入，Winch（2001）立足于项目全过程交易的微观层面，对项目治理进行了探讨，构建了具有全生命周期性质的理论框架。该框架在治理方法上关注第三方治理模式，包括垂直交易、水平交易两方面治理内容。项目治理作为一种维持企业良好秩序的结构框架，是建立在利益相关者基础上帮助引导、监督彼此之间的行为，推动项目治理成效的实现（Callan、Sieimieniuch、Sinclair，2005）。可见，项目治理是对项目的指导和管理，这种指导和管理具有战略性、综合性，以此实现对项目的整体控制（Renz，2007），这个过程是包括制度规则、协议关系等管理活动所构成的管理过程，并在一系列项目控制的基础上最终实现战略管理目标（Bekker、Steyn，2008）。换言之，这也是企业为了实现项目目标在项目建设中制定的项目规则、组织结构以及工作流程（Lynn、Christophe、Rodney，2008）。上述研究十分注重利益相关者的利益，从这个意义上讲，项目治理是基于利益相关者利益的视角，不断推动项目的执行，进而帮助企业实现项目目标的管理过程。

从国内的研究情况看，杨飞雪等（2004）首次对项目治理进行了界定，他认为项目治理脱胎于项目管理，但又随着实践发展必然出现的新的理论范式。随着研究的深入，比较有代表性的学者主要有严玲、丁荣贵等。在严玲、尹贻林（2006）看来，项目治理在项目实施中发挥了制度框架的作用，较好地连接了利益相关者之间的责、权、利关系并作出相应规范。实际上，项目治理以制度安排的方式体现了规范公司的经营者、所有者与使用者之间的关系，从根本上解决企业内部各主体之间的问题。丁荣贵等（2013）认为，项目治理能够有效降低核心企业的风险，进而以稳定的管理环境推动项目目标的实现。

纵观近年来国内外学者对于项目治理的研究，尽管不同学者对概念界定不尽相同，但都有着基本的共同特征。①从目标上看，项目治理的最终目的是通过企业对项目的有效治理推动组织目标的实现。②从范围上看，项目治理涵盖了项目设计、管理、实施等各阶段各环节的利益相关者，主要体现在两个方面：一是在项目企业内部，通过企业内部体系加以实现，成为企业内部的一种治理机制；二是项目企业外部，通过市场体系加以实现，即外部市场的一种治理机制（王华、尹贻林，2004）。③从内涵上看，项目治理是通过构建一个利益相关者认可的框架结构，以此明确各利益相关方的责、权、利。④从机理上看，项目治理提供了一种战略性指导，并通过该指导实现对项目的整体性全方位控制。

2.1.2 项目治理的特点和功能

项目治理为企业提供了一种有效的治理方法，是实现项目利益相关者之间的利益平衡（张庆华等，2009），进而促进项目目标的最终实现。实现项目治理必须满足两个基本前提：一是要有分配规则确保利益得到合理有序分割；二是要有相关机制对相关利益分割加以有效保障。二者缺一不可，否则项目治理就会失效。可见，与项目管理不同，项目治理有着自身独特的运行特点和规律。

项目治理一般包括三个方面的治理内容：项目决策、质量管理和风险管理（黄孚佑，2006）。为实现对这些内容的有效治理，对核心企业而言，就是要在项目治理中较好地明确合作企业在项目建设过程中所占有的位置和扮演的角色，并在企业相互博弈中进一步定位彼此关系，进而获得更为合适的治理方式（丁荣贵，2007）。与项目管理不同，项目治理是在更高层次上对项目运行的契约性治理，不仅提供了项目在运行中的相关基础，而且也给出了项目建设的责任体系框架，相对而言，项目管理是对项目运营具体过程的管控（严玲、尹贻林、范道津，2004）。项目治理的参与主体不是单个企业，而是由多方参与主体构成，在项目治理中形成了项目实施框架，并明确各参与主体在此框架下的责、权、利关系，所以是一种复合型组织模式，影响和决定了项目绩效水平。近年来，学术界在研究视角上不断从管理层面向治理层面转变，这既是企业融入社会实践的现实需要，也是企业创新项目管理理论的内在需求（沙凯逊，2008）。同时，项目治理在项目运行过程中，尽管沿用了公司治理的治理思路，但二者有着本质区别。项目企业在构成上是由业主、承包商、分包商以及供应商等一系列企业和组织构成的，他们之间的关系相对复杂，各参与主体有着各自的目标追求和利益诉求。核心企业着眼于法人与法人之间的关系，与合作企业签订了彼此认同的合作契约，区别于公司治理的内部契约，在契约性质上决定了治理机制的不同。核心企业在项目治理中要明确参与企业间责、权、利的配置问题，而且在治理目标、治理内容、治理主体的性质等方面项目治理都明显区别于公司内部治理。

项目治理从根本上讲，是构建和维护利益相关方的相互关系，这种关系是合作方之间相互协作的动态化网络关系，企业通过对项目建设过程的协调和控制，在创造良好管理环境的基础上促进项目目标的实现。就项目治理的功能而言，主要体现在以下四个方面。

首先，能够协调合作企业采取一致行动，推动合作关系始终保持良好的运行秩序。合作企业在项目实施过程中，面临着复杂多变的情况，由于受利益驱动，难免产生行动秩序混乱、目标冲突的现象，这就要求企业通过治理来实现相互间的协同。治理是有基本前提的，只有在稳定供给下的需求存在不确定性、在资产专用性中的频繁特定交易、在时间约束下的复杂任务（Jones、Hesterly、Borgatti，1997），才需要企业进行有效治理。针对上述的不确定性，项目治理的目的就是协调合作企业之间的矛盾冲突，统一合作行动，建立良好的运行秩序，推动项目绩效提高。所以说，治理就是秩序加意图（Smouts，2010）。

其次，对合作企业优势资源进行优化整合，促进企业实现利益最大化。项目治理的对象主要集中在各合作企业项目领域，企业在项目治理中，只有充分考虑合作企业的利益表达和诉求，才能满足利益相关者的利益。所以，企业的项目治理就是通过汲取企业外部的优势资源，并将这些资源融入自身资源体系，促进企业技术的提升。同时，在合作网络中，核心企业能将自身资源进行合理化分配，使资源效能不断放大，寻找最佳协作方式，发挥合作企业的潜在能力，进而实现企业利益目标。

再次，能及时化解矛盾和风险，确保合作企业目标的最终实现。项目治理的一个重要目标就是维护合作企业相关制度的严肃性，确保各合作企业行为符合制度要求，实现有效治理。其中，首要的是要完成权责分配，确保在项目实施中各合作企业出现矛盾、问题时，能够遵循制度规范进行处理。按照治理理论，在治理层级结构中，治理主体越处于顶层则治理力度越大，就越需要对下层治理主体进行约束。所以，核心企业应该具有较强的矛盾化解能力，在项目合作中明确各自所承担的责任，构建相互认可的信任机制，坚持客观公正原则，及时解决合作项目问题，进而增强彼此互信程度，促进资源共享和交换，实现协议目标。

最后，项目治理能够明确合作企业的责、权、利关系，推动合作企业更好地履行责任。项目治理的过程就是推动项目目标实现的过程，是在项目实施中明确彼此关系，按照自身职责分配责任、强化责任担当。合作企业在清晰了解项目总目标和阶段目标、有效分配与整合资源项目需求的情况下，通过对各合作企业责、权、利关系的明晰，不断协调各子系统的经营行为，对不同主体、不同阶段的项目目标进行平衡，从而更好地实现系统总目标，确保合作企业价值最大化。

2.1.3　项目治理与项目成功的关系

项目治理的宗旨就是使合作企业能够明确责任、减少分歧、强化协同，确保项目取得成功。如前所述，项目治理不仅是单个企业的内部治理，而是对多个参与企业所组成的网络关系的治理。所以，项目治理必须考虑参与企业各利益方彼此社会关系的外在因素，在适应和调整中维护合作者利益相互间的整体功效，确保项目取得成功。

合作企业在项目合作中形成了彼此关联的虚拟社会组织，在这个组织中每个合作企业都是单独的利益体，在自我适应和相互协调中加以运行。为确保项目合作企业之间的相互协作与密切配合，核心企业必须建立共同认可的项目目标，这是通向成功之路的先导。当然，每个节点企业在合作中都有自己的期待，而这个具有独立性质的期待极易引发企业之间的矛盾与冲突，这就要求合作企业通过彼此协商、沟通形成相互都能接受的责任及利益分配方案，并明确各参与企业的自身职责和任务，这些子目标合在一起就共同形成了合作项目的总体目标。可见，为确保各合作企业的期望与项目总体目标的一致，项目治理的首要任务就是为项目成功设定明确的项目目标。

项目目标需要项目实施策略作为根本保证，在项目建设中，每个合作企业都有着各自的项目任务，这些任务之间的关系相对复杂，是以一种非独立性的相互依赖关系而存在。这就要求企业在项目治理中统筹安排各自任务，明确相互之间的关系以及项目实施顺序。作为核心企业而言，为确保项目目标实现，核心企业要从能力、信任等要素对合作企业加以研究，进而建立交流、协商等相关体制机制，进而促进项目绩效的提升（刘敬严、陈国勋，2014）。也就是说，项目治理通过对项目管理活动设定规则、制定制度、加强指导等方式，维护合作企业作为竞争者的利益以及合作关系的整体效能，实现项目管理的良好秩序，形成统一的项目管理活动。可见，实施项目治理必须制定和完善项目目标实施策略，这是项目目标得以实现的基本前提。

项目实施的过程也是项目不断创新的过程，这就决定了项目实施过程充满了许多不可预测因素，所以，为确保顺利实现项目目标，就需要合作企业之间相互协同、共同合作。项目本身具有复杂性和可变性，实现项目治理仅仅依靠企业的自发行为其力量是有限的，企业若想维持彼此合作的稳定性和长期性，则必须建立在必要的协调基础之上，通过合作企业间在战略、决策以及行动上的相互协调与密切沟通，才能确保目标实现。从项目治理的内涵理解，项目治理是对项目利益相关者需求、沟通、标准化流程以及合同管理的总和（Ruuska等，2009）。这表明协调是项目治理的一个基本目标，即使是在没有任何矛盾的情况下，合作企业也要在分工、绩效与共享等方面进行协调。

项目成功是对项目治理的结果性描述，从传统意义上讲，衡量项目成功与否主要看时间、质量和成本三个基本要素。随着项目管理的不断发展和演进，项目是否成功的评估范畴也在不断丰富和扩大，比如，组织目标实现、利益相关者满意度、团队影响力等（Atkinson，1999）。然而，由于受到项目自身所具有的特征因素影响，运用统一的标准衡量项目是否取得成功在现实中是难以实现的（Muller、Turner，2007）。正是在这样的发展形势下，项目治理理论为项目成功提供了全新视角。为此，对项目成功的衡量标准既要看是否实现项目的短期目标，同时也要看长期目标的实现程度，也就是说，不仅要考虑项目自身完成情况，而且还要关注组织战略实施情况（Shenhar等，2001）。尤其是应充分考虑企业的长期目标、信誉等方面因素。可见，项目治理要充分借鉴和利用协同机制互补原则，增强目标驱动力，以此推动项目目标的实现。

2.1.4　项目治理理论对本书的启示

项目治理并非内嵌于固有和静态的治理框架之上，而是由各利益相关方构成的动态化治理过程。近年来，尽管一些学者对项目治理的内涵、结构等方面进行了研究，但在理论层面至今还未形成共识，这表明现实中不存在一个适合于多类型项目的项目治理模式。项目若要取得成功，除了考虑项目组织建设中人的因素外，关键是要探索组织层面的办法。特别是在项目整体推进中，虽然利益相关方有所不同，但合作的共同目标使得参与企业共同组成了"特定网络组织"。对于这个组织的项目治理，如果试图用一种简单方式来规范彼此之间的关系，而且是静态的权力关系，显然是不合理的（丁荣贵、孙涛，2008）。这对本书的启示是，作为总承包企业在网络治理推动项目实施中，必须基于不同的项目建立起跨组织跨地域的治理平台、治理方法、治理秩序，通过统一的过程制定与之相匹配的项目治理模式。同时，由于项目的临时性特征极易导致项目结构出现松散状态，更易引发投机行为，所以，处于网络治理中的总承包企业应与合作企业一道，不断强化目标引领能力，制定奖惩规范，注重监督约束，实现协同合作。

对于一个由诸多企业参与的合作项目来说，在项目治理中如何处理好角色组织关系十分重要。其中，关键要解决好两个问题：一是项目治理的主体是谁？二是项目治理如何实现？对于项目治理的主体，以往研究大多围绕着单个企业的项目治理，就多家企业来讲，一般可能考虑项目利益相关方的要多一些，但情况并非这么简单。首先，并不是各利益相关方都有能力参与到整体项目治理当中来，只有拥有和提供能对项目成功带来较大影响的资源，而且有能力合理配置和优化这些资源的利益相关方才能成为项目治理的主体。对于如何实施项目治理问题，各参与方既要明确自身定位，明晰利益相关方需求，同时，还要有效识别项目治理中各相关企业承担的责任和风险，并协调处理好彼此之间的内在关系。上述项目治理的两方面内容对本书的研究提供了很好的借鉴：一方面，在主体上，将项目治理纳入到总承包企业的并不多见，在多企业组成的项目治理体系中，作为核心企业的总承包企业如何更好地实现项目治理是一个需要解决的现实问题，因此有必要对其进行更深入、更有针对性的研究；另一方面，对于项目治理的实施，除了各相关企业要根据项目建设需求提供包括信息、资金、人员、设备等资源外，总承包企业还应充分发挥核心作用，做好对网络资源的统筹和优化配置，以良好的网络关系推动项目绩效的提升，这也需要对总承包企业情境下的项目治理进行更深入的探索。

项目离不开社会发展的环境，所以，实现对项目的认识应从临时契约组织向临时社会网络组织转变（刘敬严、陈国勋，2015）。这种社会属性，使得一些学者开始关注项目治理的关系因素对项目绩效的影响。比如，由于项目目标交织于项目治理中，这就决定了要做好项目治理中各利益相关者之间的信任、协作等方面内容的研究，以此阐释信任和能动性对项目治理的关系。同时，项目治理绩效是治理主体与关系环境相互作用的结果，在这个过程中，协同是以一种特殊逻辑方式存在，合作企业面对复杂任务与关系平台，只有相互依赖、共同合作才能更好地发挥协同效应。所以，在项目治理研究中，有必要针对项目网络组织共同目标引领下的项目建设，从合作企业的能力、协作等方面对其进行深入分析，以此考察核心企业如何以彼此之间的信任、沟通和协同等确保项目绩效的提升。

2.2　社会网络理论

2.2.1　社会网络的本质和内涵

对社会网络的研究，学者们给出了不同的定义，其中，引用最多的是 Mitchell（1969）的界定，他认为社会网络是建立在一群特定个人之间基础上的一组独特关系。Foss（1996）提出社会网络是指个人与个人相互间建立的持久稳定的一种社会关系。而与此不同的是，Thorelli

（1986）认为，社会网络是两个以上的组织之间建立起的关系，这种关系具有长期性，既非层级关系，也不是交易关系，而是介于二者之间的一种关系，即社会网络是由彼此依赖、相互支持的一些企业构成，涵盖了沟通、协调与合作。王涛、罗仲伟（2011）将社会网络定义为一种关系集合，认为是企业为了适应外部环境的变化，与其他合作企业相互协同合作、彼此交换，通过缔结契约关系而共同形成的自发性群体。

从上述分析看，学者们对社会网络的内涵存在着不同的理解和认识，一方面把个人作为社会网络的主体，而另一方面则把企业作为社会网络的主体。纵观学者们的研究成果，其发展脉络已由最初的个人关系逐渐向组织间的关系演变。当然，这个研究过程也说明社会网络的研究范围涵盖了个体层次、单位层次、组织层次等不同方面，即运用社会网络理论能够化解不同层面上的问题，Gulati（1999）认为，这正是社会网络研究方法的"精妙之处"。基于此，学者们对社会网络的研究逐渐拓宽了视野，如 Woolcock（2001）提出社会网络涵盖了一些必然的联系，通过这些联系能够提供所需要的信息等方面资源；奇达夫、蔡文彬（2007）则将社会网络描述成建立在诸如沟通、情谊和建议等关系基础上的行动者以及与之相关联的关系集合。

社会网络包含着多层主体，既有网络层又有组织层。从资源观的视角看，企业在市场竞争中，为了适应环境的发展变化，需要从自身所处环境中汲取有利资源为己所用，以弥补自身存在的不足（Gulati，1998）。所以在功能上，社会网络通过搭建有利于交流沟通的渠道和平台，为企业的社会活动联系服务，从而推动不同主体的联系以实现相互间的彼此协同（张新民，2012）。在协同关联过程中，企业通过推动能力转移、资源交换和信息共享等相关活动，直接影响和决定着网络价值的实现（宗文，2011）。企业正是通过建立彼此的关联，构建具有弹性的网络结构，共同加强对网络的治理，进而统筹和控制一些关键资源。根据企业间的关联程度，学者们又将其区划分为弱联系和强联系，弱联系是感情涉入度比较低、彼此之间没有承诺、相互之间缺乏信任的一种社会关系；而强联系指的是经常互动、有较高感情涉入的社会关系（刘慧群，2010）。

综上，通过对学者们的研究成果分析，本书认为社会网络的内涵主要包括五个方面的内容：就主体而言，主要是指嵌入社会网络的各行动者，当然行动者的范围既可以是个人、单位或组织，也可以是更大的社会实体；在联结方式上，既可以通过直接联结，也可通过间接联结方式将社会网络中的行动者联结起来（Ahuja，2000）；从研究对象看，社会网络的研究内容既包括整体网络配置，也涵盖了行动者之间的关系，更强调上述配置关系对个体行为的影响；在研究方法上，以网络模型的方式将包括经济、社会等在内的各种结构不断进行优化，以利于关系的持续稳定；从研究趋势看，越来越多的学者倾向于对包括知识、信息传递在内的行动者之间的资源交换进行研究（Jonathon，2004；Jeffrey、Teng，2003；Gilsing、Nooteboom，2004；Hansen，1999；Salman，2010；Singh，2005）。

2.2.2 社会网络理论的基本特征

通过对社会网络的深入研究，学者们对社会网络理论有了更加清晰的认识，并形成了一定的共识，其中一些基本特征使其具有独特的研究范式。

首先，聚焦于社会网络关系的探讨，网络成员具有动态性。对社会行为的研究，一般分为两个角度——属性角度和关系角度。但对社会网络而言，学者们更倾向于用关系原理解释普遍存在的社会现象，用关系数据来构建行动主体间的关系模型。这主要是因为社会网络的重要特征就是在特定网络中，该网络始终保持具有相对稳定性的节点与节点之间的相互关系。Foss（1996）在研究社会网络内涵时强调，社会网络是特定的社会实体或个体之间的关系模式，这种关系模式提供着各种诸如资源、信息的直接与间接的联系。企业作为社会的一分子，其网络属性自然融于社会属性之中。企业网络成员有着相对独立的决策权、控制权，网络只为企业提供了必要的经营环境，各成员企业在网络运行中能结合本企业生产经营状况设计发展路径。尽管网络成员活动需要立足于市场这个基础，也具有进入和退出网络的自由权，但是这种动态性增加了企业的柔性和对网络环境的适应性，企业一旦加入网络，必然要承担起建设网络的责任和义务，这些都为企业更好地参与网络活动奠定了基础。

其次，注重对行动者之间关系的分析，网络信息传递具有高效性。在社会网络中，行动者只是社会结构的基本元素，对社会网络具有真正影响的不是行动者而是行动者相互之间的关系。从这个意义上讲，社会网络理论的核心在于立足关系的视角突出做好对社会结构的研究。研究中仅仅采用一般性的统计描述还难以准确推断，做好这方面的统计还需采用一些专门的社会网络推断技术。从网络视角看，所有组织都是网络的重要方面，更是网络的主体，主体行动促进了网络组织的深化，同时也受到网络的制约。网络主体关系的建立离不开彼此之间必要的交流，而其中信息沟通是实现网络合作的前提条件，从网络自身特有的信息结构进行分析，无论是正式的还是非正式的，都有利于提高网络主体信息沟通的有效性。尤其是网络化信息平台的搭建客观上支撑了网络主体的沟通与交流，反过来，这种信息的高效传递又推动了网络组织间关系的深度融合。

再次，强化了微观社会网络与宏观社会结构的联结，网络价值体现了更多的生产性。社会结构是由不同类型不同领域的网络联结交织形成的状态，这就决定了社会结构往往不够直观和浅显易见。而社会网络理论的出现，则帮助我们更好地理解个体对社会结构的影响，以及社会结构对个体的影响。就像格兰诺维特所言，社会网络理论架起了微观行为与宏观行为的关系桥梁（罗家德，2005）。对于如何实现彼此之间的联系，詹姆斯·科尔曼提出了所谓的"浴缸"模型（奇达夫、蔡文彬，2007），其宗旨就是探索在一个网络中的个体如何在动态互动中影响个体行动，改变相互关系，影响整体结构。这种微观与宏观的有机结合，助推了网络成员能力的互补性，尤其是在企业网络中，每个节点企业都有着各自的优势，在各自成员企业的优势作用以及能力互补推动下，网络企业既增强了交叉创新能力，又使整体网络规模优势发挥最大化，进而克服传统单个企业的缺点与不足，这样在结果上使网络的生产特性得以凸显，网络价值也能够充分显现。

最后，突出了定性研究与定量研究相结合，网络治理的状况更具有实效性。社会网络是各种不同类型网络联结互相交织的网络，其中涵盖的社会结构方式错综复杂。尽管如此，社会网络理论却能将定性研究与定量研究获取的相关资料与各种图表数据等整合起来，这种研究方法，丰富了研究数据的内涵，使研究者更加贴近现实。现实研究中，网络组织若想实现良好的运行状态，必须依赖于相应制度安排和社会关系约束，实质上这就是网络治理问题。社会网络不但是一种分析工具，还是一种治理方式。网络治理的核心是研究通过协调网络关系构建提升网络效率的制度安排，以此合理分配利益，增强个体乃至整体的创造力和竞争力，最终将网络中单个主体整合为统一联合体。Jones 等（1997）结合结构嵌入理论，提出了网络治理的社会机制：宏观文化、限制性进入、联合制裁和信誉。Lin 等（2011）进一步对网络治理机制进行了研究，从结构、关系和功能三方面视角实证检验了不同网络下的嵌入方式，探讨了治理机制和交易风险的内在关系，这些研究既反映了网络治理的方式方法，也体现了通过网络治理对社会网络所显现的成效。

2.2.3　社会网络理论的基本构成

随着社会网络应用范围的扩大，其界定范畴已不局限于人际关系，行动主体逐渐从个人向部门、组织等集合单位转变，而且，网络成员对各种稀缺性资源的占有和支配等也不断发生变化，这些都对资源的流动产生影响。根据研究的侧重点不同，社会网络理论包含着两个方面——关系要素、结构要素。关系要素通过社会联结的行为和过程阐释行动者之间的社会黏着关系；结构要素则以参与者的网络位置分析行动者之间所体现出的社会结构。具体来说，社会网络理论主要由网络中心度、强弱关系、社会资本、结构洞等理论分支构成。

网络中心度决定着企业的战略绩效，企业若处于网络的中心位置，就会有获得更多信息、技术的机会，同时还能获得更多网络规范机会，进而提高企业竞争力。随着近年来对网络中心度的研究，学者们采用不同方式加以界定。Powell 等（1996）的调查研究显示，企业活动与企业所在网络位置具有直接关系，一家企业越是靠近网络中心则越能够帮助其获得更多网络资源，也越有利于促进企业自身成长。企业如果具有广泛的信息获取渠道，并且处于有利的网络位置时，就会拥有较快的反应能力，这种能力对于项目绩效的提升至关重要。Tsai（2001）在研究中发现，网络为其成员之间的沟通及学习提供了重要平台，实证表明网络对企业绩效存在明显的正影响关系。通过上述研究发现，企业对网络位置的选择尤为重要，越是处于独特位置的企业（核心企业）越能占据获取独特资源的优势，越能在与网络节点企业的合作中取长补短，也越有利于进一步强化其独特地位。

强关系、弱关系对知识、信息的交流与传递具有明显的不同，强关系必然是接触频繁、感情紧密的复杂关系；弱关系则是接触不频繁，感情联系不紧密的单一社会关系（钟卫东、黄兆信，2012）。强关系可以使企业规避不必要的风险，即相互间通过频繁的沟通与交流，形成了信任并相互影响（罗家德，2005）。孙鹏、王振伟（2013）通过对知识库的研究发现，弱关系具有凝聚作用，能够将个人智慧汇聚成集体智慧。相对于强关系，弱关系更能激发创造力，从而在创造力的发挥中提高团队绩效（龙静等，2012）。综合来看，强关系在组织间乃至人际关系尤其是在处理组织间的危机中具有重要作用。越是处于不安全位置的个体，越有可能注重借助强关系力量实现对自身的保护，进而降低不确定性因素对自己的冲击和影响（Granovetter，1973）。但资源不一定总能在弱关系中获取，强关系也能经常性地体现在个人与外界相互联系的基础上。强关系在网络中涵盖了一种信任、合作与稳定，能够促进知识的流通尤其是有利于隐性知识的相互传递（Hansen，1999）。所以，强弱关系作为社会网络的联系状态，虽然功能有所不同，但都能在不同情境下发挥着不同作用。

社会资本最早由法国社会学家Bourdieu（1980）所提出，在他看来，社会资本与社会网络有着密切联系，是行为主体在与外界沟通中所积累形成的资源集合。一般而言，无论是个人还是企业，如果能够参加更多的社会组织，那么它的社会资本就显得相对雄厚，这也促使其所占有的网络规模不断变大，相应社会资本也越发变得丰厚，这表明获取社会资源的本领就会变得越来越强，二者之间是一种显著的正相关关系。社会资本在本质上讲，就是人们为了实现共同愿景而合作的能力，主要体现为彼此关心和信赖的无形资本。Putnam（1993）认为，社会资本最基本的要求是信任，只有信任才能促进合作，可以通过提高公民的网络参与度构建良好的社会信任。所以说，要想获得更多社会资本，就需要在彼此信任的基础上加强沟通与协调，以此维护共同遵守的社会规范。

社会网络是存在中断现象的，这个现象犹如社会网络结构中的"洞穴"，所以称之为"结构洞"。Burt（1992）早在20世纪90年代就提出结构洞理论，该理论观点是在社会网络结构中，个体之间的联系不会存在中断现象，始终会表现出"满联结"状态。结构洞为网络节点成员提供了全新信息，使得资源以联结的方式加以流动，这种流动既重构了网络结构，又改变了网络规模。一般来说，网络成员拥有的结构洞越多，具有的社会资本就越多。虽然信息与资源很少在结构洞中流动，但结构洞却能为企业提供获得新信息、新资源的机会，使得该企业更具竞争优势。如在诸多参与方建立的网络中，如果企业同时与供应商之间、与合作者之间存在关联，而供应商与合作者相互间却没有关联，这时该企业就明显占据了结构洞位置。一家企业若想得到更为丰富的资源就需要积极开拓结构洞，结构洞的开拓过程也是网络结构改变的过程，更是企业赢得竞争优势的过程。结构洞理论有利于我们对企业竞争优势来源问题的重新认识，企业若想具有竞争优势，除了保持自身资源以及能力优势之外，还必须重视网络结构优势。因此，企业在项目实施中只有抢占结构洞的优势位置，才能更好地为自身竞争谋取优势地位。

2.2.4　社会网络理论对本书的启示

通过对社会网络理论的梳理和分析，我们发现，企业内嵌于社会结构之中，维系企业之间的相互关系有赖于网络治理，网络结构和行为人关系影响着企业的经济行为与结果（Granovetter、Swedberg，1992）。社会网络资源以提供社会资本的方式助推了企业发展，企业通过彼此交流和交易满足了互补性资源的需求，得到格外的关系租金。社会网络理论十分关注对网络结构的研究，尤其是注重对企业竞争优势影响方面的分析（Burt，1992），并且一些研究聚焦于企业在网络中的位置、网络关系强度以及密度等内容进行了探讨。同时，也强调了信任机制等社会机制对企业发展的影响，从社会学的视角解释了网络治理的相关问题，这些研究为做好企业网络治理研究提供了基本思路。本书正是基于上述社会网络研究成果为理论根基，进一步探讨企业网络治理概念的内涵、结构维度以及测量等方面问题，以此实现对总承包企业网络治理能力的探讨和解读。

通过网络中心度和结构洞理论的研究发现，企业效益与企业所处的网络位置具有直接关系，越是处于网络中心位置的企业越有利于获取资源。尤其是结构洞的存在可以帮助企业实现对信息、技术等方面的控制，进而获得网络优势。总承包企业作为网络主体，在网络中占据着网络中心和结构洞的优势地位，其结构优势在实践中可以更好地转化为企业的资源优势，从而实现对网络稳定运行的有效维护。这是社会网络理论的基本观点，已得到学者们的广泛认可和借鉴，同样也符合本书的研究情境。

社会网络理论的一个重要研究内容就是对网络关系的研究。近年来，学者们对网络关系的研究重点，主要侧重于对社会关系网络各范畴的孤立研究而忽视其内在要素之间关系的研究，更加关注对社会资本宏观及中观层面的研究，而忽视企业微观层面的研究等。事实上，社会网络能够为网络成员提供大量的社会资本，而社会资本是一种非常值得企业投资的具有价值性的资源（邹思明等，2017），发生在企业之间的社会资本对于企业获得潜在或现实的外部资源十分有利。核心企业由于占据有利位置拥有大量社会资本，成为网络焦点，更易于构建网络关系，所以其在网络中有着较大的影响力。同时，在企业网络治理的强弱关系中，强关系可有效降低合作伙伴之间的冲突，能够不断增强企业的信息优势，更好地汲取、优化与整合网络中复杂黏滞的缄默知识（Chow、Chan，2008）。可见，社会网络关系的研究对网络治理以及绩效的提升具有重要的借鉴意义。为此，在对总承包企业网络治理研究中，有必要从微观层面视角对网络内部各要素之间的关系进行深入探讨，以促使企业获得更高的经济效益和社会效益，从而推动项目绩效水平的提高，这也是本书的重点研究方向之一。

2.3　协同理论

2.3.1　协同理论的本质和内涵

"协同"一词最早源自西方学者对协同学理论的研究，是指企业各个业务单元的相互协作，继而通过这种协作达到企业整体价值大于各个独立组成部分价值的简单加总，表达了"1+1>2"的理念（Ansoff，1988）。20世纪70年代末，哈肯教授最早对协同学作了界定，意为在合作中共同工作。在之后的研究中，哈肯教授陆续出版了一些论文及著作，详细阐述了协同理论的相关内容，进而创立并完善了协同理论。该理论强调尽管各系统具有不同的性质和属性，但相对于整体环境，各系统之间存在着彼此影响与合作的关系。协同理论的核心就是通过协同达到有序，有序是协同的产物。看系统有序还是无序，关键看该系统有无整体协同运动，而其中的前提条件就是系统内各子系统在运行中是否相互协作、密切配合。假设该系统的子系统各自为战、相互独立，其结果必然导致形成无序结构。所以，协同的作用是在一个大系统中，各子系统通过共同的协同行为，形成了超越单个系统的独自作用，进而形成大系统的联合力量，这种观点从理论层面支持了企业管理中协同思想的引入。

企业之所以注重对协同的研究，目的是让企业在发展中使得整体效益高于各子部分效益的累计（Ansoff，1965），换言之，就是让企业发挥"协同效应"。协同不仅涵盖企业资源方面的内部协同，而且涵盖企业外部的资源协同（马士华、桂华明，2009），尤其是随着信息技术的发展，协同理论在技术层面充分满足了企业的发展需求。如果说协同为组织系统的有序运行奠定了基础，那么协同效应则体现了协同所带来的成效。通过对协同本质的认识与理解，进而将协同的科学方法应用于企业网络治理协同研究，能够促进企业间实现协同合作，进而实现良好的协同效应。

2.3.2　协同理论的基本原理

在协同理论中，导致组织系统从无序状态转为有序状态或者从有序状态变成无序状态，其中最关键的因素是序参量。序参量在系统的演化进程中，对各子系统较好发挥了役使作用，主宰着系统从无序向有序的不断演化（Hayes-Roth，1984）。在一段时间内，某一特定序参量能够支配其他序参量的行为，而其他序参量扮演着配合主序参量的角色，遵从主序参量的规定开展行动。随着环境的不断变化，主序参量有可能被其他序参量取代而失掉自身的主导地位，而且二者地位的转变是随机的并无规律可循，即始终处于混沌状态，有时甚至出现两个以上的序参量共同在系统中占据着主导地位。这种状况要求管理上必须对各序参量进行有效的影响与控制，以此实现组织系统的协同运作，进而决定整体企业网络的价值取向。对于企业管理而言，因为每家企业都有着各自不同的性质，所以管理序参量也是不同的。此时，作为管理的主体——网络中的核心企业就要审时度势、统揽全局，注重判断企业的内外部环境因素，分清对网络系统起支配作用并被共同认同的序参量，而且该序参量要素能为自身发展所用，通过控制外参量以及加强内部协调做好序参量的管理，从而推动网络系统的理想化发展。

从支配原理的视角分析，系统之所以能够发生质变，主要是由于每当系统运行到接近改变的临界状态时，几个少数内在变量对系统具有决定作用。这几个少数变量从类别上可分为快变量和慢变量，相对于快变量，慢变量（序参量）对系统的质变起着更为关键的支配作用，它左右着子系统的行为状态，即一个系统的变化是由慢变量所决定。可见，支配原理的重要思想是每当系统运行到临界点距离较远位置时，系统制约了已经形成的不平衡性，序参量作用凸显。在合作网络系统中，各子系统协同作用就会产生序参量，进而使得各子系统能够凝聚成为一个统一体。可见，网络组织系统能够保持良好的有序状态，基本是由少数序变量所决定。所以，哪个子系统能够成为管理序参量的代表，该系统就能够影响和决定所在整体系统的演进方向，这为企业做好网络组织的协同管理提供了借鉴。

作为一种系统理论，自组织理论研究的是在一定条件下，组织系统如何自发从混沌走向有序的演化现象。自组织是系统一种自发自觉的主观行为，是在没有任何外在力量的干预下，系统内部各子系统之间自发形成的稳定结构。在系统外部各种环境影响下，系统内部子系统彼此协同合作，并在此基础上形成新的系统结构。当然，正是系统的序参量推动了系统从稳定状态向非稳定状态转变，而当系统趋于非稳定状态时，这时序参量的作用逐渐消退，快变量开始发挥效能，推动系统实现新的有序状态。在网络组织的复杂系统中，核心企业和节点企业之间为了实现合作效应的最大化，在合作中彼此照顾相互关切，自发加强密切合作，共同维护网络组织的稳定结构，实现共同项目目标。

系统之所以追求协同，其目的就是要实现协同效应，即通过协同实现"1+1>2"的效果。在组织系统的协同协作中，学者一般将协同分为外部协同和内部协同。外部协同是指组织系统中各子系统在彼此合作中实现资源共享，并以共同行为实现共同目标，这一过程对任何一个子系统而言，都能获得更多的资源和能力；内部协同是指组织系统在自身运行到不同阶段、不同环节时，通过对相同资源的共同利用形成整体效应。对于一个系统而言，实现协同效应的过程实际上也是系统运行中的一种自组织现象。一方面，在网络组织系统中，各节点企业都是相对独立的实体，尽管各节点企业在利益驱动下相互之间存在着竞争关系，甚至在合作中设置界面壁垒；但另一方面，各网络节点企业的自身效益又以合作网络整体效益为基础，只有网络整体取得较好效益才能确保各节点企业有着良好效益。所以，对各节点企业而言，只有彼此之间更好地相互协同，消除界面壁垒，实现共同发展，才能推动整体网络在价值增值中实现共赢。

2.3.3 协同理论对企业网络的影响

随着协同理论的不断发展，该理论对企业之间的协同合作具有重要的影响作用，主要体现在以下四个方面：

1.通过协同，能够有效降低相互间的交易成本

企业网络组织建立后，企业之间便建立了良好的内在和外在关系，

这种彼此"一体化"的存在，较好实现了网络组织"虚拟"内部化，不仅促进了网络组织企业间的交流与学习，而且提高了企业间不确定性问题的分析解决能力，进而规避了许多不必要风险，降低了组织成本和交易费用。尽管说企业网络组织中各节点企业节约了成本和费用，但并未降低企业自身的潜能和动力，仍享有一定程度的"一体化"规模，共同分享了降低和分散风险所带来的利益。

2.通过协同，能够较好促进企业之间的资源互补

企业网络组织中各成员间之所以存在协同行为，主要是由于相互间存在着资源的互补性，即可以通过网络得到合作企业的互补性资源。对一家企业而言，能否获取更多的外部资源是实现智慧型企业的关键所在。尽管企业网络组织在实质上是一种虚拟化存在，但对大多数合作企业来讲，只要能够保留自身的核心业务，而将其他业务承包给其他相关企业加以完成，就能较好地发挥自身优势，在协作中实现共同发展。

3.通过协同，能够大大降低企业交易的潜在风险

作为具有契约属性的委托代理关系，其基本模型一般分为对称信息和不对称信息两种，一般而言，委托代理双方的信息是非对称的，在此情况下，企业为了实现自身利益，往往会寻求合作代理人，而代理人也由于受利益驱动，在合作中产生与委托人利益不一致的现象。所以，在企业网络协同动机中，应更多考虑降低风险以提高企业自身的收益率。

4.通过协同，能够全面提高企业的竞争优势

协同关系的建立，能够很好地融合网络组织中各节点企业的优势特长，共同创造更大价值，在共享共融中实现竞争优势。同时，企业网络使企业可以将价值链的诸多环节分散到节点企业中，提升各企业专业化程度，使各环节都蕴含着竞争优势，再通过各企业间的合作提高整个企业网络的优势。

2.3.4 协同理论对本书的启示

随着协同理论的发展的实践，现已演绎成为应用广泛的综合性学科，其目的是通过探索如何发挥系统组织的主观能动性，推动系统从无序状态向有序状态转变。协同理论以其内涵的理论基础和外在的协同效

应，为管理学相关领域的研究提供了借鉴。

网络系统具有复杂性，尤其是由不同利益相关者组成的复杂网络更是如此，对网络系统的管理实质上就是对各利益相关者相互之间关系的协调与管理，以此提高网络系统从无序到有序，最终达到"协同"境界。协同理论为项目组织的网络化治理提供了新的研究视角，尤其是对核心企业网络治理而言，协同理论内在的协同原理、作用机理等内容能够为网络治理研究提供借鉴。比如，在核心企业网络治理中，可以通过建立良好的界面协同机制及时消除界面双边要素的冲突，促进网络节点企业之间建立顺畅的合作关系，提高网络系统运行的有序性和有效性，推动网络治理由无序状态演变为有序状态，在减少矛盾与冲突中降低交易成本，以此更好地实现网络治理目标。

作为协同理论的核心内容，序参量在组织系统的演化中对各子系统发挥着役使作用，决定着系统的发展方向。这就意味着在组织管理上，要对各序参量进行有效管理和控制，以此明确各子系统在系统状态演变中的协同行为，协同理论为现代企业管理提供了全新思路。对核心企业网络治理而言，尽管说影响网络治理的因素很多，但只要对其中各因素加以区分，就能真正找出究竟是何种因素起决定性作用，找到了这个序参量就能更好把握核心企业网络治理的重点和方向。所以，在核心企业对自身所处的网络治理中，可以通过控制网络治理系统外部参量和内部协同做好序参量的管理，强化序参量作用，确保网络治理系统合理有序运行。同时，根据支配原理，慢变量代表的序参量产生后又会支配网络中各子系统按照序参量管理指令形成统一体。在核心企业网络治理研究中，做好对网络系统中序参量的分析十分重要，它们成为决定网络发展方向的重要因素，这是本书研究的一个重点。

协同理论的自组织是系统的一种自发自觉行为，是系统内部子系统自发形成的稳定结构。该原理给我们的启示是：实现组织系统的发展必须有赖于系统组织自身主观能动性的发挥。据此，核心企业实现有效的网络治理，一个前提条件是核心企业要具备自组织的能力和推动系统实现有序状态的水平。核心企业网络治理能力并非是其中各种能力的一种简单相加，而更体现为彼此之间的相互协同，在彼此合作中彰显"1+1

>2"的协同效应。所以,有必要围绕提升核心企业网络治理的协同能力进行深入研究,以此提高核心企业和节点企业协同效应的最大化,这也是本书的一个重点内容。

综合分析,现有协同理论研究存在以下两个盲区:首先,现有研究大多局限于对企业网络行为主体关系的分析,而企业网络治理是网络各行为主体之间的共享资源、相互协作的过程,目前对网络的协同过程研究还显得不足,即便有个别研究也更多地关注阶段性研究,并未从项目整体以及企业网络协同的全生命周期进行研究,尤其是对协同效应评价还没有形成系统。其次,尽管有学者从协同理论的视角对协同的界面分类、内在关系等进行了研究,但对于动态复杂的适应性网络系统而言,这些研究仍处于初步探索阶段,还没有对企业网络治理当中界面协同的内在机理进行深入分析,尤其是对界面协同在网络治理能力与项目绩效之间的关系研究更为少见。

2.4 本章小结

本章主要对项目治理理论、社会网络理论以及协同理论的研究成果进行了回顾和梳理,聚焦于总承包项目情境下总承包企业网络治理能力如何影响项目绩效的核心议题,阐述了相关理论对本书的重要借鉴价值,为最终构建结构框架提供了理论遵循路径。

3 总承包企业网络治理能力概念开发与测量

鉴于现有研究成果尚未对网络治理能力概念实现较为清晰、统一的界定，也未能形成可操作性、科学性较强的评价或测量工具，本章以总承包项目为情境，采用定性与定量相结合的方法，对总承包企业网络治理能力概念的内涵、结构及测量进行探索性与验证性研究，以此实现对总承包企业网络治理能力结构的深入解读，并构建相应的测量量表，进而为后续研究的推进奠定概念工具基础。

3.1 总承包企业网络治理能力概念开发研究框架

通过对现有研究成果梳理发现，对该领域的研究大多围绕着一般企业的网络能力进行探讨，而对网络治理能力方面的研究还不够深入细化，尤其是对总承包企业网络治理能力的研究则更为少见，致使其内涵及测量尚不清晰，至今还未形成对总承包企业网络治理能力的成熟测量量表，这也导致难以对其本质特性、概念内涵等方面内容进行界定。同时，现有研究没有将网络治理与网络管理严格区分开来，概念之间模糊不清，缺乏对网络治理能力的具体运用情境。另外，现有研究对网络治理能力的测量缺乏系统认识，研究比较零散，缺乏客观性，存在有失偏颇的问题。正是因为研究缺乏网络治理的具体情境，导致现有测量工具的有效性及适用范围有待进一步深化。

基于此，本章结合总承包项目网络治理的具体情境，首先，采取定性研究方法，对总承包工程项目网络治理能力的形式表现、内在维度等相关内容进行系统探索，进而提升对网络治理能力内涵的全面把握和深入理解。其次，在此基础上，采取定量研究方法，通过探索性与验证性因子分析，对总承包企业网络治理能力的内涵与结构维度进行验证，具体研究框架如图 3-1 所示。

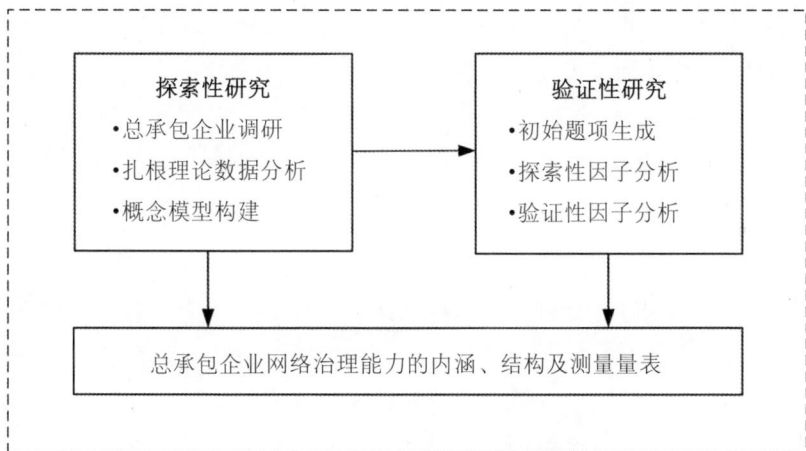

图 3-1　总承包企业网络治理能力概念研究框架

3.2　总承包企业网络治理能力概念界定

3.2.1　研究方法

针对目前对总承包企业网络治理能力研究现状，本书通过扎根理论研究方法对总承包企业网络治理能力的内涵、结构及维度构成等进行分析。扎根理论研究方法在 20 世纪 60 年代就由 Glaser（1967）提出，该方法由于采用了独特的研究视角——定性分析方法，在提出后就得到普遍认可并广泛应用于管理科学领域。作为一种重要的社会科学研究方法，该方法立足于对原始资料的收集、归纳、分析和总结，对理论问题尤其是对探索性社会问题的研究有着具体的指导意义。该方法遵循以下研究步骤：

首先，收集原始数据，这些原始数据不仅来源广泛，而且在内容和方法上也体现出多样化特征。比如，访谈、现场观察记录、相关数据、企业相关音频视频及文字资料等都是扎根理论研究的重要数据来源。而且，在获取这些资料过程中能够始终保持开放态度，关注资料或受访者的自然状态，而不是依赖理论对数据进行限制和约束。

其次，编码与归类。在原始资料收集的基础上，对获取数据的中心事件分析进行分析、归类并建立相互联系，这一编码过程也是将数据转变为理论、逐步形成理论类别的过程，编码一般采用开放性编码、主轴编码和选择性编码（Glaser，1992）三种方式。本书主要采用 Corbin 和 Stauss（1990）提出的基本路径，具体为：进行理论性抽样；收集相关资料；逐级编码，产生概念；反复比较；构建理论；理论评价等。为了便捷高效，使研究更加清晰明了，本书将对一些过程合并简化。

最后，按照连续比较的逻辑脉络研究，寻找事件之间的内在同一性及差异化，形成和丰富相应的概念内涵和假设，最终在对各概念关系比较分析的基础上整合提炼形成新理论。上述分析表明，扎根理论研究方法可谓是一种"由下而上"的构建实质性的理论方法。

3.2.2　资料收集

1.资料收集方法

本书资料收集采用以下三种方式：一是实地访谈。通过访谈的方式获取研究需要的第一手资料，实现对总承包企业网络治理能力的概念开发。实地访谈最大的优势是在与访谈者的交流中得到企业一些内隐信息，这对于形成新构念很有帮助。每次访谈前，都要充分做好访谈准备，比如，对半结构化访谈的访谈提纲进行精心设计、反复修改，访谈提纲应明确目标导向、问题导向、效果导向，尽量避免使用一些宏观笼统、模糊不清的概念，表述尽量口语化明了化，访谈问题除了基本信息及说明外，主要涉及三部分内容：①对总承包项目网络治理的基本信息的提问；②对总承包项目网络治理内容结构的提问；③对总承包项目网络治理过程的提问。这些内容有的直截了当，有的内涵在问题设计当中，具有一定的指向性和针对性，要求受访者对实践中网络治理的外在表现进行描述和解释。在访谈时间上，访谈前都要提前做好安排，除特殊情况外，一般都将开放式访谈提纲提前1~2天发送给受访者，以便于受访者提前熟悉访谈内容、做好受访准备。访谈中注重把控访谈节奏，如半结构化访谈一般1小时内访谈结束，重点问题访谈时间一般控制在1.5~2个小时之内完成。访谈采取现场记录和录音整理的方式，以确保获得更为准确更有价值的资料信息。二是收集资料。通过查阅企业有关文件、内部出版物等了解企业的经营管理情况，尤其在收集项目案例的合同文本过程中，在对中标通知书、合同协议书、技术协议书以及投标文件等文本进行研究的基础上，通过对相关合同条款内容的深入分析掌握企业项目管理的方法及路径。同时，还以浏览企业网站、报刊、图书资料等方式有针对性地获取研究所需的二手资料。三是专家讨论。通过与企业网络能力研究领域的有关专家进行讨论交流，深入探讨现有理论成果，并对网络治理能力概念内涵、实践应用情况等形成初步理解，并以此指导数据来源渠道。本书共形成访谈样本25份，包括16G的录音文件，访谈记录大约4万字，这些通过不同渠道收集的资料为做好本书提供了充分的价值信息，推动了研究向纵深发展。

2.访谈设计

访谈设计是获取研究资料的重要形式，为确保总承包企业网络治理能力核心维度更具有科学性和可借鉴性，本书对相关研究内容提前进行了设计，在反复酝酿、修改和完善的基础上，形成了如下访谈问题：

•请您介绍一下公司开展总承包业务的整体情况？

•企业内部如何管控总承包项目？

•贵公司如何选择和评价参与总承包项目实施的合作企业？

•贵公司如何整合合作企业的资源服务于当前项目，兼顾可持续合作？

•贵公司协同合作企业实现项目目标的过程如何？

•总承包项目实施过程中合作企业间是如何进行沟通的？

•贵公司作为总承包企业如何控制项目实施过程中的风险？

•您如何评价总承包项目的绩效？

•您认为公司发展总承包业务最大的问题或障碍是什么？如何克服？

通过上述问题，能够重点分析和梳理出总承包项目网络治理能力的核心特征，这不仅有利于加深对概念内涵的理解，而且为全面把握研究内容和研究方向提供了帮助。

3.访谈对象

选取不同访谈对象就会产生不同的访谈结果，所以说，访谈对象的选择影响着研究的结果。为了充分发掘总承包企业网络治理能力的特征，本书在反复论证的基础上选择了7家总承包企业作为访谈样本。其筛选过程主要遵循两方面原则：一是选取项目绩效水平较高的企业。企业的项目绩效水平客观地反映了企业的经营管理状况，正是基于这方面考虑，本书在选择访谈企业时，所选7家企业都有着良好的项目绩效水平，在总承包项目中都有良好表现，尤其是在运用网络治理促进项目绩效提升方面具有丰富的经验。二是选取有过良好合作的企业。访谈的过程是资料获取的过程，如果仅注重访谈形式而得不到应有的访谈结果则就失去了访谈意义。为此，本书选取的企业大都是与作者所在学校有过良好合作的企业，当然，仅有个别企业为新接触企业，但也在访谈中培养了融洽的合作关系，并获取到充分详实的访谈信息。在访谈对象的选择上，本书根据需要，主要选取了在网络治理方面具有丰富经验的设计/施工经理、项目经理、设计/施工负责人等，他们既有实践经验还有一定理论水平，对于资料收集很有帮助。

需要说明的是，为了使访谈资料更具说服力，本书从7家企业中特别筛选了3名对总承包项目全过程治理具有深入了解的项目经理作了重点访谈，通过深度访谈获得了更为详实的资料，为后续访谈的顺利实施奠定了良好基础。访谈时间历时14个月，先后有7家企业、25人次参与访谈。访谈企业的行业主要包括建设施工、工程设计、材料设备供应、EPC总承包等领域，访谈都是本人亲自深入企业访谈采集的，具有较高的真实性。具体信息见表3-1。

表3-1　　　　　　　　　　　探索性研究样本描述表

受访对象	企业类型	职位	年龄	项目经验	日期	时（h）
A01	建设施工	项目经理	32	5	2017/4/22	1.5
A02	工程设计	设计经理	35	9	2017/4/22	1
A03	建设施工	施工经理	30	6	2017/5/24	1
A04	材料采购	采购经理	46	17	2017/5/24	1.5
A05	EPC总包	项目经理	38	10	2017/7/16	2
A06	建设施工	施工经理	44	9	2017/7/16	1.8
A07	建设施工	工程师	39	15	2017/7/17	1.3
A08	装修施工	施工负责人	42	18	2017/8/7	1
A09	建设施工	控制经理	41	15	2017/8/7	1.2
A10	建设施工	施工经理	33	8	2017/8/7	1.5
A11	工程设计	设计经理	32	9	2017/9/10	1.5
A12	工程设计	设计负责人	36	9	2017/9/10	1.5
A13	建设施工	工程师	48	23	2017/9/11	1.8
A14	装修施工	施工经理	30	4	2017/10/24	1.1
A15	EPC总包	项目经理	42	18	2017/10/24	0.5
A16	装修施工	施工负责人	26	4	2017/10/24	0.9
A17	工程设计	项目经理	39	15	2017/11/18	1.4
A18	装修施工	施工负责人	39	10	2017/11/18	1.2
A19	EPC总包	项目经理	28	6	2018/3/5	2
A20	工程设计	设计经理	45	21	2018/3/5	1.6
A21	建设施工	施工经理	31	7	2018/3/6	1.5
A22	材料供应	采购经理	37	9	2018/4/11	1.6
A23	建设施工	项目经理	48	11	2018/4/11	2
A24	建设施工	合同经理	31	7	2018/6/12	0.5
A25	装修施工	项目经理	36	6	2018/6/12	1.5

3.2.3　资料分析

本书以 25 名总承包企业的高管及项目管理人员为访谈对象，通过采取调查问卷、半结构化访谈以及面对面讨论等方式，获得了大量的研究数据和研究资料。随后，通过开放性编码、主轴编码、选择性编码对访谈获得资料进行了详细分析。

1.开放性编码

开放性编码是在相关资料分析的基础上，对研究的核心概念进行深入解析。其中，首要的是分析和描述获取资料涵盖的重要事件等相关内容，并通过归纳总结作以概念化表述。开放性编码的过程，第一步就是打乱原始资料的编排，充分借鉴相关文献的同时实现原始资料的概念提取；第二步是进一步分析提取概念，并对照比较其中的关联性，以此为基础再次对概念进行归类，并重新列入到抽象范畴之中；第三步，通过该范畴来进一步解释相关事件（王海花、谢富纪，2015）。

按照上述编码逻辑，在开放式编码过程中，主要依据以下标准进行编码分析：①坚持一手资料原则，即当一手资料与其他二手相关资料有不同之处时，要尊重一手资料内容；②坚持样本企业原则，即当收集到的一手资料相互间具有差异性时，应以确定样本企业市场表现为准，将差异度最小的证据作为研究证据；③坚持关联性原则，即当研究资料之间存在不同频率时，保留与研究主题关联性强且出现频率较高的资料证据，尽可能避免遗漏出现频率较低的关键信息。按照上述标准，本书首先将原始资料进行分散打乱，并通过查阅相关参考文献对这些无序化的资料进行概念提取。同时，在分析比较的基础上将关联性较强的概念进行归类，形成相对抽象范畴以此解释相关事件。

在这个过程中，本书充分咨询外部专家做好全面分析，先后与 4 位管理学领域专家教授就相关问题进行探讨，充分听取他们的意见建议，进一步做好有关内容的修改和完善，以此确保概念范畴归类更为科学合理，最终共识别事件 209 个。随后，再次针对访谈和收集的相关资料，与从事研究企业网络能力以及项目管理等方向的专家进行深入研究，对提炼的概念和范畴进行多次循环、反复比较，最终归纳抽取出 39 个概念，为了使得这些概念表达更为清晰简练，本书采用"a+序号"的方式进行统一编码，分别是：交流形式、交流频率、信息共享、遵守承诺、频繁互动、互惠互利、相互尊重、办法得当、责任明确、客观公正、尊重他见、外部整合、内部整合、合理配置、协作流程、协作平台、联合决策、关系构建、关系维护、优化重构、目标明确、目标协同、共同愿景、合同约束、绩效考核、合作规范、行业规范、创新激励、绩效奖励、合作激励、声誉激励、学习规范、学习平台、带动支持、知识共享、创新动力、技术创新、流程改进、管理创新。

在进行各概念内涵、性质与联系相互对比的基础上，我们对抽取的39个概念进一步进行范畴归类，即将意义相近的概念作为同一类范畴进行归类。在该归类过程中，借鉴现有关于网络能力的文献，并结合4位专家教授意见，最终得到11个（副）范畴（见表3-2，"B+序号"），实现对基本概念的分类整合。为了清晰阐释这些范畴，本书采用"A+序号"的方式对原始语句进行了统一编号，分别是：A01、A03、A05联结为"B1沟通交流能力"；A02、A04、A08、A07联结为"B2信任构建能力"；A14、A11、A20、A13联结为"B3矛盾化解能力"；A09、A12、A10联结为"B4资源整合能力"；A15、A07、A09联结为"B5协同合作能力"；A17、A04、A03联结为"B6优化组合能力"；A11、A16、A12联结为"B7目标引领能力"；A18、A08、A02、A11联结为"B8监督约束能力"；A01、A18、A13、A14联结为"B9有效激励能力"；A12、A05、A08、A12联结为"B10组织学习能力"；A18、A15、07、A11联结为"B11集成创新能力"。

表3-2   开放性编码概念提炼示例

原始语句部分示例	初始概念	范畴化
A01：我们定期以开会尤其是召开座谈会的形式与企业进行沟通，有时还采用更灵活的私人聚会的形式与合作企业进行交流	a01交流形式	B1沟通交流能力
A03：为了更好地相互了解和增加彼此信任，我们与合作企业经常性地进行沟通和交流	a02交流频率	

原始语句部分示例	初始概念	范畴化
A05：项目信息对我们的发展十分重要，所以，我们彼此在合作中能够做到及时传递，效果很好	a03信息共享	B1沟通交流能力
A02：我们对合作看得很重，相互间都能够严格遵守	a04遵守承诺	B2信任构建能力
A04：我们与合作企业交往比较频繁，来往也十分密切，这样才能更好地增进彼此信任	a05频繁互动	
A08：赢得彼此信任要求我们不能自私自利，所以，彼此合作时始终本着互惠互利的原则	a06互惠互利	
A07：对合作中的相关事项，我们都能以合作伙伴的立场进行换位思考，争取对方的信任	a07相互尊重	
A14：合作中不可能没有矛盾，重要的是如何化解矛盾，这一点，我们总是能够找到很好的解决办法	a08方法得当	B3矛盾化解能力
A11：对矛盾的处理，我们的责任分得很清晰，而且，处理起来也能尽量减少主观性，正确面对	a09责任明确	
A20：我们在处理问题时，有一个最基本的原则，那就是"客观公正"，只有如此，才能化解分歧	a10客观公正	
A13：解决问题时我们尽量减少主观性，能够广泛征求别人的意见建议，这对于问题的解决十分重要	a11尊重他见	
A09：作为总承包企业必须有资源整合能力，尤其是对技术方面的整合，这一点我们做得很好	a12外部整合	B4资源整合能力
A12：对于不同的项目，我们在合作中能够很好地将自身资源进行合理分配，使资源效能实现最大化	a13内部整合	

续表

原始语句部分示例	初始概念	范畴化
A10：网络中的企业各有各的特点和优势，我们在合作中能够大力促进彼此间的密切合作	a14合理配置	B4资源整合能力
A15：为了加强项目实施过程中的彼此协作，我们能够制定出具体的协作流程、协作原则	a15协作流程	B5协同合作能力
A07：协作必须有良好的平台，所以，我们建立了科学的信息管理系统，有利于项目的实施	a16协作平台	
A09：对于重大问题的决策，我们充分调动合作企业的主观能动性，使他们能够积极参与到过程中，共同进行决策	a17联合决策	
A17：为了更好地满足客户的个性化需求，除了使用现有网络中的各种资源，也会适时开拓新合作伙伴	a18关系构建	B6优化组合能力
A04：我们有着很好的合作经验，也恰当地运用这些经验与合作企业进行彼此关系的改善	a19关系维护	
A03：在合作中，我们能够依据合作实际，不断对网络中的企业进行调整，而且这种调整很有针对性，优化了相互间的组合	a20优化重构	
A11：我们能够充分发挥总承包企业的引领作用，制定了合作企业认同的项目目标	a21目标明确	B7目标引领能力
A16：为了实现合作的更大利益，我们对于目标的制定尽量考虑合作企业的实际，努力做到同频共振	a22目标协同	
A12：携手并进是我们的方向，我们在合作中能够很好地引导合作企业共同实现美好的奋斗目标	a23共同愿景	
A18：无论哪个合作企业，只要是违反合同规定，我们都要对这种违规行为进行严厉处罚	a24合同约束	B8监督约束能力

续表

原始语句部分示例	初始概念	范畴化
A08：项目绩效考核是约束合作企业行为的有效抓手，我们在这方面一直做得很好，也发挥了应有作用	a25 绩效考核	B8 监督约束能力
A02：从合作之初，我们就对合作的建立和解除事宜作出了明确规定，这也是基本规范	a26 合作规范	
A11：发现有损害整体利益行为的合作企业，我们也会按照行业惯例对其进行相应的处罚	a27 行业规范	
A01：我们注重企业的创新，所以，在合作中十分鼓励合作企业进行创新创造	a28 创新激励	B9 有效激励能力
A18：我们设立了项目绩效考核，对于绩效表现好的合作企业给予相应奖励	a29 绩效奖励	
A13：合作企业也分三六九等，对于价值贡献较高的合作企业，我们会与之建立长期的合作关系	a30 合作激励	
A14：对于重诺守信的合作单位，我们会将其作为合作榜样，加大宣传力度，营造良好的美誉度	a31 声誉激励	
A12：围绕着企业如何强化组织学习、提升自身能力，进一步提高企业的竞争力，我们与合作企业建立了共同遵守的学习规范和标准，推动学习常态化长效化	a32 学习规范	B10 组织学习能力
A05：为了能够给合作企业的学习和提升给予更多的帮助和支持，我们创建了很好的网络学习平台	a33 学习平台	
A08：我们充分发挥自身的带动作用，在项目实施中，为合作企业提供了必要的技术支持，同时加强了对合作企业的管理培训力度	a34 带动支持	
A12：对于新技术新知识，我们始终坚持共享的理念，乐于把最前沿的生产及管理知识分享给合作企业，实现共同提升	a35 知识共享	

原始语句部分示例	初始概念	范畴化
A18：创新是企业发展的内在动力，基于此，我们在项目合作过程中，十分鼓励创新行为	a36创新动力	B11集成创新能力
A15：创新首先是知识技术方面的创新，我们在这方面下了很大功夫，也利用知识技术上的创新解决了很多发展中的问题	a37技术创新	
A07：合作流程和程序不是一成不变的，我们在具体合作中，能够结合实际适时对此进行再设计、再改进、再完善	a38流程改进	
A11：我们十分注重管理方面的创新，经常性地根据合作经验和现实需要，开发出有效的管理方法以及管理工具	a39管理创新	

2.主轴编码

主轴编码主要是对提取概念范畴的关联性以及相似性进行比较分析。具体来说，主轴编码就是将各个相对独立的范畴联系起来，以此挖掘范畴之间的内在形式与关联。为此，本书在研究中，基于开放式编码确认资料中的概念、范畴、对象以及性质再次进行资料整合，并按照"条件—行为—结果"基本逻辑深入分析上述初始范畴之间的内在关系。为确保研究科学合理，笔者邀请项目治理能力、社会网络理论、协同理论的3位专家再次进行论证，通过3位专家的比较分析认为，各项结论与前期归类具有很大的一致性。同时，通过对39个概念和11个（副）范畴的进一步分析，经过反复比较、归纳和挖掘，在归纳总结的基础上，最终经主轴编码后从11个（副）范畴中提炼了4个主范畴，其具体编码依据如下：通过比较，B1、B2、B3是指企业通过搭建合作沟通平台，促进相互信任，进而创造和谐共融的合作环境，这些是企业在项目治理中交流能力范畴的表征，为此本书将B1、B2、B3归类到主要范畴之列——"C1网络交流能力"；B4、B5、B6是指企业对网络资源与关系进行优化整合以及调动，进而实现资源利用最大化的能力，为此本书将B4、B5、B6归类为主要范畴之列——

"C2网络整合能力"；B7、B8、B9是指企业对网络内合作过程以及结果的掌握和控制，进而实现项目目标的能力，为此本书将B7、B8、B9归类为主要范畴之列——"C3网络控制能力"；B10、B11是指企业对网络内技术、知识等资源进行学习共享，实现集成创新的能力，为此本书将B10、B11归类为主要范畴之列——"C4网络学习能力"。具体见表3-3。

表3-3　　　　　　　　　　　　主轴编码范畴结果

主范畴	副范畴	范畴内涵
C1网络交流能力	B1沟通交流能力	沟通交流是网络交流的必要和必须使用的手段，总承包企业通过构建合作沟通机制，以会议、座谈、私人聚会等方式进行交流沟通，能够加强彼此的信任，更好地与合作企业进行信息等方面的学习和交流，因而提升网络交流能力必然要在提高沟通交流上下功夫
	B2信任构建能力	信任构建能力是实现网络交流能力的基本前提，总承包企业与合作企业之所以能够进行密切合作，就是由于彼此之间有着良好的信任关系，这种信任机制的构建，能够很好地增强互信程度，促进资源共享和交流
	B3矛盾化解能力	网络交流能力的大小直接决定着总承包企业与合作企业间矛盾化解的程度，总承包企业通过建立冲突解决机制，能够有效解决合作过程中的矛盾冲突，进而推动合作企业间和谐共融
C2网络整合能力	B4资源整合能力	网络整合程度最根本的体现就是资源整合得怎么样，总承包企业为更好地提升网络整合能力，首要的就是对网络内各项资源进行统筹规划，有效配置资源，使资源利用率实现最大化
	B5协同合作能力	协同合作能力为网络整合能力的提升提供了很好的平台，总承包企业以构建协同合作机制为抓手，通过建立信息管理系统有效推动企业间资源和能力互补，进而推动网络整合能力的提升

续表

主范畴	副范畴	范畴内涵
C2网络整合能力	B6优化组合能力	网络整合的过程实质上是一个优化组合的过程，总承包企业在网络整合中，就是通过模块重组、关系维护以及优化重构等，有效管理网络范围和合作联结密度，不断实现网络关系优化和改进
C3网络控制能力	B7目标引领能力	网络控制能力能否取得好的成效，从一定意义上讲，关键在总承包企业目标引领的效果如何。如果总承包企业能够合理设计和规划合作目标及网络愿景，就能加快既定目标实现的步伐，所以，目标引领能力属于网络控制能力范畴
	B8监督约束能力	总承包企业要实现网络控制，离不开"硬约束"，而监督约束能力就是总承包企业以构建网络规范机制，通过对合作企业有损整体利益的行为进行相应处罚等，有效约束合作企业机会主义行为
	B9有效激励能力	有效激励是总承包企业实现网络控制的"软手段"，总承包企业在网络治理中，以创新激励、绩效激励、合作激励以及声誉激励等方式，有效激励合作企业的积极性和创造性，进而实现自身利益和整体利益最大化
C4网络学习能力	B10组织学习能力	总承包企业组织学习能力直接影响着网络学习的成效，在项目合作中，总承包企业既为合作企业搭建了学习平台，构建知识共享机制，同时又能为合作企业提供项目实施的技术或管理培训
	B11集成创新能力	实现企业的集成创新是总承包企业提高网络学习能力的基本要求，也是内在动力和根本目的。总承包企业通过有效整合内外部创新资源，可不断推动技术、管理以及合作流程等方面的创新

3.选择性编码

选择性编码作为编码的第三步，对于研究结论的形成非常关键、非常重要。从目的性来看，选择性编码是深入分析主轴编码所产生的概念范畴基础上，最终将核心范畴整合纳入到编码之列（Corbin、Strauss，

1990）。从编码过程上看，有的运用"故事线"方式进行编码，有的使用专家"背靠背"方式进行编码。尽管这两种方式各有不同，但结合本书特点，本书在编码过程中主要采用"故事线"的方式。为此，本书结合原始质性材料以及各范畴之间的内在关系，首先对以下四个主范畴的内涵和性质进行分析：

（1）主范畴总承包企业网络交流能力

主范畴总承包企业网络交流能力（以下简称网络交流能力）作为一种具有实践操作性质的网络治理能力，是指总承包企业通过搭建合作沟通平台，促进企业之间的相互信任，进而创造和谐共融合作环境的能力。网络交流能力注重强调深化与网络组织中各合作伙伴的关系，并从交流交融中获得优势资源，在总承包网络治理中发挥着重要的桥梁纽带作用。本书将网络交流能力划分为三方面内容，分别是沟通交流能力、信任构建能力以及矛盾化解能力。

沟通交流能力是指总承包企业构建合作沟通机制，促进信息有效交流和学习的能力。企业通过采取定期会议、座谈会、私人聚会等多种形式，加强网络合作伙伴之间的沟通，这是网络企业加强合作的基本前提，没有良好的沟通交流就难以实现彼此之间的认识和了解，更不能做到信息互通。总承包企业正是通过建立共同沟通平台（如project软件、社交网络平台），有力地促进了与合作企业之间的沟通与交流。

信任构建能力是指总承包企业构建信任机制，增强互信程度，促进资源共享和交换的能力。企业之间只有以信任作为支撑，才能围绕合作目标推动合作共进。总承包企业如果在合作中遵守与合作企业的承诺，始终坚持互惠互利原则，站在合作伙伴的立场处理相关事项、推进有序合作，就能极大促进合作企业之间的往来互动，增进彼此信任。

矛盾化解能力是指总承包企业构建冲突解决机制，有效解决合作过程中的矛盾冲突，推动合作企业和谐共融的能力。网络企业之间的合作以共同盈利为目的，该合作是竞争中的合作，这种合作难免产生矛盾与冲突，关键是企业能否在项目实施中消除和化解这些矛盾与冲突。如果总承包企业在处理争议事项时，能站在客观的立场划清相关方的责任，并以客观公正的原则重新评估合作分歧事项，就能在与合作企业发生冲突时顺利接受对方提出的有利于问题解决的方案。

（2）主范畴总承包企业网络整合能力

主范畴总承包企业网络整合能力（以下简称网络整合能力）是总承包企业对网络资源与关系进行优化整合、调动利用的能力。作为一种操作性网络能力，总承包企业通过对网络资源的优化整合，实现企业之间的优势互补。本书将网络整合能力划分为三方面内容，分别是资源整合能力、协同合作能力、优化组合能力。

资源整合能力是总承包企业对网络内各项资源进行统筹规划、有效配置资源使资源利用率实现最大化的能力。网络资源整合主要依赖于两个渠道——吸收外部资源与释放内部资源，总承包企业通过这两个渠道能够较好地实现对合作企业技术等资源的整合；同时，能够在不同的合作关系活动中合理分配企业资源，以此通过配置互补资源强化对模块的组合，这样有利于促进网络中具有不同价值功能的企业进行更好的合作。

协同合作能力是总承包企业构建协同合作机制，有效推动企业之间资源和能力互补、协同及兼容的能力。协同合作是合作企业实现项目目标的基本保障，总承包企业在协同合作中的作用主要体现为有能力研究和制定出有利于项目实施的协作流程和原则，通过建立信息管理系统、风险控制系统等共享平台与合作企业进行协作，对事关合作中的重大问题与合作企业一道共同进行决策，进而以良好的合作方式增进合作协同效应。

优化组合能力是总承包企业有效管理网络范围和合作联结密度，优化改进网络关系的能力。该能力包括模块重组、关系维护、关系构建以及优化重构四个维度。总承包项目是否取得成功，其中一个重要指标是以客户的满意度为标准，相对而言，客户对项目的追求具有个性化需求，这就要求总承包企业要善于组合产业网络中的各种资源，不断调整和改善与合作企业的关系，以此协调各合作企业形成良好的多元关系。

（3）主范畴总承包企业网络控制能力

主范畴总承包企业网络控制能力（以下简称网络控制能力）是指总

承包企业对网络内企业在合作过程以及结果的掌握控制能力。与网络交流能力不同，网络控制能力既涵盖了对网络总体目标的规划设计与引领，使企业从战略视角来思考、规划和掌握网络的整体性思路，又包括对合作网络的监督与约束，强化与各合作伙伴之间的关系，实现对网络的管控。本书将网络控制能力划分为三方面内容，分别是目标引领能力、监督约束能力、有效激励能力。

目标引领能力是指总承包企业合理设计和规划合作目标及网络愿景，引导合作企业协同发展的能力。网络目标引领能力有助于企业明晰合作网络的运转规律和原则，能够确保企业在合作网络活动中作出科学决策。一般而言，总承包企业能够根据项目需求以及对主流趋势的预测，确定合作企业共同认可的项目总目标，并协同合作企业自身目标，引导合作企业塑造共同的网络愿景，实现整体利益最大化。

监督约束能力是总承包企业构建网络规范机制，有效约束合作企业机会主义行为的能力。对违反合作规定的合作企业，总承包企业能够依据法律和行业惯例进行严格处罚。同时，对合作关系的建立和解除也有着明确的规定，在合作中通过考核评比等方式有效约束合作企业的行为。

有效激励能力是指总承包企业构建良好的激励机制，有效激励合作企业的积极性和创造性，实现自身利益和整体利益最大化的能力。有效激励能力在激励方式上体现为创新激励、绩效激励、合作激励和声誉激励四个方面，总承包企业根据合作企业在项目合作中创造的新价值，以绩效评估为评价指标对合作企业进行奖励，奖励的原则注重合作企业对网络的价值贡献，突出合作企业重诺守信的程度。

（4）主范畴总承包企业网络学习能力

主范畴总承包企业网络学习能力（以下简称网络学习能力）是指总承包企业对网络内知识、技术等资源进行学习共享和集成创新的能力。网络学习本身是个复杂的过程，包括合作网络建立初期企业之间的适应性学习，彼此合作中对知识技术的创造性学习以及为提升自身能力水平在不断总结完善中的再学习。网络学习能力包括组织学习能力与集成创新能力两方面内容。

组织学习能力是总承包企业构建知识共享机制，有效组织合作企业共享知识、相互学习、相互促进的能力，其目的是通过建立共享规范与学习平台，为合作企业相互学习提供支持，引导合作企业实现知识共享。

集成创新能力是指总承包企业构建学习创新机制，有效整合内外部创新资源，不断创新优化的能力。为提高集成创新能力，总承包企业根据合作经验开发新的管理方法和工具，不断激发合作企业提升创新的意愿和动力，并在现有知识技术基础上对合作流程和程序进行再设计和改进，进而提出新的知识和技术。

进一步将上述四个主范畴与已有文献研究进行互动比较，本书发现，根据扎根分析法得到的"网络交流能力""网络整合能力""网络控制能力""网络学习能力"四个主范畴在理论上具有较强的一致性，且共同阐释了总承包项目情境下企业"网络治理能力"的基本形态。由此，本书将其归入"总承包企业网络治理能力"这一构念中，并将其内涵界定为：总承包企业在项目网络中引导、协调、控制和评估合作企业的行为，促进协同合作的能力。需要说明的是，这一结构表征与一般企业的网络能力有所区别，是对企业网络治理能力在总承包项目情境下研究的延展，是通过深度访谈调查所提炼的总承包企业网络治理能力的维度结构，符合我国总承包企业实践的发展需要，能够为实证检验总承包企业网络治理能力对项目绩效的作用机制奠定理论基础。进一步分析各主范畴之间的逻辑关系，本书最终得到以下"故事线"：随着信息化和网络化的快速发展，作为网络的核心——总承包企业在总承包项目建设中，应不断注重网络交流能力、网络整合能力、网络控制能力和网络学习能力的提升，以此加强网络节点企业之间的沟通交流，优化整合资源，强化网络控制，推动对知识技术等资源的学习共享，进而在发挥协同效应中实现项目绩效的有效提升。

综上，通过上述扎根理论三级编码对总承包企业网络治理能力的形成过程阐释，可将总承包企业网络治理能力的概念模型绘制出来，如图3-2所示。

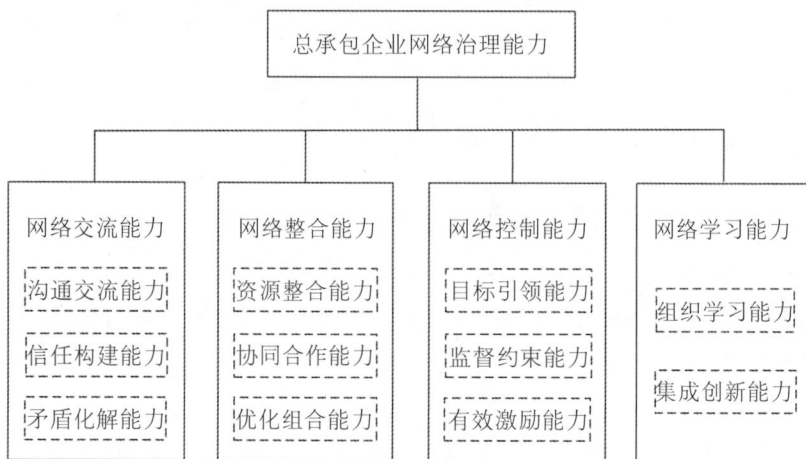

图 3-2 总承包企业网络治理能力的概念模型

3.3 总承包企业网络治理能力概念测量

3.3.1 研究方法

本小节在总承包企业网络治理能力内涵分析的基础上，借鉴较为成熟的量表开发步骤和流程，通过以下三个步骤来实现总承包企业网络治理能力测量量表的开发，量表开发的具体步骤如下：

第一步，形成初始测量题项。在量表开发的过程中，初始测量题项的来源有两种，首先是依托于以往的研究，从相关概念的测量题项中，摘选能够反映自身研究的相关测量题项，形成初始测量题项。其次是，当现有研究成果中没有相关概念的测量题项时，就需要依赖于有效的质性数据分析结果编制符合测量标准的测量题项。

第二步，基于探索性因子分析的量表修正。该步骤旨在通过定量化的数据收集与分析，对总承包企业网络治理能力的初始测量题项进行定量化评估，并基于数理统计方法，实现对总承包企业网络治理能力测量题项的修正。

第三步，基于验证性因子分析的量表测量结构评估与优化。从本质上看，该步骤是步骤二的进一步延伸，步骤二的主要作用是依据数理统计方式实现题项的优化，并初步探索可能存在的因子结构。而步骤三则是在此基础上，通过验证性因子分析方法，对比多个可能存在的因子结构，实现总承包企业网络治理能力测量模型的最优。

3.3.2 量表开发

本书基于成熟的量表开发步骤，选取了以往研究中能较好反映总承包企业网络治理能力概念内涵的部分题项作为总承包企业网络治理能力的初始测量题项。

此外，为了弥补以往研究中的相关测量题项不能完全覆盖总承包企业网络治理能力内涵这一方面的不足，研究的初始题项中也包含了改编自访谈数据的能反映总承包企业网络治理能力概念特色的质性访谈数据。

最终，经过作者以及相关专家的反复讨论形成了包含四个维度25个题项的初始测量量表。

随后将该量表发送给三位从事多年总承包项目管理工作的项目经理进行了试填，请他们对题项进行阅读和评判，并依据反馈结果进一步删除了意义表达不清或填写困难的题项，最终研究共提取能够反映总承包企业网络治理能力概念特性的相关测量题项22个，见表3-4。

表3-4　　　　　　　　总承包企业网络治理能力初始题项

维度	测量题项	来源
网络交流能力	JL1：总承包企业建立了明确的沟通渠道与合作企业进行交流	Enright（2000）Amit（1993）李翠、倪渊（2015）访谈
	JL2：总承包企业经常与合作企业进行交流，及时发现问题	
	JL3：总承包企业认真履行合同规定的相关义务	
	JL4：总承包企业在合作中坚持互惠互利的原则	
	JL5：总承包企业能够快速解决项目中的冲突	
	JL6：总承包企业能客观公正地处理争议事项	

续表

维度	测量题项	来源
网络整合能力	ZH1：总承包企业能够有效整合合作企业的技术、人力、设备等资源	李翠、倪渊（2015）Kale等（2002）Landry（2002）访谈
	ZH2：总承包企业在不同项目中合理配置自身的技术、人力、设备等资源	
	ZH3：总承包企业制定了有利于项目实施的协作流程和原则	
	ZH4：总承包企业能够协调合作企业作出有利于项目实施的决策	
	ZH5：总承包企业能够根据市场需求调整合作伙伴	
	ZH6：总承包企业不断更新优化与合作企业的关系	
网络控制能力	KZ1：总承包企业制定了合作企业共同认可的项目目标	Ritter（2003）Moller、Halinen（1999）访谈
	KZ2：总承包企业能够及时纠正项目实施中的目标冲突	
	KZ3：总承包企业严格处罚违反合同内容的合作企业	
	KZ4：总承包企业制定绩效考核标准评价合作企业行为	
	KZ5：总承包企业根据项目绩效奖励表现好的合作企业	
	KZ6：总承包企业根据项目后评价确定继续合作的企业	
网络学习能力	XX1：总承包企业经常组织合作企业交流经验	徐金发等（2001）全裕吉（2004）马刚（2005）访谈
	XX2：总承包企业在合作中提供项目实施必要的技术或管理培训	
	XX3：总承包企业能够在项目实施中使用新技术和新工艺	
	XX4：总承包企业能够不断改进现有合作流程和程序	

其中网络交流能力、网络整合能力和网络控制能力各包含6个题项，网络学习能力包含4个题项，题项数量符合量表开发的一般要求。在初始题项形成之后，便可以进入到量表的大样本检验与修正阶段。

3.3.3 探索性因子分析

1.调查问卷的设计与回收

依据表3-4中所列的初始测量题项,研究设计了包含两个部分的调
查问卷(附录B),第一部分是被调查者及企业的相关信息;第二部分
是总承包企业网络治理能力概念的测量部分。评分方法主要采用李克特
五级量表,要求被调查者依据自身总承包项目管理经验和总承包企业具
体实践如实作答。

用于探索性因子分析的相关数据收集时间主要集中在2017年第二
季度和第三季度,样本主要通过EMBA/MBA的学员向与本校有过合作
的部分企业进行现场发放,此外还将电子问卷通过微信聊天群组、QQ
群等相关途径发送给了部分从事总承包相关业务的校友,最终共发放问
卷133份,回收问卷107份,有效问卷98份,样本量略小于一般管理学
的建议值——问卷数量应为测量题项的5倍。这是因为本部分数据主要
用来对问卷的初始结构进行探索,属于预测试的范畴,而预测试时发放
的问卷数量通常都小于相关建议值。在后续研究中会采用更大样本数量
的量表检验。因此,为了研究的经济性,本部分采用了98份数据进行
探索性分析,样本的相关特征见表3-5。

表3-5 探索性因子分析样本基本情况

样本特征		数量	百分比	样本特征		数量	百分比
性别	男	78	79.59%	所属行业	石油、化工、冶金	20	20.41%
	女	20	20.41%		能源、电力与生物技术	14	14.29%
企业成立年限	5年以下	6	6.12%		机械制造业	11	11.22%
	5~10年	12	12.24%		房屋建筑	25	25.51%
	10~20年	26	26.53%		交通运输	17	17.35%
	20年以上	54	55.10%		电子、通讯、软件业	6	6.12%

续表

样本特征		数量	百分比	样本特征		数量	百分比
担任角色	董事长/总经理	6	6.12%	所属行业	咨询、法律、中介服务	3	3.06%
	副总经理	18	18.37%		其他	2	2.04%
	部门经理/副经理	21	21.43%	企业类型	设计主导型总承包企业	23	23.47%
	项目经理/副经理	33	33.67%		施工主导型总承包企业	18	18.37%
	项目团队成员	20	20.41%		咨询单位	4	4.08%
从事项目管理时间	2年以下	8	8.16%		业主单位	10	10.20%
	2~5年	15	15.31%		监理单位	2	2.04%
	5~10年	47	47.96%		材料、设备供应商	9	9.18%
	10~20年	19	19.39%		设计分包单位	19	19.39%
	20年以上	9	9.18%		施工分包单位	13	13.27%

注：因采用小数点后两位四舍五入，企业成立年限各样本百分比合计为99.99%。

2.测量题项的净化

以收集到的 98 份数据作为初始测量样本，检验总承包企业网络治理能力测量题项的合理性。遵循定量实证量表修正的标准范式，研究使用最为普遍的统计指标——项目-总体相关系数（CITC）与 Cronbach's α 指数来综合评估各个题项的恰当性，遵循测量题项的 CITC 值<0.50 这一标准，且将该题项删除后 Cronbach's α 得到较为明显的提升，作为题项删除的判定标准。运用 SPSS22.0 软件计算总承包企业网络交流能力、总承包企业网络整合能力、总承包企业网络控制能力和总承包企业网络学习能力四个维度各题项的项目-总体相关系数和四个维度的 Cronbach's α 系数，见表3-6。

表3-6	内部一致性信度和相关统计		
题　项		项目-总体 相关系数	Cronbach's α （IF项目删除）
JL1：总承包企业与合作企业以多种方式进行沟通		0.616	0.806
JL2：总承包企业与合作企业进行沟通和交流的频率高		0.690	0.791
JL3：总承包企业能够认真履行合同规定的相关义务		0.733	0.780
JL4：总承包企业能够在合作中坚持互惠互利的原则		0.681	0.794
JL5：总承包企业能够快速解决项目中的冲突		0.314	0.868
JL6：总承包企业能够客观地处理争议事项		0.676	0.796
ZH1：总承包企业能够有效整合合作企业的技术、人力、设备等资源		0.302	0.834
ZH2：总承包企业善于将自身的资源在不同项目中进行合理分配		0.610	0.775
ZH3：总承包企业制定了有利于项目实施的协作流程和原则		0.701	0.752
ZH4：总承包企业能够协同合作企业作出有利于项目实施的决策		0.746	0.741
ZH5：总承包企业能够根据市场需求动态组合合作企业的各种资源		0.731	0.745
ZH6：总承包企业能够根据经验不断改善与合作企业的关系		0.355	0.826
KZ1：总承包企业确定了合作企业能够共同认可的项目目标		0.749	0.768
KZ2：总承包企业能够及时纠正项目实施中的目标冲突		0.325	0.847
KZ3：总承包企业依据合同处罚违反协议内容的合作企业		0.761	0.765
KZ4：总承包企业通过项目绩效考核来约束合作企业的行为		0.747	0.767

题　项	项目–总体相关系数	Cronbach's α（IF 项目删除）
KZ5：总承包企业根据项目绩效奖励表现好的合作企业	0.706	0.777
KZ6：总承包企业根据项目后评价确定继续合作的企业	0.314	0.854
XX1：总承包企业建立了网络学习平台，如共享数据库等	0.722	0.825
XX2：总承包企业能够为合作企业提供项目实施必要的技术或管理培训	0.761	0.814
XX3：总承包企业能够在现有知识技术基础上提出新技术	0.687	0.842
XX4：总承包企业能够适时对已有合作流程和程序进行再设计	0.705	0.832

表 3-6 中，测量题项 JL5——总承包企业能够快速解决项目中的冲突的项目–总体相关系数为 0.314，且删除该题项后 Cronbach's α 会得到显著提升，因此删除该题项；测量题项 ZH1——总承包企业能够有效整合合作企业的技术、人力、设备等资源的项目–总体相关系数为 0.302，且删除该题项后 Cronbach's α 会得到显著提升，因此删除该题项；测量题项 ZH6——总承包企业能够根据经验不断改善与合作企业的关系的项目–总体相关系数为 0.355，且删除该题项后 Cronbach's α 会得到显著提升，因此删除该题项；测量题项 KZ2——总承包企业能够及时纠正项目实施中的目标冲突的项目–总体相关系数为 0.325，且删除该题项后 Cronbach's α 会得到显著提升，因此删除该题项；测量题项 KZ6——总承包企业根据项目后评价确定继续合作的企业的项目–总体相关系数为 0.314，且删除该题项后 Cronbach's α 会得到显著提升，因此删除该题项。在删除上述 5 个题项后，各指标符合相关标准，测量题项的初步净化完成。

3. 探索性因子分析

在测量题项初步净化完成后，需要对总承包企业网络治理能力进行探索性因子分析，以初步检验质性研究的研究结论是否合理。在进行探索性因子分析之前，需要对问卷数据进行KMO和Bartlett球形检验，以确保数据可以用来进行探索性因子分析。与项目-总体相关系数相似，仍然采用SPSS22.0计算总承包企业网络治理能力调研数据的KMO值和Bartlett球形检验的值，见表3-7。从结果来看，且KMO=0.765＞0.7，Sig.=0.000，由此表明该总承包企业网络治理能力的调研样本适合进行探索性因子分析。

表3-7　　　　　　　KMO和Bartlett球形检验

Kaiser-Meyer-Olkin Measure of Sampling Adequacy		0.765
Bartlett's Test of Sphericity	Approx. Chi-Square	940.041
	df	136
	Sig.	0.000

随后，本书遵循定量问卷开发和探索性因子分析的一般范式，采用主成分分析方法抽取数据中特征值大于1的因子，以此来实现对总承包企业网络治理能力测量题项的归类与降维。为了更好地反映数据实际，并验证基于质性数据的因子维度划分方式，研究选择了最大方差法对数据进行旋转，并根据因子负荷情况和累积方差解释率来最终判定各个题项是否保留，计算结果见表3-8。经过计算后，总承包企业网络治理能力17个测量题项被提炼为4个初始特征值大于1的因子，四个因子的方差解释率分别为22.617%、19.839%、17.320%和12.474%，四个因子的累积总方差解释率为72.250%，符合管理学等社会科学累积总方差解释标准，能够解释显著的方差变异。从表3-8可见，JL1、JL2、JL3、JL4和JL6在因子1上的各因子载荷量均大于0.7，且各题项不存在交叉载荷项，进一步对比质性研究分析结果，我们将其命名为网络交流能力；ZH2、ZH3、ZH4和ZH5在因子3上的各因子载荷量均大于0.7，且各题项不存在交叉载荷项，进一步对比质性研究分析结果，我们将其命名为网络整合能力；KZ1、KZ3、KZ4和KZ5在因子2上的各因子载荷量均大于0.7，且各题项不存在交叉载荷项，进一步对比质性研究分析结果，我们将其命名为网络控制能力；XX1、XX2、XX3和XX4在因子4上的

各因子载荷量均大于0.7，且各题项不存在交叉载荷项，进一步对比质性研究分析结果，我们将其命名为网络学习能力。

表3-8 　　　　　　　　　　探索性因子分析结果

变量	题项	因子			
		1	2	3	4
网络交流能力	JL1	0.768	0.115	−0.071	0.170
	JL2	0.819	0.000	−0.014	0.007
	JL3	0.847	−0.007	0.009	0.108
	JL4	0.807	0.088	−0.135	−0.036
	JL6	0.780	0.141	0.097	0.031
网络整合能力	ZH2	−0.144	0.021	0.768	0.049
	ZH3	0.029	0.023	0.818	0.098
	ZH4	−0.028	−0.035	0.890	0.015
	ZH5	0.049	0.046	0.885	0.131
网络控制能力	KZ1	0.175	0.830	−0.021	−0.025
	KZ3	0.023	0.894	0.000	−0.092
	KZ4	0.032	0.912	0.113	−0.027
	KZ5	0.083	0.830	−0.027	0.056
网络学习能力	XX1	0.078	0.046	0.113	0.838
	XX2	0.099	−0.138	0.057	0.864
	XX3	0.029	0.191	0.098	0.824
	XX4	0.044	−0.183	0.033	0.834
Cronbach's α		0.869	0.896	0.867	0.868

3.3.4　验证性因子分析

1.数据收集与样本描述

在探索性因子分析的基础上，将经过净化的17项总承包企业网络治理能力测量题项用于验证性因子分析的调查问卷（详见附录C），本次问卷的发放及回收时间从 2017 年 11 月至 2018 年 5 月，共发放问卷 232 份，回收问卷 203 份，有效问卷 168 份，有效回收率为 72.41%，样本数量规模接近测量题项的 10 倍，符合管理学研究中对于样本规模的一般要求，样本的基本信息见表 3-9。

表3-9 调研样本基本情况

样本特征		数量	百分比	样本特征		数量	百分比
性别	男	139	82.74%	所属行业	石油、化工、冶金	38	22.62%
	女	29	17.26%		能源、电力与生物技术	25	14.88%
企业成立年限	5年以下	14	8.33%		机械制造业	19	11.31%
	5～10年	27	16.07%		房屋建筑	36	21.43%
	10～20年	48	28.57%		交通运输	23	13.69%
	20年以上	79	47.02%		电子、通讯、软件业	18	10.71%
担任角色	董事长/总经理	11	6.55%		咨询、法律、中介服务	5	2.98%
	副总经理	28	16.67%		其他	4	2.38%
	部门经理/副经理	39	23.21%	企业类型	设计主导型总承包企业	41	24.40%
	项目经理/副经理	57	33.93%		施工主导型总承包企业	35	20.83%
	项目团队成员	33	19.64%		咨询单位	6	3.57%
从事项目管理时间	2年以下	13	7.74%		业主单位	18	10.71%
	2～5年	26	15.48%		监理单位	6	3.57%
	5～10年	52	30.95%		材料、设备供应商	14	8.33%
	10～20年	49	29.17%		设计分包单位	28	16.67%
	20年以上	28	16.67%		施工分包单位	20	11.90%

注：因采用小数点后两位四舍五入，企业类型各样本百分比合计为 99.98%。

2.因子模型对比

探索性因子分析常用来探索未知的概念结构，而验证性因子则可以通过多个因子结构模型的对比，验证并比较相关概念的因子结构模型，从而实现对最优因子结构的探索。基于此，我们在探索性因子分析的基础上，进一步引入验证性因子分析步骤，来探索总承包企业网络治理能力的最优因子结构。本部分所使用的数据为第二次收集的168份有效问卷数据。

与探索性因子分析相类似，在进行总承包企业网络治理能力验证性因子分析之前，仍然需要进行量表的信度分析。经计算样本数据的KMO值为0.876，Bartlett球形检验也符合相应标准，这初步表明量表整体具有较好的信度，可以进行验证性因子分析。

随后，基于理论回顾和探索性因子分析结果，本书围绕总承包企业网络治理能力提出三个竞争模型（如图3-3所示）：M1模型，即所有题项聚合于单一维度；M2模型，即经探索性因子分析后提出的模型；M3模型（二阶模型），即在M2的基础上进一步抽取二阶因子。

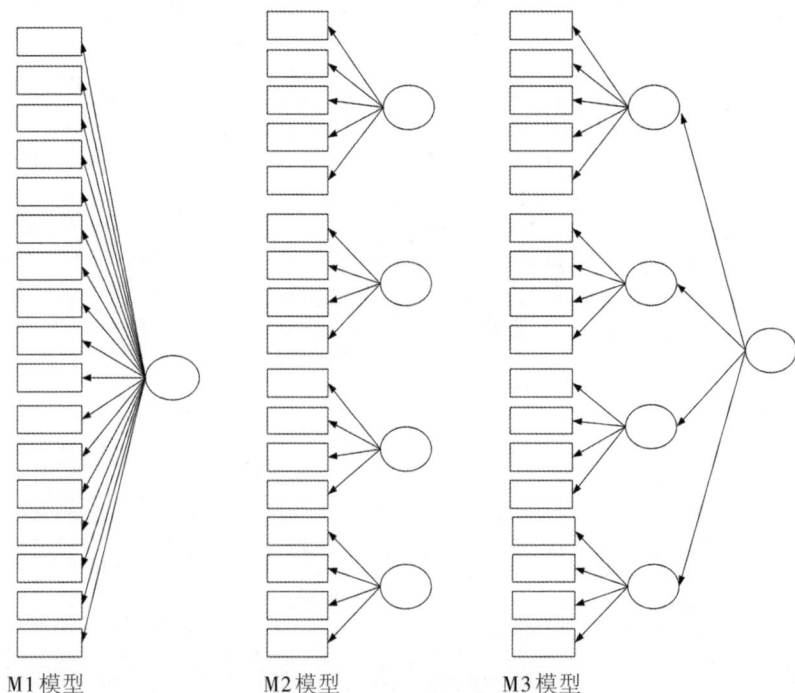

图3-3 竞争模型示意图

本书采用结构方程模型分析软件 AMOS 来进行样本数据的验证性因子检验，结构方程模型可以提供多个模型来判断因子结构的拟合状况。通常来讲，验证性因子分析模型优劣的常用评判模型包括：卡方自由度比（χ^2/df），其值通常介于 1～3 之间，且其值越小表明其拟合程度越好，本书以卡方自由度比小于 2.00 作为模型评价的标准。近似误差的均方根（RMSEA）是用来评价模型优劣的另一个重要指标，其取值范围越小，表明模型拟合程度越好，本书采用 RMSEA<0.1 作为评价模型拟合程度的评判标准。良好拟合指数（GFI）、调整拟合指数（AGFI）、正规拟合指数（NFI）、比较拟合指数（CFI）是用来评判模型的另外四个重要指标，四个指标的取值范围都是介于 0~1 之间，其取值越接近于 1，表明模型的拟合程度越好，因子结构越合理。

本书采用 AMOS 结构方程建模软件，分别绘制模型 M1、模型 M2 和模型 M3 的因子结构模型图，并分别计算模型 M1、模型 M2 和模型 M3 的卡方自由度比（χ^2/df）、近似误差的均方根（RMSEA）、良好拟合指数（GFI）、调整拟合指数（AGFI）、正规拟合指数（NFI）、比较拟合指数（CFI），并以此来判定模型的优劣（见表 3-10）。

表 3-10 呈现了 3 个模型的拟合情况，其中 M1 模型的各拟合指标均未达到要求，这初步表明将总承包企业网络治理能力作为 1 个单一维度的一阶概念并不合理。模型 M2 和模型 M3 除 AGFI 指标未达到相应标准外，其他指标均符合相应的要求。但 AGFI 指标的计算方法使其易受样本量大小的影响，且在不同情况下会有各种程度的误差，因此当其接近 0.9 时也可接受。综合对比模型 M2 和模型 M3，可知模型 M2 相较于模型 M3 有微弱的优势，但两者都在可接受的范围内。为了更为细致地分析总承包企业网络治理能力这一概念，在后续章节的研究中，总承包企业网络治理能力的相关探讨主要基于 M2 模型展开，即将总承包企业网络治理能力看作一个一阶四因素模型来展开相关分析。

表3-10 竞争模型拟合指标

模型＼标准	X^2/df	RMSEA	GFI	AGFI	NFI	CFI
	1~3	<0.08	>0.9	>0.9	>0.9	>0.9
M1	6.364	0.179	0.579	0.458	0.518	0.556
M2	1.126	0.022	0.903	0.886	0.977	0.982
M3	1.166	0.032	0.919	0.892	0.915	0.987

3.四因素模型的信度和效度检验

经过竞争模型的对比，研究基本确立了总承包企业网络治理能力是一个包含四因素的一阶模型，并对四因素模型的信度和效度进行检验。首先，对四因素模型各个因子的Cronbach's α系数进行计算，结果显示，4个因子的Cronbach's α系数均大于0.7。经计算，各个题项的标准化回归系数介于0.65~0.84之间，均大于0.5，且在 $P<0.01$ 的层次上显著。进一步计算测量的组合信度（CR）和反映收敛效度的平均方差提取量（AVE），CR值分别为0.879、0.875、0.809、0.855，且均大于0.7的判别标准；AVE值分别为0.593、0.637、0.516、0.598，且均大于0.5的判别标准，这表明具有良好的收敛效度。

此外，本书进一步检验了区别效度。当所有因子的AVE值平方根大于其所在行和列的所有非对角线上的相关系数时，表明各因子具有较好的区别效度。分析发现，各因子的AVE值的平方根均大于其所在行和列的所有非对角线上的相关系数（见表3-11），这表明区别效度良好。

表3-11 各因子描述性统计

因子	均值	标准差	网络交流能力	网络整合能力	网络控制能力	网络学习能力
网络交流能力	3.908	0.853	0.770			
网络整合能力	3.772	0.971	0.403**	0.798		
网络控制能力	3.663	0.840	0.402**	0.425**	0.718	
网络学习能力	3.722	0.987	0.405**	0.427**	0.337**	0.773

注：**表示P<0.01，对角线为AVE值的平方根。

综上，验证性因子分析结果表明，本书基于定性与定量相结合的方法所开发的总承包企业网络治理能力测量量表通过了信度与效度的检验，能够较为准确、全面、科学地反映总承包企业网络治理能力的概念内涵与维度结构，可以为后续研究提供概念与工具基础。

3.4 本章小结

本章主要是通过定性与定量相结合的方法，界定了总承包企业网络治理能力的内涵及其结构，并对其概念模型进行了验证。由于总承包企业网络治理能力的概念及维度没有现成的量表加以利用，加之该概念与一般的网络能力存在一定差异，因此，对总承包企业网络治理能力内涵的界定与测量研究具有重要意义。

首先，在对总承包企业网络治理能力内涵的界定中，本书采用扎根理论方法对收集到的原始资料进行了梳理与分析，通过开放性编码、主轴编码、选择性编码对资料进行了深度分析。在开放性编码中，最终抽取出39个概念和11个范畴；然后，通过主轴编码分析，进一步将11个范畴进行归类，聚焦为4个主要范畴；最后，通过选择性编码对核心范畴进行了阐释，总结得出：总承包企业网络治理能力是包括网络交流能力、网络整合能力、网络控制能力和网络学习能力的四维度概念，界定其内涵为总承包企业在项目网络中引导、协调、控制和评估合作企业的行为，促进协同效应提升的能力。

其次，在概念界定的基础上，通过大样本数据统计对总承包企业网络治理能力的4个维度概念模型进行了验证，这一过程主要采用探索性因子分析和验证性因子分析的方法，检验了所开发的测量量表和因子结构模型。结果显示：总承包企业网络治理能力的测量量表具有较好的信度和效度，是一个包含17个题项的一阶四因子模型构念，即总承包企业网络治理能力是由网络交流能力、网络整合能力、网络控制能力和网络学习能力四个维度构成的单一构念。

4 总承包企业网络治理能力对项目绩效的影响机理研究

本章将在文献回顾及对总承包企业网络治理能力概念开发的基础上，预设"网络治理能力–界面协同–项目绩效"三者之间的理论模型，并采用多案例研究方法，选取四个典型总承包企业，通过案例内分析和跨案例对比分析，揭示总承包企业的网络治理能力影响项目绩效的内在作用机理。

4.1 理论预设

立足于利益相关者价值交换的视角，总承包项目网络作为参与项目实施的利益相关者进行价值获取和价值创造的有效载体，使得总承包项目需要通过价值网络中各利益相关者自身的价值创造以及利益相关者之间的价值协调提高项目运行效率，降低项目交易成本，实现项目网络的价值增值。因此，项目利益相关者价值网络的协同效率成为总承包项目保障项目目标实现、形成持续市场竞争力的关键，总承包项目治理集中体现为项目利益相关者价值网络的治理。

作为一种临时性的项目价值网络，总承包项目网络同时具有面向项目阶段的相对稳定特征和面向生命周期的动态演化特征。利益相关者价值网络有效协同的实现需要具有针对性的网络治理手段，有效的全生命周期动态网络治理是总承包利益相关者系统协作与价值协同的核心。可是，现有网络治理研究多聚焦于相对稳定的联盟合作网络，对项目情境下的价值网络特征以及运行规律仍缺乏具有针对性的研究，这种仅仅注重对一般网络治理机制的研究尚难以解决临时性价值网络协同与演化问题。为此，本书旨在考察总承包企业在项目网络系统中，如何有效发挥其治理能力，促进利益相关者之间的协同效应，进而影响项目绩效的过程。

已有研究证明，网络核心位置使企业拥有更多机会获得知识和资源（胡海青、张宝建、张道宏，2011），由于总承包企业在网络中占据核心位置，这就使其在项目网络运行中能够充分发挥主导作用，通过协调各方关系，引导合作伙伴资源互补、风险共担、利益共享，影响网络节点企业的生产和经营状况，从而对生态效率、关系质量和网络整体绩效产生正向影响（李春发、王雪红、杨琪琪，2014）。由此可见，网络能力好的企业能够不断创新产品和流程（Ritter、Gemunden，2003），通过改善网络管理活动（章丹，2012），协同处理网络中各利益相关者的价值创造活动（李文彬，2010），有利于实现网络成员间的学习效应、溢出效应、协作效应和互补效应（方刚，2008），进而促进网络绩效的提升。然而，合作网络中各节点企业是以追求自身利益最大化为目标的独立主体，相互间既有合作也有竞争，如何协调好动态网络中各利益相关者之间的角色关系（Hoetker、Mellewigt，2010），降低界面冲突对整体网络绩效的影响，是核心企业的使命。可以说，合作网络中成员企业之间利益、职责的协调过程，是合作组织间界面协同演进的过程，是实现合作网络共同目标的关键（Loasby，2000）。研究结果表明，复杂工程的各参与方、多目标、全过程以及信息要素的协同管理机制，有助于提高项目管理效率、实现项目总体目标（张志强，2014；吴绍艳，2006）。基于此，核心企业可以通过构建项目协同工作平台，对项目界面进行协同控制，能够有效解决组织界面的障碍（李紫东、张原，2010）。可见，界面协同是各利益相关者之间消除界面障碍，实现系统资源优化配置，获得系统最优绩效的有效途径。

综上所述，总承包企业网络治理能力除了直接影响项目绩效的提高，还可能通过各利益相关者之间的界面协同效应，进而促进项目绩效的提升（如图4-1所示）。本书引入"界面协同"这一中介变量，通过探索性的案例分析，进一步剖析总承包企业网络治理能力对项目绩效的影响机制。

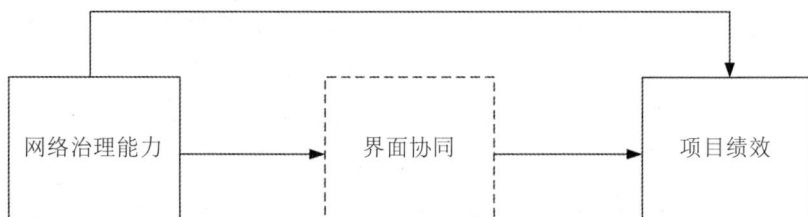

图 4-1　网络治理能力对项目绩效影响的理论预设

4.2　研究设计

4.2.1　研究方法

案例研究方法作为管理学领域研究构建新理论的基础研究方法（Meredith，1998），注重对理论机制的解释与整合表达，与注重理论假设与变量关系的"范式检验研究"形成互补关系（毛基业、张霞，2008）。案例研究注重情境因素与概念间的复杂关系，通过剖析过程解释特定情境下事物内部的作用机理，探究现象背后的规律，特别适用于回答"为什么"和"怎么样"的问题（Yin，2003）。因此，本章采用案例研究方法探索总承包企业网络治理能力、界面协同、项目绩效等变量之间的关系，解析相互间的影响作用机理。尤其是聚焦于总承包企业如何发挥网络治理能力提高项目绩效，"如何治理"这一体现过程性的论题更符合案例研究方法的使用，对挖掘研究问题深层次答案具有积极作用，有助于形成新的理论（Eisenhardt，1989）。在研究过程中，本书采取了多案例研究方法，该方法更适合于涉及多层次复杂因素交叉影响的研究，通过延伸研究的情境化边界实行多角度的逻辑复制，能够系统地探索新理论的结构关系，并且利用案例的复证提高研究的内在效度和外部效度（Eisenhardt，1989）。本书将通过对多个案例展开全面、系统分析，深入探索总承包企业网络治理能力对项目绩效的影响机理，识别概念之间的内在关系。

4.2.2　案例样本选择

根据多案例研究设计的抽样方法（Eisenhardt，1989），本书采用理论抽样的原则抽取样本。在样本数量方面，遵循Sanders（1982）提出的最佳案例数目为3~6个原则，本书选取了4个案例企业作为研究样本。在选择要求方面，既考虑能够获取有价值信息的企业，也注重是否具有代表性，这样不仅样本信息的准确性大大提高，同时调研成本也能得到合理降低。基于典型性原则，样本取自工程总承包业务开展早并较为成功的石油化工和建筑建设领域，分别代表设计主导型和施工主导型两类总承包企业，形成两个对照组，每一类型分别由两家同类企业构成，这不仅可以在差异化情境中探索变量关系的结构和要素，且通过同类案例的复证和补充，完善理论关系。本书在候选总承包企业中，最终确定4家典型企业作为研究样本。基于对企业商业信息的尊重和保护，本书将采用"英文字母+行业"的显示方式代替企业名称，分别是A焦耐工程公司（A企业）、B炼化工程公司（B企业）、C建材公司（C企业）、D铁建公司（D企业）。它们都符合以下选择标准：①满足信息充分可得性。4家企业长期以来和本校的企业管理研究团队保持紧密合作，信息获取便利，且所获数据真实可靠。②能够保证建构效度和内在效度，所选4个案例企业具有典型性，实施总承包项目时间较长，都在发展中有意培育网络治理能力来提高项目绩效。③能够提高外部效度。案例企业均属于工程领域，但来自不同行业。④能够实现多重验证。企业类型具有差异性，分别选择了两个设计主导型和两个施工主导型的总承包企业。四个案例企业基本信息如下：

A企业创建于1953年，是一家以焦化、耐火材料等工程技术为基础，以工程总承包为主业，集技术咨询、设计、采购、工程承包、施工安装等于一体，具有完整业务链的工程技术公司。A 企业专业技术队伍强大，现有员工 1 304 人，技术实力雄厚，工程设计与实践经验丰富，迄今获得专利 600 余项，完成了 90 余项海内外工程总承包项目，多次获得了国家、省部级工程总承包项目的奖项，已发展成为一家大型国际化工程公司，具有较高的工程总承包实力，在国内外享有良好声誉。企业依赖在焦炉车辆、煤气净化设备等方面较强的集成能力，立足于国内国际两个市场，广泛进行技术交流与合作，尤其是随着共建"一带一路"倡议的提出，企业大力开拓国际市场，先后与德国、美国、英国等 20多个国家进行技术交流与合作。

B 企业是一家成立于 1962 年的石化工程设计公司，隶属于国内某石油工程建设集团，主要从事大中型炼化厂、石油化工厂炼油装置、储运系统等工程的咨询、设计及总承包等业务。历经 60 多年的发展，B 企业采取科学运营模式，逐渐发展为工程设计、工程总承包、工程咨询、技术研发为一体的综合性工程服务企业，尤其是工程设计业务实力雄厚，具有化工、石化、建筑、油气库、环境工程 EPC 总承包能力，在油品、烷基苯、污水处理等技术领域处于国内领先地位，获得省部级奖项 60余项。其业务范围覆盖国内外多个地区，完成项目 300 多个，在"走出去"战略引领下，相继将业务拓展到亚洲、欧洲和非洲等多个国家。

C 企业成立于 2001 年，是国内某建材集团下的全资子公司，主营水泥技术装备和工程建设业务，集合了中国乃至世界水泥工程行业最先进的技术、人才、管理、平台等优质资源，凭借独有的完整水泥工程产业链以及稳定运行的全过程系统集成服务能力，以精湛的品质和卓越业绩，成为全球最大的水泥工程系统集成服务商之一。C 企业以研发和设计为技术基础，凭借高效的管理团队、优秀的员工团队和丰富的国际工程总承包经验，完成了世界 50 多个国家的水泥生产线总承包工程 100 多个、设计工程 1 000 多个，赢得了国内外业主的高度认可和赞誉，所承担的印度尼西亚 BAYAH 日产万吨熟料水泥生产线项目获得了中国建设工程鲁班奖（境外工程）。

D 企业创建于 1950 年，是集勘察设计、施工安装、工业制造、房地产开发、金融投资等业务于一体的大型企业集团。具有铁路工程施工总承包特级资质、市政公用工程施工总承包一级资质，桥梁工程、隧道工程专业承包一级资质，以及城市轨道交通工程专业承包资质。业务范围涵盖了几乎所有基本建设领域，能够提供建筑业"纵向一体化"的一揽子交钥匙服务。D企业在特大桥、深水桥、长大隧道、桥梁钢结构、盾构及高速道岔的研发制造等方面，形成了独特的管理和技术优势，隧道及城市地铁修建技术处于国内领先水平。共获国家科技进步奖110余项，国家级工法170余项，拥有盾构及掘进技术国家重点实验室。D企业以共建"一带一路"为契机大力开拓海外市场，驻外机构及项目遍及亚洲、非洲、欧洲、南美洲、大洋洲等84个国家和地区。

4.2.3　案例数据收集

在案例资料收集过程中，本书依据 Yin（2003）的设计方案：第一，为提高研究效度，使用多证据来源进行数据收集；第二，为提高研究信度，研究以三角验证方式为手段，充分利用访谈等多种途径实现数据信息的获取，核心资料的获取多采用现场访谈的方式。为此，本书通过运用多渠道多数据获取资料来促进案例研究效度的提高，具体如下：第一，正式访谈开始之前，为了了解案例企业的基本情况，作者通过百度等搜索引擎以及企业网站信息等方式收集资料，为提高调研效率奠定基础；第二，通过其他渠道找到熟悉案例企业运作的相关专家，采用相约访谈、查阅企业内部刊物等方法对企业运作情况进行深入了解；第三，设计访谈提纲后进行访谈，主要采用半结构化访谈方法，每次访谈时间1~2个小时；第四，建立包括访谈资料、文档、报告在内的完整案例数据库，将访谈获得的录音、笔录、文档材料等进行归纳整理，并在进行分类和编码后存入数据库中，经过统一归档和分类编码后完成深层次探究；第五，对需要进一步补充的信息，主要通过电话、邮件、微信等形式进行沟通，并对相关资料信息进行补充、整理和核对。可见，在验证过程中不仅形成了笔者与被访谈者、专家三者间的三角验证方式，还建立了直接观察、二手数据、深度访谈三者间的三角验证（陈晓萍、徐淑英、樊景立，2008），通过三角验证极大促进了研究效度的提高。调研访谈基本情况见表4-1。

表4-1 　　　　　　　　　　　　　调研访谈基本情况

案例企业	数据收集时间	访谈人员及人数	三角证据收集
A企业	2016年9—11月	高管2人，项目经理/副经理4人，设计、采购、施工等职能部门经理/副经理5人，合作供应商及施工单位管理人员3人	期刊文献、媒体报道、企业内部资料、深度访谈、焦点小组访谈、问卷调查
B企业	2017年3—5月	高管1人，项目经理/副经理4人，设计、采购、施工等职能部门经理/副经理4人，合作供应商及施工单位管理人员2人	期刊文献、媒体报道、企业内部资料、深度访谈、问卷调查
C企业	2017年6—8月	高管1人，项目经理/副经理3人，设计、采购、施工等职能部门经理/副经理3人，合作供应商及设计单位管理人员1人	期刊文献、媒体报道、企业内部资料、深度访谈、焦点小组访谈、问卷调查
D企业	2017年10—12月	高管2人，项目经理/副经理5人，设计、采购、施工等职能部门经理/副经理5人，合作供应商及设计单位管理人员2人	期刊文献、媒体报道、企业内部资料、深度访谈、问卷调查

4.2.4　案例数据分析

本书采用多案例研究方法，分别运用案例内分析和跨案例对比两种方式进行案例分析。首先，根据Yin（2003）的案例研究范式，结合相关理论研究成果，预设"网络治理能力-界面协同-项目绩效"三个概念之间的理论模型。其次，通过案例内分析方法，对选取的四个典型案例项目进行纵向的内部剖析，识别每一个案例项目中总承包企业网络治理能力、界面协同、项目绩效的不同表现及结果，初步分析三个概念之间的内在逻辑关系。最后，通过跨案例分析方法，对四个案例的分析结果进行横向对比，找出彼此之间的内在联系及其规律，进一步探讨网络治理能力、界面协同和项目绩效三者间的逻辑关系。也就是说，案例内分析通过独立而又完整地分析各案例，完成对网络治理能力、界面协同、项目绩效三个关键变量的分析，同时对案例的各变量特征进行辨析；而跨案例分析则借助案例内分析成果识别案例变量的不同特征，再通过反复对比、查验、分析这些特征，力求网络治理能力、界面协同和项目绩效之间的互动关系得到明晰，从而揭示总承包企业网络治理能力影响项目绩效的作用机理。

根据以上分析思路，将所收集的案例数据按照本书的核心议题进行归纳梳理后选取了四个案例企业项目样本（见表4-2）。

表4-2　　　　　　　　　　案例项目基本情况

	A 企业焦化项目	B 企业油田开发项目	C 企业水泥生产线项目	D 企业轨道交通项目
项目工期	2012.03—2015.09	2010.01—2014.07	2013.01—2015.09	2016.07—2021.12
所属行业	冶金	化工	建筑材料	交通运输
项目模式	EP+C	EP+C	EPC	PPP
项目业主	国内某钢铁集团	国外某石油公司	国外某投资公司	国内某市政府
分包/合作单位	业主指定施工企业	当地某施工企业	—	国内某设计公司
项目状态	完成	完成	完成	在建
项目绩效	好	中	好	中（截止调研）
业主满意度	高	中	高	中
合作企业满意度	高	中	高	中

四个项目在行业领域、项目范围、项目模式以及绩效等方面均有一定差异性，这种差异性使案例样本基本反映出总承包企业网络治理能力的特征，同时有助于反映不同总承包项目情境下，总承包企业与参与项目实施单位的合作协同状态与绩效水平的不同表现，这为深入分析总承包企业网络治理能力对项目绩效的影响机理提供了有力支撑。

从企业性质来看，A 企业和 B 企业是以工程设计为核心业务的设计主导型总承包企业，而 C 企业和 D 企业是以工程施工为主营业务的施工主导型总承包企业。A 企业和 B 企业采取的是 EP+C 的项目承包模式，即 A 企业和 B 企业作为设计型总承包企业承担了项目的设计和采购工作，施工则分包给当地施工企业。C 企业采取的是 EPC 模式，承担了全部的设计、采购和施工工作，为了降低人力成本，施工中雇佣了当地的劳务人员。D 企业作为某市 PPP 项目的投资者和施工方，采取了 PMC 项目管理模式，成立了项目公司（SPV），由项目公司代表 D 企业负责整个轨道交通项目建设的组织、协调和管理，在设计上通过公开招标承包给了外部设计单位。四家企业中同类型企业之间虽有一定的相似性，但由于各自企业发展背景和在项目方面的经验和能力不同，对项目的管控过程和效果体现出一定的差距。例如，A 企业焦化项目中的业主与 A 企业曾有过一次合作经历，对当地的施工企业有所了解，吸取了首次施工分包中的经验和教训，此次通过严格市场调研和筛选确定了施工分包方，在合作过程中虽出现过一些摩擦和矛盾，但都能够通过有效的沟通协商得到圆满解决，最终业主和合作企业对合作过程和结果都很满意，取得了较好的项目绩效。B 企业油田开发项目是 B 企业通过投标首次中标该国项目，对业主和当地企业的了解有限，为了节省人力成本投入，将施工分包给业主指定的企业，在合作过程中产生了一些矛盾，可经过努力改善了与业主之间的关系，得到了业主方的认可，但与施工分包企业的合作并不乐观，在工程的控制方面并不如 A 企业那样出色，这在一定程度上影响了项目绩效水平，也体现了 B 企业在网络治理能力方面的不足。C 企业水泥生产线项目是 C 企业具有代表性的项目，虽然是与业主首次合作的大型 EPC 项目，但他们与业主积极沟通，秉着互利互信原则，在项目目标的引领下，每当项目实施中遇到问题时业主都会积极配合帮助解决困难，该项目最终提前 2 个月工期顺利完工，获得了良好的项目绩效。D 企业轨道交通项目是某市工程量大、技术复杂的地铁建设项目，由于是 PPP 项目，涉及的利益相关方较多，管控难度比较大，为了更好地推动项目实施，D 企业采用项目公司代为管控的运行方式，虽然项目公司成员经验比较丰富，但因为一些设计问题和自身不可控因素，致使项目实施过程中协调难度较大，这也导致有时不能按照计划工期执行等问题的出现，客观上对项目绩效产生了影响。

4.3 案例内分析

在收集案例资料的基础上，本节采用定性资料和定量数据方法，分别对4个案例材料进行初步分析，并对各案例企业的网络治理能力、界面协同以及项目绩效状况进行描述和分析，最后得出结构化数据信息，进而为跨案例对比分析提供重要参考。

4.3.1 A企业焦化项目

A企业焦化项目处于内蒙古包头钢铁（集团）有限责任公司（以下简称"包钢"）新体系焦化工程北部，是建设"大包钢"的重点项目，2012年签约的包钢新体系300万吨焦化项目新建焦炉工程项目投资规模达4.3亿，主要新建4座60孔JNX3-70-2型复热式焦炉，生产规模为年产干全焦300万吨，小时焦炭产量2×177.84吨，配套干熄焦装置规模为2×200t/h。该项目交由A公司承建的工程项目主要有：2套干熄焦装置本体，通廊土建，本体钢结构制作安装，本体工艺设备及非标设备（干熄炉、一次除尘器）安装和耐火材料砌筑、安装等工程；2#、3#、4#焦炉及其附属工程施工任务由S工程公司承建。

面对如此高投入、大工程量、利益相关者众多的总承包项目，A企业凭借其优秀的设计能力和丰富的项目经验，通过精心组织，科学管理，快速稳健地推进产能建设进程。

1.A企业网络治理能力分析

在网络交流能力方面，A企业展现了较高的能力和水平，经常采取召开座谈会、私人聚会等灵活多样的方式加强与合作企业的沟通联系，从沟通成效看，良好的交流沟通创造了企业之间和谐共融的合作环境。严格遵守合作承诺，在与合作企业交往中增强彼此互信程度，促进资源共享和交换。同时，具有较强的矛盾化解能力，合作中明确责任、落实责任，在处理矛盾问题时坚持客观公正原则，及时找到解决问题的办法。在包钢新体系300万吨焦化项目合同签订之后，A企业及时召开项目开球会，参加会议者包括所有合作企业、项目管理层、主要设计者，会议由A企业项目经理主持，与合作企业一道针对项目中可能遇到的问题、项目进展情况、时间节点等进行研究。作为设计主导型企业，A企业能够充分发挥设计方在总承包项目中的作用，开球会上所有设计人员要由设计经理单独召集，针对项目设计方案，在征求业主意见后，共同研讨项目进度计划等重点问题，做好设计论证。设计计划师经常与进度控制工程师协商沟通，在进度控制工程师整合设计计划、采购计划、施工组织计划、质量计划的基础上对设计内容进行修改完善。对于进度计划，A企业与合作企业充分沟通协商，最终确定了项目推进时间表、路线图。为及时化解工程推进中的矛盾和问题，A企业项目经理十分注重加强企业之间的联系，每两个月召开一次项目经理例会，每个月合作企业都要上交一份工作汇报表，以此掌握项目管理、质量管理、进度管理的实际情况。同时，A企业充分利用信息化建设在沟通中的作用，积极探索"互联网+项目管理"的沟通模式，基本实现了项目全过程都在信息系统中加以运行。在收集信息过程中，A企业要求合作施工企业，每周都要报送上周总结和下周计划，待整理汇总后形成总体工程进度一览表。在费用方面，施工企业每个月都要报送工程量，A企业审核后再进行付款。通过上述举措，A企业较好实现了在彼此交流沟通中相互信任、互惠互利。

在网络整合能力方面，A企业具有较强的能力和实力，能有效选择、汲取与企业自身资源相匹配的例如技术知识等外部稀缺资源，并将其纳入到企业自身资源体系范畴，以此实现企业的技术提升，体现了总承包企业的基本素质和要求。对于一些事关合作发展的现实问题，积极引导合作企业一起研讨、共同决策。在包钢新体系300万吨焦化项目中，A企业坚持"法人管项目"原则，强化对项目资源的统一调控，规范合作企业对项目的服务行为，明确各企业在项目建设中的责任及其关系，抓好网络资源组合，积极做好与合作企业的关系改善。该工程采用ERP软件进行管理，严格依据《项目管理信息系统业务分工与岗位职责管理规定》执行工程进度计划。作为设计主导型企业，A企业充分发挥了自身经验优势，突出做好设计阶段的优化整合，企业在制订项目计划过程中，按照倒排计划方式，即由施工经理先确定施工的关键路径，通过决策树明确核心事项并确定完成时间。在工期问题上，A 企业在确定了施工企业安装过程所需时间后，与供应商协调设备到货时间，然后推断出设备在什么时间采购，采购时间明确后决定什么时候提供请购规格书，这种倒排的优化方式增进了彼此衔接，压缩了工期，提高了效率。A 企业注重对知识的整合，将其作为企业所必需的重要战略资源来看待。在网络中建立了有效的企业联结，选择相互合适的潜在伙伴，对组织成员中拥有的异质性资源，通过各种渠道引领做好不同结构、不同内容的资源彼此汲取、配置和融合，以此形成新的核心资源体系。上述措施不仅推动了 A 企业自身网络优化整合能力的提高，而且帮助节点企业提升了整合新知识的技能。

在网络控制能力方面，A 企业目标引领能力很强，能够制定合作企业认同的项目目标，带动引领合作企业为实现这个目标，齐心协力，携手并进。严格做好网络企业以及项目工程的监督约束，建立科学的合作规范，对违反合同规定以及行业惯例的合作企业采取严厉的处罚措施。同时，采取绩效考核的方式实现管理上的监督约束。制定和实行激励机制，抓好企业创新，与重诺守信、价值贡献率较高的合作企业建立长期合作关系。在包钢新体系 300 万吨焦化项目实施中，A 企业以共同项目目标为指引，对项目全生命周期实现过程控制，较好地完成了成本与进度控制目标。特别是将赢得值管理系统纳入到公司 ERP 系统中并进行二次开发，根据各个阶段赢得值数据，对项目各阶段进行动态控制，做好项目最终成本与实际成本的比对验证，探索赢得值管理实践的可操作性，形成经验模式进行推广应用。其管理策划过程如图 4-2 所示。

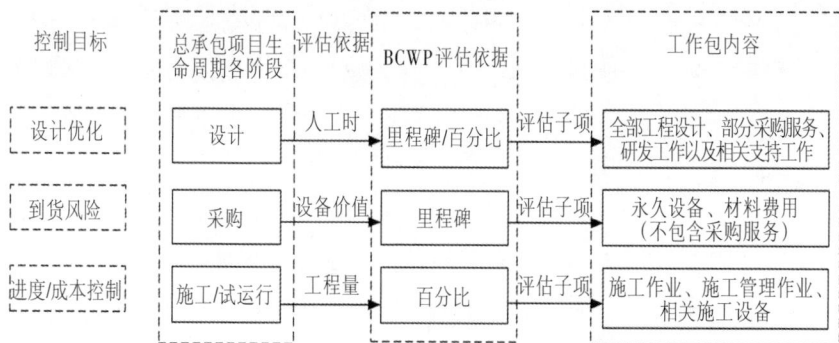

图 4-2　项目各阶段的控制目标一览表

为做好赢得值管理系统的开发，A 企业要求每周都要进行信息收集，收集内容最关注的两个重要因素是进度和费用。每周施工单位会将其负责的装置和单元做一个总结和计划，A 企业将报表与施工现场实际情况进行核查，这样就能清晰各单元进度的百分比。费用工程师每个月将已完成工程量与施工单位结算，整体上赢得值分析体现的是按月分析，当然进度信息每周进行收集。对于收集结果，A 企业会根据实际赢得值分析情况作出建议性调整报告给项目经理，但因为现场情况比较复杂，项目经理一般会依据这个报告作为重要参考，再次到现场查找原因、处理问题，突出体现了过程效果的检查作用。项目全生命周期的赢得值情况如下：

第一阶段：2012 年 3 月—2013 年 3 月，ACWS>ACWP>BCWP，该阶段工作完成了设计阶段的全部任务，同时开展了采购与施工阶段的前期工作，总体进度与计划进度大体相符，同时成本处于节约状态，根据各个阶段赢得值数据反馈信息，项目经理与各职能经理经过沟通，顺利开展了总包工作的前期工作。

第二阶段：2013 年 4 月—2013 年 8 月，BCWP>ACWS>ACWP，该阶段采购的设备材料大量进场，施工与安装工作繁重，是整个项目过程中任务最密集的阶段，根据各个阶段赢得值数据反馈信息，项目经理对现场进行控制，度过了工程任务最繁忙的阶段，同时，也为工程顺利投产及成本节约打下了良好基础。

第三阶段：2013 年 9 月—2015 年 6 月，ACWS>ACWP>BCWP，该阶段由于业主推迟投产计划，造成现场进度滞后，根据各阶段赢得值数据反馈信息，项目经理及时协调安排人力物力，把窝工损失控制在最低范围之内，保证工程成本始终处于节约状态，同时，完成工程所有施工任务，等待业主下达投产指令。

第四阶段：2015 年 7 月—2015 年 12 月，ACWS=ACWP>BCWP，业主明确最后项目于 2015 年 9 月投产。工程全生命周期中的设计、采购、施工、试运行工作全部完成，通过赢得值数据的过程观测及反馈，项目经理在原有工期推迟情况下，依然高质量高效率地完成该工程。

从包钢新体系 300 万吨焦化项目管理情况看，其项目管理重点是：

一方面如何从项目全生命周期的角度切入，为使该项目达到工程总体进度、费用目标打下坚实基础；另一方面如何完成项目进度、费用的动态控制，实现赢得值管理技术对项目进度与费用的精细化管理。要实现这一目标，项目管理面临的局面可谓管理跨度大、数据种类多、数据信息量大。为此，A企业充分发挥在工程总承包中设计的引领作用，突出做好设计与采购衔接、设计与施工衔接、设计与试运行衔接。同时，项目进度控制工程师对照项目进度计划，通过连续测量绩效、分析偏差、纠正措施或调整计划，利用赢得值管理技术，较好实现了项目进度的控制过程。

在网络学习能力方面，A企业立足于建设学习型组织，突出抓好关键岗位的员工培训，每周都选派专业人员进行交叉讲座，讲座坚持问题导向、效果导向，通过讲座为解决工程建设中的难点问题提供路径。学习坚持理论与实践相结合，A企业以《工程总承包项目赢得值管理技术创新项目》为研究课题立项，号召合作企业共同成立课题攻关小组。完善现有项目管理体系，对赢得值管理方法不断健全完善，不仅对项目的竣工成本（EBC）进行预测，随时监控成本是否超支，同时，还为企业管理者提供决策依据与数据积累，进而完善企业已有项目管理体系。坚持边干边学原则，由设计人员聘请施工单位有经验的专家全面做好交流和讲解，做好经验介绍与积累。值得一提的是，企业在20世纪80年代的鲁布革工程厂房建设中，积极学习借鉴日本大成公司先进理念，通过施工组织设计优化等多种方案的实施，初步创建形成了我国最早的"项目法施工"，为中国施工企业全面推行"项目法施工"奠定了基础。在组织学习中，A企业注重推广科研成果，其中包钢新体系干熄焦赢得值技术创新不仅直接应用于工程建设，而且为项目管理模式创新提供了借鉴。在总包项目管理过程中，A企业及时总结经验，先后在国家级刊物上发表多篇论文，为企业项目管理模式的丰富完善提供了有益思路，也为总承包项目管理的知识沉淀提供了可操作模式。

2.A企业项目界面协同分析

从包钢新体系干熄焦项目看，A企业的在项目建设中，能够克服由于主体差异性和信息不对称等因素引起的界面障碍，推动管理逐渐由纵向向横向转移，适应了企业变革发展需要，起到了很好的协同效应。A企业在管理中提出：总承包项目涉及的每一个具体管理事项都要围绕实现"防危控险提质增效"的中心加以推进；通过"边界点"明确企业的每个事项都要体现在管理活动过程中，网络中核心企业与各节点企业的职责边界要清晰，而且总部和项目部的职责边界也要清晰；运用"管控点"明确职责边界划分要符合总部行使集中管控和支持保障职能的原则，即总部进行定规则、定标准等顶层设计并组织监督落实，项目部执行顶层设计并将项目特点融入顶层设计。上述管理方针涵盖了界面协同的基本要素，提高了企业管理的专业化水平。

在目标协同方面，A企业在网络治理中，无论是目标制定还是目标管理，都融合了系统目标与协同目标、总体目标与阶段目标之间的调整与完善。在与施工方的沟通协调中，A企业在计划阶段就制订了总体施工计划，该计划时间节点以月为单位，即每个月都要明晰施工企业的工作任务，同时，要求施工企业根据自身工作内容和工作方式再进行细化，至少细化到每周应该完成的工作任务。施工企业每周都要向A企业上报施工的周计划以及周总结，包括工料机等设备方面的需求情况。以此类推，A企业每周（至少每月）都能实现与节点企业子系统目标的协同推进。对于项目推进中出现的目标不一致问题，A企业会在每周的工程例会上，根据业主的意见与施工企业共同做好任务整改，尽管施工企业可能有额外工作量，但在目标协同上A企业会对其进行综合协调。

在组织协同方面，为加强项目组织间的协调性，增进组织之间沟通的实效性，A企业既注重发挥"制度"功能，又突出彰显"人"的价值，坚持"两手抓、两手都要硬"。一般情况下，A企业依靠制度管理，先后制定工程例会制度、设计变更制度、业主变更制度、结算制度等多项规章制度，这些常规性制度主要依靠现场项目的各管理人员加以落实。一旦遇到问题，"人"的经验优势便得到充分发挥。比如，当施工中遇到现场设备与图纸有差别时，施工经理会第一时间与设计经理协调，如果施工经理对这类问题比较有经验，则会先与业主进行协调，做好业主的安抚工作，然后再利用几个工作日与公司设计人员进行研究，最终拿出解决办法。可见，在施工过程中出现问题时经验优势显得尤为重要，正是由于 A 企业的有效组织协同，才更好实现了该项目的设计、采购、施工等各阶段的有效衔接。

在过程协同方面，由于设计和采购、施工交叉特别多，一般能做到边设计边施工的只有在设计院才可以实现，而 A 企业则具备这样的条件和能力。A 企业在设计过程中，对长周期采购的设备，在关键路径上需提前制定规格书，然后进行请购和施工。有些设备，必须采购完才能做设计，这是互相制约的条件。所以，在制订项目计划时要把设计、采购、施工三个接口理顺好。并在此基础上，根据接口确定的不同时间，比如，设计部给采购部请购规格书，采购部询价之后请购完，把设备资料发给设计部，可能还需要第二次沟通反馈。项目部作为组织者，在明确项目部需要完成的工作后，负责按照企业任务要求，依据企业图纸采购和组建后最终交给业主。在工程进度把控上，A 企业在施工现场设有业主指挥部，指挥部会统一协调所有总包方和施工单位，要求合作企业及时上报施工进度计划，A 企业在施工现场只负责现场工程进度（形象进度）。指挥部检查的进度通过重要里程碑节点对应检查，并在大型工程例会上根据形象进度对比检查、严格掌控。

在信息协同方面，A 企业利用基于互联网搭建的快捷方式和实时沟通平台，帮助企业管理实现各环节的协调运作，经过信息协同管理，可以对信息的类型与数量进行相应改变，无形中放大了项目管理系统信息在整体网络中的"增值效应"，推动项目管理系统的整体性、有序性得到显著提升。为加强信息协同共享，A 企业采用工程项目结构分解法，该方法作为项目报告系统的协调手段，较好地发挥了总包商与业主、总包商与分包商以及项目阶段之间的项目信息传递功能，A 企业在运用中将整个项目系统分解成可控制的活动，既满足了项目计划和控制需求，又加强了合作企业的信息沟通。为有效识别项目建设中各工程数据，推动实现信息通畅、数据共享，A 企业以 AIM-SD 作为信息集成平台，通过平台设置的多接口数据载入元数据并形成统一的大数据传递，保证了网络组织中各节点企业在运行中都能将正确信息在正确时间以正确方式传递给正确的人，从根本上解决了信息孤岛问题，达到了信息的动态管理和全面共享目的。同时，AIM-SD 平台还实现了对项目实施情况的同步跟踪，对跟踪中发现的问题及时予以纠偏，有效提升了项目的精细化管理水平，为整个项目建设压缩了工期、降低了成本、提高了绩效。当然，从不足之处来看，该平台在运行中有时没有充分考虑总承包企业信息收集的特点，在同信息服务中心机构进行无缝对接以及信息管理系统及时同步更新方面还需进一步加强。

3.A企业项目绩效分析

多年来，A企业认真执行国家法律、法规、标准及规范，坚持科学的态度，所监理的工程项目质量、进度、投资及安全等都得到了很好的控制，取得了良好的经济效果，已竣工的工程项目大部分被评为优质工程，得到了建设单位、当地建设行政主管部门、质量监督部门的一致好评。

从包钢新体系干熄焦项目看，该项目作为A企业设计并总包的最大干熄焦装置，是在焦化环保领域树立的一座永久丰碑，保持着企业乃至集团的多项纪录，工程各项建设目标均得以实现，同时，全面贯彻了项目管理精细化的管理思路。工程整个运行周期内无重大安全事故，顺利通过了集团的安全检查，合同履约情况良好，履约率为100%。在经济效益与工程造价的控制上，包钢新体系干熄焦项目是进度/费用综合控制比较成功的案例，该项目应用赢得值相关理论对项目全生命周期进行动态控制，根据各个阶段赢得值数据的反馈信息，项目经理会及时与设计经理、采购经理、施工经理做好协调工作，不仅完成了工程进度与质量目标，同时还节约了工程成本，项目工程造价最终节约3 192万元。在项目管理模式的创新上，包钢新体系干熄焦项目体现了持续改进的管理思想，及时纠偏与动态控制是赢得值管理技术的关键，这一点在项目全生命周期均得到体现。该项目在公司内部的ERP中对原有的进度计划与费用计划进行具有针对性的二次开发，使之既能完成赢得值管理的操作要求，同时，又与公司的ERP高度集成，完全融入公司的各项管理活动，并能够对进度、费用进行动态控制。

综上所述，A企业在项目建设中表现出高水平的网络交流能力、网络整合能力以及网络学习能力，尽管网络控制能力相对其他三方面能力优势不是十分明显，但也在项目实施中发挥着重要作用。A企业正是凭借自身较强的网络治理能力充分协调了各利益相关方的关系，有效控制了项目执行中的风险，克服了由于主体差异性和信息不对称等因素引起的界面障碍，推动了界面协同，发挥了高水平的协同效应。所以，在A企业突出的网络治理能力和各利益相关者的共同协同作用下，A企业以提前两个月工期的良好绩效表现圆满完成了项目目标。

4.3.2　B企业油田开发项目

位于伊拉克米桑省的哈法亚油田，是伊拉克第六大油田，因地下情况复杂、开采难度大，一直未能有效开发。2009年12月，B企业携手道达尔和马来西亚石油公司，以微弱优势中标该总承包项目，拿下该油田开发生产服务合同，成为B企业海外首个最大作业规模项目。作为国际合作的特大型油田开发项目，哈法亚油田产能规模大，建设工期短，国际化程度高，建设安全环境差，原油外输指标苛刻，相当于国内同类油田要求的4倍，这是一个充满未知的艰巨挑战，一切要从零起步。

为了确保这一复杂项目得以顺利实施，B企业从设计采购、施工准备到过程控制等方面，认真做好功课，进行了精心准备。但由于缺少相关经验，带领来自不同国家的利益相关者建设如此高难度的项目，对B企业来说有较大压力。

1.B企业网络治理能力分析

在网络交流能力方面，B企业能够遵守企业间的合作承诺，本着互惠互利的原则构建信任机制，在与合作企业交往过程中增强彼此互信程度，促进资源共享和交换。以哈法亚油田项目（以下简称"哈项目"）为例，为确保该项目顺利实施，B企业将做好与合作方的沟通联络摆在重要位置。在哈项目合同签订后，第一时间召开启动会，参加会议主要有参与方——伊拉克政府代表、集团总部代表、业主代表、工程师代表以及B企业相关项目经理。启动会上，与会各方共同分享了国外案例经验，对哈项目总体情况和实施方案进行了介绍。同时，对项目运行可能遇到的困难及风险作了前瞻性讨论。由于该项目是跨国合作项目，考虑到项目涉及的参与方较多，为确保在设计方、总包方、监理方之间能够实现文档的顺利流转，启动会搭建了项目方和监理方的沟通平台，这为项目的良好开局奠定了基础。在项目启动会后，B 企业项目部内部又召开了部门项目启动会议，这次会议的参与人中，除施工方、采购方和试运方没有参加外，设计方、监理方以及负责项目人员全部参加会议。会上，项目经理对哈项目的基本情况作了介绍，对各方的工作职责进行了划分，有关哈项目的建设方案在团队成员之间基本形成共识。进入项目实施阶段后，联合办公的模式被项目部采用。设计部、设计管理部、采购部、施工部在同一地点进行集体办公，集体办公方式的采用有利于随时沟通项目施工中出现的问题。总体上看，B 企业注重企业与企业、部门与部门间的交流沟通，形成了良好的沟通协调机制，但相对而言，B 企业在日常管理中比较呆板，很少安排非正式活动，比如利用聚会的方式促进感情交流或对一些问题进行商讨解决，由于这方面的灵活性不足导致项目建设问题有时不能得到及时解决。

在网络整合能力方面，作为总承包企业，B 企业能够实现一些基本的资源整合，也注重汲取不同模块的优势资源，在项目设计上充分考虑合作企业之间的协调合作，注重项目设计中企业关系的改善，这在哈项目建设中得以体现。在哈项目中标通知书下达后，B 企业就立即着手提供项目基准计划。在该项目计划制订中，企业首先对整体项目工程量进行充分论证。在此基础上，分别对项目的设计、采购、施工、试运四大流程进行专业化设计，并最终提交给项目计划工程师。从石油行业性质看，B 企业涉及的专业与其他领域比较来看更为宽泛（共涉及 18 个专业），这也导致了计划工程师在短时间内并不能对项目所有专业、专业之间的接口都能熟练掌握。所以，在初始阶段，将各流程计划在各专业工程师研究制订的基础上提交至计划工程师进行整合。其次，在此阶段计划工程师扮演着主导者的角色，通过遵照招标文件上业主提出的特定要求，秉承与项目整体资源实际相结合的原则，借鉴过去经验数据资料，共同商讨并最终制订项目整合计划。他们运用以往项目编排整合经验及系统知识，本着"正排工序、倒排计划"的原则，对项目推进工序等进行统筹编排，并与合作企业以及业主达成共识。再次，为加强项目实施过程中的协作程度，B 企业还制定了合作企业具体协作流程、协作原则，实施分权性质的扁平化管理，这不仅增加了信息间的相互交流，而且减少了内部管理层级，推动形成了管理的高度弹性和适应性，调动了员工的主动性、积极性，促进了网络组织中节点企业资源的转化。最后，根据合作企业的各自特点，B企业有针对性地对合作企业进行了调整，优化了企业间的组合，促进了彼此间的密切合作。但经深入分析可以发现，在网络资源整合过程中，B企业有时仅限于零散的个体资源间的转化，还没有形成系统化、组织化，这也导致了一些优势资源不能成为良好的组织资源，有时决策过程没有充分考虑合作企业的意愿，合作氛围有所淡化。

在网络控制能力方面，B企业能够充分发挥总承包企业的引领作用，制定了合作企业认同的项目目标，在目标制定过程中，尽可能考虑合作企业实际，努力做到同频共振。同时，B企业制定了企业的合作流程及规范，确保项目建设始终在既定轨道合理运行。在哈项目的设计中，一方面，B企业注重目标引领作用，认真做好项目流程的统筹设计。比如，围绕项目整合计划开展了为期一周的研讨，在广泛征求各利益相关方意见的基础上，最终制订了彼此认可的包括项目推进工序、进度、工作权重赋值等内容在内的项目计划。该计划对项目执行情况说明得十分详细，甚至具体设备购买的申请文件、招标书流程、商务标评价、图纸审批、设备生产等时间节点都作了明确规定。特别是将国际项目中清关运输的风险因素考虑其中，设计还分别从集装箱船和散货船两种情形来考量设备的运输，在预计时间27天的基础上，设备项目组将预定时间宽限为35~40天，这为项目衔接预留了充足时间。在整个项目设计中，充分考虑了采购、施工和试运的接口问题，B企业突出的引领能力，确保了项目计划制订和执行上的高效。另一方面，在项目实施中，B企业能够按照设计时间节点严格把控、全面推进。施工前期，施工单位每周都要召开例会，对提交的施工计划和进度报告进行讨论。在施工后期，对施工情况从原来的每周上报调整为每日上报，这种日报告制度能够及时跟踪施工进度情况，有利于对项目整体进度把控。这一过程中，项目计划工程师发挥着重要的监控作用，每天都要依据项目计划深入现场进行督查，形成一目了然的对比登记表。对督查中发现的问题，项目计划工程师及时将情况上报项目经理进行处理。在试运阶段，

B企业把实施风险计划摆在首位，项目监理每天都在项目现场对各环节与风险计划进行对比，严查相关人员是否在岗，全程监控项目试运状态。同时，由于项目前期就制定了科学规范的运行机制，在项目实施过程中做到项目信息传递及时准确，确保了项目的正常运转。但客观地讲，尽管B企业制定了合作规范对项目建设加以约束，但是在管理中过多考虑灵活性而没有坚持原则性，致使监督约束不够严格；另外，对绩效考核运用不够充分，对企业创新缺乏必要的激励措施，造成了合作企业的创新动能有所减弱。

在网络学习能力方面，B企业立足于建设学习型企业，以培养专家型员工为准则，积极打造特色企业文化。在网络治理和企业日常管理中，不断强化组织学习，提升企业能力，与合作企业建立了共同遵守的学习规范，推动学习实现常态化、长效化，增强了企业员工的凝聚力和各级领导班子的执行力。在哈项目建设过程中，由于考虑到该项目是跨国项目，在项目每个建设环节都可能存在潜在风险，所以，在项目每个流程启动前，B企业都要组织员工集中进行学习培训，对潜在风险进行识别、分析和研判，并在此基础上制订应急预案。尤其是在试运行阶段，B企业组织召开试运团队培训会议，教育引导员工进一步强化风险防控意识，积极服从质量安全保障部的领导与安排，借鉴以往经验，认真做好安全分析，进行最后试检，制定用于项目运行过程中监控和检查的风险分析与应对表。同时，企业还建立了风险责任落实体系，将各项安全评价指标层层分解、环环落实，做到一旦出现事故能够立即找到责任人、追究责任人，从而强化了责任追究机制的震慑力和执行力。B企业是一个很有活力很有创新精神的企业，注重知识技术方面的创新，也恰恰是技术的提升帮助企业解决了很多发展中的实际问题，保证了项目的稳步推进和生产运作，确保项目提前完成，得到了业主和监理单位的充分肯定。

2.B企业项目界面协同分析

由于哈项目是B企业承建的第一个海外最大作业规模项目，B企业高度重视，为确保项目顺利实施，B企业注重做好与合作企业之间的联系沟通，加强彼此之间的协同合作，及时化解矛盾和冲突，尽力把问题化解在萌芽状态,推动合作网络企业实现共同发展。

在目标协同方面,为确保合作企业按照既定项目目标管理方案进行项目建设,更好地推动项目目标协调一致发展,以阶段目标实施实现项目总体目标,B企业着眼于目标协同,从项目的整体效益出发,立足于时间、费用以及质量三者之间的关系,充分发挥自身的资源优势和管理优势,较好满足了合作企业合理诉求,在一定程度上实现了合作企业间的任务衔接,协调解决了项目建设中三大目标的界面协同问题,从而减少了项目实施过程中的矛盾纠纷。尤其是组建了联合协调委员会,通过日常性工作的开展帮助合作企业和利益相关方把矛盾化解在萌芽状态,推动企业实现各环节的协调运作。

在组织协同方面,由于B企业有着长期的总承包项目建设经验,所以项目经理会经常向经验丰富的专家征询意见建议,经过充分论证后对项目各流程进行全方位沟通协调,确保项目计划的精准和项目实施的顺畅。为确保组织协调顺利进行,B企业建立了很好的协调协同机制,通过打造共享服务平台,增进了相互之间的了解和沟通,凝聚了组织合力。从联合协调委员会的组织情况看,该委员会能够充分发挥自身职责作用,突出做好各节点企业之间的协调调度,取得了良好成效,只是在工作方式方法上还有待进一步增强。同时,B企业在组织中注重做好网络企业的协同分工,减少管理层级,推动了资源的有效整合。

从过程协同来看,B企业注重解决进度计划执行中存在的各流程间的矛盾冲突,特别是突出抓好工期方面的协调工作。在哈项目推进过程中,项目经理充分发挥自身协调优势,明确要求项目各个流程都要制定明确的时间表、路线图,作为推进项目实施的依据。项目推进的过程就是计划和流程执行的过程,B企业按照项目设计方案,严格做好过程管理。以设计阶段为例,设计经理每周都要认真做好周报告,这个报告包含着一周内企业的详细工作情况,比如,设计图纸的出图数量以及图纸冻结数量等,待周报告形成后及时上报给项目经理、管理团队以及计划工程师。而在采购阶段,B企业则要求每天都要提交采购报表,及时报告项目中涉及的采购情况;同时,还要形成对采购厂家的监造日报,这份工作主要由驻场设备企业员工进行信息收集和监督,并将监造情况每天提交、汇报给项目经理。综合来看，尽管 B 企业积极做好项目的前期策划、规划、设计、实施和维护，但在阶段衔接上有时协同效果并非十分理想，这也影响了项目全过程的协同进程。

从信息协同来看，B 企业十分注重和善于做好信息协同，能够本着公开透明的原则，认真做好合作企业之间信息的传递与传输，基本实现了以信息共享推动项目流程的衔接。比如，在哈项目的启动会上，B 企业在搭建项目方和监理方的文档控制经理对接平台后，首先就明确了设计图纸及文件编号、文档传输的有关要求，双方文控经理按照要求，对签约合同的有关规定进一步细化，以至于精细到每周的汇报内容，每周合作双方对文件数量以及文档延误报表等进行统计。这些工作对于合作企业需要自己提供什么样的信息以辅助决策，以及自己需要其他合作企业提供什么样的信息进行决策具有重要的参考作用。

3. B 企业项目绩效分析

着眼于进入国际工程承包商全球 100 强的奋斗目标，B 企业在发展中不断创新管理模式，强化能力提升，在中国石油管理方面日益彰显出自身具有的独特优势。经过多年努力和追求，B 企业现已具备先进的检维修技术和经验，多项项目成果得到国内外客户的认可。从 B 企业总承包项目分析来看，企业坚持可持续发展理念，既注重当前利益，更关注企业长远发展，围绕企业战略把握企业发展趋势，在所承包项目推进中严格掌控各阶段流程，对进度计划的控制具有一定的科学性、合理性，对分包工程进度也能进行严格的审查和跟踪，所以，总体上承包项目都能按进度计划完成。在项目建设中 B 企业力求降低项目建设成本，尤其是在采购环节追求低价、压缩成本，但有时由于过于考虑成本的节省，导致合作企业对施工材料把关不够严格，个别项目存在材料环保不过关的问题。尽管如此，B 企业却充分发挥沟通协调作用，让合作企业充分了解合作动机、业务能力和工作作风，以此赢得合作企业的信任，进而及时消除误会、化解矛盾、形成共识，全面展示了对合作企业的诚意。在进行合作成果分配时，B 企业及其合作企业能够按照既定原则合理分配，最大限度地避免矛盾冲突或损害相互间利益。总体上讲，业主方对项目最终成果表示满意，也由此博得了良好的市场声誉。

综上所述，B企业在项目建设中其网络交流能力、网络学习能力发挥了较高水平，促进了项目实施中利益相关方的沟通与衔接，在一定程度上化解了合作企业之间的矛盾和问题。但是，相对而言，B企业的网络整合能力、网络控制能力则表现得不尽如人意，一些优势资源并未转化为良好的组织资源，合作氛围不够浓厚。同时，由于缺乏必要的监督约束机制以及有效的激励机制，导致合作企业的创新动能不大。因此，这些不利因素对项目推进中的界面协同带来不小的影响，未能实现项目流程的全过程全方位的有效衔接，进而影响了项目绩效水平。

4.3.3　C企业水泥生产线项目

C企业水泥生产线项目位于印度尼西亚 Banten 省 Bayah 镇，是 C 企业 2013 年 1 月与印度尼西亚 PT Cemindo Gemilang 公司共同签订的合作项目，项目总金额为 3.5 亿美元，承载着 10 000t/d 的熟料水泥生产线。该项目是 C 企业签订的最大的一条完整的海外 EPC 项目，合同范围包括石灰石/黏土联合破碎及长胶带输送、厂区 1 条 10 000t/d 熟料水泥完整生产线、成品至项目配套码头输送部分的设计与供货，以及项目配套码头的装卸设备供货等。

项目签订后，C企业秉承"追求卓越，精益求精"的理念，克服了地质条件差、施工战线长、雨季水涝重、电力供应不足以及物流运输困难等不利因素，攻坚克难、精益求精，优质高效完成了项目建设，充分体现了优秀的管理水平。

1.C企业网络治理能力分析

在网络交流能力方面，C企业在总承包项目建设中展现了较好的沟通交流能力，沟通方式方法比较灵活，既推动了网络中节点企业的业务交流，也增强了企业间的相互信任，形成和促进了企业适应环境的竞争力。C企业建立了信息共享平台，以该平台为支撑注重企业内外部的沟通与交流，确保企业信息实现共用共享。尤其是注重与企业外部相关利益者之间的联系，在分类整理相关信息的基础上及时将有价值的信息在网络中传递共享。C企业十分注重产品质量和对业主的忠诚度，将其作为交流沟通的一项重要内容，通过双向沟通，适时了解他们的意见建议，并能结合实际予以改进，在互动中严把质量关，严控产品指标，确保产品质量符合业主心理，进而以过硬的精品工程提高了客户的认可度满意度。同时，C企业"一切以客户为中心"的理念还体现在信任建设上，始终将提升信任构建能力摆在突出位置，严格履行合作承诺，恪守协议约定，凡是与客户签订的各项协议都能做到有效履约、遵守信用，而且，对合作企业也能维护彼此利益、坦诚相待，对企业员工始终倡导公平公开、有诺必践。对于项目实施中出现的问题，C企业采取灵活办法及时高效解决，问题处理得到企业普遍认同。

在网络整合能力方面，C企业着眼于激活企业内外部资源，扎实推进项目建设，在项目建设中不断加强资源整合，优化生产要素合理配置。对于不同项目，能够将自身资源进行合理化分配，使自身资源效能实现最大化。C企业建立和完善了责任工程师制度，它是在运用总承包管理模式过程中，探索总结出的旨在强调项目建设时现场工程师发挥综合管理作用的一项科学治理经验。现场工程师在整个项目建设中，担负着项目的某一部分工程的组织、协调和管理责任，涵盖了从项目的设计、技术、质量、安全成本、生产经营等环节的全过程，这项制度较好实现了项目生产要素集中采购和资源整合的有效配置。为加强项目实施过程中企业间的相互协作，C企业制定了实用性较强的协作流程，善于寻找最佳协作方式，充分发挥合作企业潜在才华和技能，促进合作氛围。C企业坚持与各利益相关者在分工协作中共担责任、共享利益、共同发展，鼓励各合作企业高效协作，针对业务板块出现的相关问题，能够运用灵活多变的手段合理作出必要调整，优化彼此间优质资源的组合，推动了各主营业务快速融合发展。

在网络控制能力方面，C企业在项目实施中，能够确定清晰的工作目标，在项目具体实施中合理规划实施路径，带动合作企业共同为既定目标的实现而努力。企业着眼于做行业发展的领先者，树立"要做就做最好"的信念，主动对标国际领先企业，不断构思和创建出具有国际领先水平的高质量建设项目，正是在这种精神的引领下，各合作企业围绕共同发展目标，在项目建设中采取倒排工期、过程控制的方式，在实践中建立了方向一致、总体受控、规范标准的管理体系，探索出一条从优秀走向卓越的企业发展之路。长期以来，C企业始终遵守合同规定和行业惯例，对于一些合作中的违规行为毫不手软，能够按照相关规定进行相应处罚，较好维护了制度的监督约束力。比如，C企业坚持总分包绿色施工管理理念，在项目施工过程中，作为总承包企业对专业分包的绿色施工企业进行严格监管，尤其是在分包企业施工前，C企业都要与业主共同制定《总包管理办法》，对分包施工项目作出细化分解，并要求各分包企业严格按照既定目标加以执行，对不能完成或完成不好的企业采取差异性计价结算模式，以此体现制度的约束性。在项目执行中，C企业以建立"绩效文化"为抓手，利用激励机制充分调动合作企业的主动性、积极性，对重视承诺突出的企业将其作为合作榜样进行积极宣传，营造良好美誉度。C企业聘请国际知名咨询公司，建立"全员参与、分层实施、目标管理、及时兑现"的员工绩效管理模式，不遗余力地增加绩效的激励作用，企业依托KPI指标为主线的绩效考核体系，依据平衡计分卡原理，确定了各年度KPI并逐项进行分解，并在此基础上制定了企业高管人员及核心员工股权激励方案等激励考核办法，以此强化激励作用，推动企业与员工共同发展。

在网络学习能力方面，C企业在项目实施中能够发挥自身的指导和带动作用，为合作企业提供必要的技术支持。企业依托自身品牌和资质优势，成立专职培训机构，严格选拔一批业务精、能力强、经验多的专家建立师资库。每年都以各业务系统为单位，做好管理、技能、素养等方面调查，在征集合作企业及广大员工需求的基础上，充分考虑绩效测量与改进、员工能力和职业生涯的设计，系统研究制订培训计划，积极开展教育培训工作。C企业把做好管理人才培训摆上重要位置，突出做好一线专业技术人员的学习培训，对一些具有普遍性的技术难题，企业专门成立施工技术培训班，采用"师带徒"的学习方式，集中讲座、重点攻关。学习的过程也是培养人才、储备人才的过程。然而，C企业在学习能力的提升上还没有立足于企业战略发展的需要而加大培训力度，还未建立起高中层后备干部培养、选拔和使用机制，还没有"变相马为赛马"，大胆使用一批业绩突出、能力较强的年轻干部，这也影响了C企业项目建设的国际化水平的提高。

2.C企业项目界面协同分析

实现良好的项目绩效是各企业协同作用的结果，C企业对此有着清醒的认识。在项目建设过程中，为克服项目界面复杂带来的负面影响，尽可能减少界面数量，C企业十分重视并有效地进行了界面的管理问题，通过一系列的界面协同和管理，有效克服了设计、采购和施工相互制约的矛盾，优化了项目建设方案，实现了项目的控制目标和潜在价值。

在目标协同方面，C企业清晰地明了项目的总目标和阶段目标，对自身责任以及各方关系十分明确，基本实现了资源项目按需求有效分配与整合，通过协调各子系统的经营行为，较好实现了系统总目标，保障了企业价值最大化。难能可贵的是，C企业以客户导向、目标导向、创新导向"三个导向"为指引，始终牢记"我们是谁""我们为什么工作""我们的愿景是什么""我们怎么做才是对的"，在总承包项目的目标协同上没有局限于对项目的局部优化，而是强调项目的长远目标，即从项目全寿命周期角度出发，对项目建设和运行期间的要求和潜在问题进行预判和评估，充分考虑了系统目标、子目标和可执行目标"三个层次"，实现了全生命周期的成本、质量和功能的最优化。对于合作企业的选择，C企业一般按照合作企业对实现项目目标的贡献程度进行评价，避免了一些企业以不平衡报价等不正当方式获取利益，这样也规避了由此引发的对立风险。所以，C企业与合作企业签订合同的原则是，基本遵循项目总体目标而不是仅仅追求阶段目标的实现。

在组织协同方面，C企业坚持融合原则成立联合协调委员会，该委员会本着对业主负责的态度，立足于项目全局视角，架起了各参与方之间交流沟通的桥梁，做好合作企业的日常协调，对项目调度过程中可能出现的冲突及时加以解决，以维护网络中节点企业的相互信任、相互承诺、相互理解的合作关系。基于C企业打造绿色施工管理体系，在组织管理中，企业从规划层面就制定了系统完备的管理制度和目标，并将该目标有关内容细化分解到各组织结构中去，使各合作企业都能各负其责、各司其职。同时，C企业形成了良好的激励约束机制，尤其是能够将绩效考核指标融入"过程"指标和"战略"指标之中，以"过程"指标和"战略"指标取代结果指标,全面调动了企业员工的积极性。

在过程协同方面,C企业充分发挥总承包企业的主导作用,调动一切优势资源对合作企业内外部流程进行整合,而且,对运行结果及时总结反馈,避免了与项目管理目标出现较大偏差。比如,在工程设计阶段,C企业在项目前期合同策划阶段就考虑到界面带来的影响,在设计过程中预见性地分析了施工方案和施工技术的相关问题,与分包商——建造企业深入探讨项目界面的成因及其界面关系,共同研究适合项目建造的材料和方法,综合考虑项目预算和所需工期。在项目建设中,以协同论为方法工具,通过计划、组织、协调、控制、反馈等协同管理活动推动任务衔接,在满足自身利益诉求的基础上,实现工程项目全过程协同管理。在绿色施工管理过程中,采取分级管理方式,突出对施工企业的过程检查和定期考核,制定出台了企业《绿色施工管理细则》,每季度都要对细则落实情况进行考核,在项目完成阶段汇总绿色施工示范工程最终验收评定。项目经理部作为绿色施工具体实施责任人,不仅对实施目标进行设定和分解,而且还要做好各阶段各要素的控制、管理、检查和整改,每月都要进行一次自评以及业主监理参与的绿色施工考核评定工作,推动绿色施工在项目过程中予以落实。同时,对施工企业质量与安全管理过程进行严格控制,对技术注重创新,对质量成本进行降低,对现场安全体系达标认证进行全面推广,力求做到"一次成优"。

在信息协同方面,C企业利用计算机技术、网络技术、通信技术等现代化技术手段建立了工程项目现代化信息平台,使工程项目各参与方之间得到实时交流沟通,时域和地域差异的限制得到解决。同时,通过该平台及时了解工程实施情况,有效化解了实施过程中的矛盾冲突。为加大信息共享力度,开发人员根据实际情况,充分发挥信息的"集成效应",将各合作企业原有软件进行统一设计,本着"一体化""高效化"原则,进行规范性的修改完善,切实打造C企业网络信息系统共享平台,实现了对数据资料全方位无死角的网络化传送。共享平台的构建使合作企业共享信息品质更高、信息交流更加及时、传递内容更加准确可靠,进而提高了供应链的柔性,增强了合作企业的信任度。同时,信息技术与先进治理理念的融合优化了企业的治理方式、生产方式和经营方式，促进了经营效率的提高。

3.C企业项目绩效分析

C企业十分注重项目进度进展情况，项目建设中科学合理地对进度计划进行控制，采取倒排工期、过程控制确保项目进度按期完成，只是有时缺少对分包进度计划的严格监控，个别时候出现追赶工期的情况。C企业始终将项目质量放在第一位，制定了科学合理的项目质量保证体系，该体系有着一定的技术规格，完全能够满足功能需要，项目单位（分项）工程优良率始终处于中上等水平。从已完成项目情况看，基本都在预算内完成总承包项目工程，这与企业较强的设备材料采购议价能力分不开，加之企业的资产损失率也不高，使得项目成本控制在合理区间。当然，个别时候企业在制订成本控制计划时缺乏合理性。施工过程中，企业对客户提出的异议能及时协商回复，该解决的问题能够在第一时间解决，所以合作中的争端并不多见，工期都能够按期交工，优质的质量保证了项目交付物符合客户需求，客户对项目整体效果满意，双方均有继续合作的意愿。正是通过总承包项目的高质高效建设，使C企业的网络治理水平得到不断提升，也得到客户的充分肯定，C企业在市场上获得了较好的声誉，这为企业未来的发展带来了巨大的潜力。C企业科技优势明显，先后创建了省级技术中心、博士后科研工作站，荣获"全国建筑业科技进步与技术创新先进企业"荣誉称号。目前，企业享有357项专利，发明专利占有57项，6项荣获国家科技进步奖，省部级科技进步奖254项。

综上所述，C企业在项目建设中不仅在网络控制能力方面表现出相对较高的水平，而且在网络交流能力、网络整合能力、网络学习能力三方面更体现出明显的网络治理优势。尤其是在网络控制能力方面，C企业探索和建立了方向一致、总体受控、规范标准的管理体系，较好推动了项目目标的实现。正是由于C企业具有突出的网络治理能力和专业协作水平，使得企业在项目实施中能够及时化解设计、采购和施工等相互制约的矛盾，最大化地减少了界面数量，克服了项目界面所带来的负面影响。因此，C企业正是通过良好的网络治理能力和系列的界面协同和管理，最终实现了项目的控制目标和潜在价值，其良好项目绩效的实现正是各节点企业协同作用的结果。

4.3.4　D企业轨道交通项目

D企业承包的地铁5号线项目是L市首条采用PPP模式建设的轨道交通线路，该线路是L市"三纵三横"轨道交通线的纵线之一，为核心区东部南北向跨海骨干线，线路全部为地下线共计24.5公里，共有18座车站，车辆段1座，控制中心1座，主变电所2座。该项目于2017年3月正式开工，主要包括车站、车辆段、区间、控制中心及配套设施工程等。地铁5号线建成后，计划初期服务客流每日31万人次，终期服务客流将实现每日58万人次，项目计划总投资约188.2亿元，拟于2021年12月正式通车。

该项目设计模式新、设计领域广、技术含量高、施工难度大、协同任务重、环保压力大，加之近年来我国金融市场流动性趋紧、资金成本明显上升，信贷规模紧缩，这些都对融资产生较大影响。为此，D企业克服各种困难，建立运营管理体系，创新管理模式，确保把地铁5号线建成SPV公司管理示范线。

1.D企业网络治理能力分析

在网络交流能力方面，D企业以建立互惠互利伙伴关系为引领，无论是对于经验体会还是对于问题建议等，都利用正式工作会议或者微信、电子邮箱等网络平台作为沟通手段，在反馈机制的作用下形成有效的信息环流，此举对提升信息的针对性以及部门彼此间的情感交流具有积极意义。从沟通类别看，主要有三类：一是BT双方沟通，包括BT发起人、派驻现场代表，沟通以合同约定为标准，合同约定不明确的则以行业规则作为参考，对于一些有争议的一时不能形成共识的问题，提交到行业协会或双方高层进一步协商解决；二是针对项目建设任务的承包商、分包商、供应商等，D企业在认真做好沟通协调的基础上，按照合同规定的质量、进度、安全等标准组织协调工程实施；三是与其他诸如政府等管理部门之间的沟通，积极配合做好相关监督检查，力求减少对项目建设的人为干扰，取得信任和共识。在项目建设中，D企业能够与合作企业保持良好的沟通协调状态，做到了提前谋划、准备充分，一般性问题基本能够得到及时解决。对于一些突发性问题，比如，在施工中深挖基坑，突遇地下暗河、流沙时就会加强沟通交流，临时改变方案，共同制订现实可行的新方案，促进项目建设的进度和质量。在涉及项目竣工验收环节，对于项目建设中出现的因漏水事件导致建设返工等问题，经与相关方多次协商沟通，取得了业主的充分谅解。从沟通方式看，D企业一般采取面对面方式，有时通过调查问卷、个别访谈等要求节点企业员工汇报项目情况。同时，工程建设中每周五都召开周例会，研究每周工作进展中遇到的问题。这些方式有效促进了企业间的信息传输，实现了相互交流和多向沟通，使项目决策更具有科学性、合理性。但不可否认的是，尽管D企业在项目实施过程中进行了必要的沟通，但是这些沟通仅限于强化企业内部跨组织间的协调，而对组织间的关系缺乏战略性、前瞻性管理，还未能通过有效沟通形成强大合力共同应对竞争对手。有时对一些问题承诺相对较好，而在具体落实中缺乏换位思考意识，考虑自己多一些，大局观相对较差，甚至出现违反承诺的现象。

在网络整合能力方面，D企业作为国家创新系统中的节点企业，注重创新资源的优化与整合。企业具有一定的外部资源整合能力，能够发挥国企的资源整合优势，通过供应链协同创新等途径，集中力量攻克了一批制约项目建设中遇到的技术难题，形成了整个行业创新资源的整合与再分配，推动了整个项目产业链资源的整合利用，成为技术创新平台的整合者，保证了外部资源在系统化运行中的效用，发挥了应有的平台效应，成为资源整合的动力中心。为克服企业自身在横向协调中的不足和缺陷，促进资源整合、实现资源共享，D企业结合自身发展状况、管理模式，制定良好的协作流程，寻找较好的协作方式，推动合作企业间的相互协作，尤其是进行了一些横向协调机制的调整，实现了人力资源管理配置优化。比如，在地铁建设项目中，D企业在建造部下面特别设立了计划部，负责调度各个分包商的工作计划，其中各标段也设有设计部。对于项目实施中各个分部分项工程都要及时上报计划，在D企业审核之后再把施工期限反馈给相关企业，各相关企业能否实现该计划有一个互相征求意见的过程，最后达成统一意见。首先制订主计划，有年计划、季度计划、月计划、周计划，最后细化到每一天的计划。在执行过程中，D企业在项目推进中必要时对计划有所调整和修正，在合作中将自身资源进行合理化分配，力争使自身资源效能尽量发挥，形成较强的集团合力。在项目实施过程中，D企业采取组织措施的管理方法，运用多种方式方法，抓住时间节点，采用加班、倒班、春秋季延长工作时间等合理分配人力资源，加快关键工作的施工进度。D企业建立了运营管理体系，强化顶层设计、统一规划、权责匹配、持续优化，加快推进项目建设，其运营管理体系如图4-3所示。

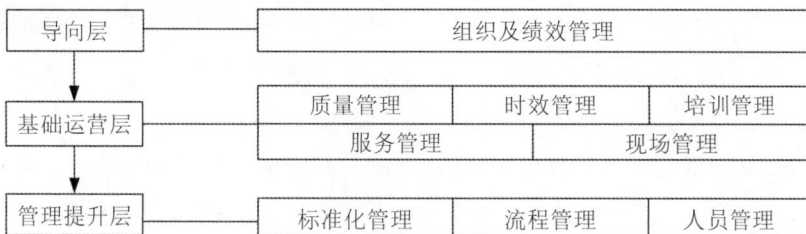

图4-3　D企业运营管理体系

运营管理体系的建立，使得D企业能够充分利用现有资源优势，通过建立合适的组织结构及完善的运行机制，形成了集合协同的团队优势，优化网络化治理，提高了项目的整体效率和质量，为全面提升网络整合能力提供了有力支撑。但经深入分析后发现，D企业虽然有着资源整合的良好意愿，在项目实施中，由于战略预判能力相对较弱，所以还不能对各方面需求作出科学预判，资源整合总体上缺乏长期性。在项目实施中虽然注重了相互协同，但往往局限于化解矛盾过程的被动协作，而对一些重大问题的决策，由于缺少有效的协作平台，导致决策缺乏科学性和整体性。由于D企业对模块重组、优化重构等问题缺乏足够的经验，没有很好地将网络中的资源进行实践性的科学优化组合，致使优势资源没能得到更为充分的发挥。

在网络控制能力方面，D企业在明确项目任务后，能够与合作企业共同研究制定合作项目目标，为项目推进明确方向。但通过地铁建设项目可以看出，作为总承包企业，D企业在目标引领作用方面发挥得还不够充分，主要表现在站位不高、全局把控能力不强，没有充分考虑到合作企业的实际情况，有时在目标实施中，由于局限于满足当前利益而并未实现整体利益最大化，合作中目标协同性不强，影响了项目的顺利推进。从项目实施控制看，D企业在确定施工组织设计方案后，便依据招标文件开始进行施工分包商的招标工作，按照招标合同管理办法与分包商签订招标合同，合同不仅明确了分包的价格、进度、质量等相关指标，而且还对审核标准、工程款支付方案等作出规定。分包商签订合同后，在合同约定开工期准时开工，在项目推进中，D企业按照合同要求对项目进行过程控制，确保项目按计划推进。这一过程中，分包商定期向D企业上报项目进度、质量和成本情况，D企业对上报情况进行严格审核，防止出现弄虚作假等问题。在进度把控上，D企业进度管理信息化程度相对不高，基本依靠日常的进度报表进行人工甄别，一般使用Excel绘制横道图、微软MS Project绘制甘特图等计算机辅助手段，并划分三级项目关节点。对重点难点项目的施工组织以及既定节点工期进行分析，在对比中掌握项目进度是否可控。在日常进度监控方面，对重点难点项目实行周报制度、月报制度，对阶段性重点监控项目实行日报制度，日常进度监控实行节点工期、形象进度、产值三控原则，既注重项目计划产值情况，又关注形象进度的完成情况。但在施工过程中，由于D企业是施工型总承包企业，该项目的设计工作聘请了X设计院设计完成，按照设计方案，地下通道的排水泵房被设计安装在地下涵洞内，D企业在施工中并没有结合实际予以更正，缺少必要的深入推敲，导致工程施工后由于遭受大雨后雨水倒灌，包括排水泵房在内的整个地下涵洞被淹。随后，D企业与业主和设计方协商后，及时修改原定方案，这导致了工程成本上升，工期也受到一定程度的影响。从事情处理结果看，尽管D企业在与合作企业合作之初就建立了合作规范，但对于执行中出现的违反合同行为，有时因考虑私情并没有作出严厉处罚，监督约束力稍显不足。在成本监控过程中，D企业坚持工程进度与责任成本预算相结合，建立了监控系统和责任成本管理定期分析报告制度。项目实施中，D企业组织相关人员召开成本分析会，每次会议都做好同实际成本的比较分析，及时剖析原因，从根本上堵住成本失控漏洞，确保责任成本目标实现。为调动合作企业施工积极性，D企业还将项目绩效考核变更为过程考核和竣工考核两部分，保证了成本管理的责、权、利对等，强化了施工分包商的成本过程控制。但从实际情况看，虽然D企业实施了上述绩效考核办法，但效果并不理想，比如，有的员工考核指标由其直属企业领导设计，一些中层领导为了能够完成考核任务，对考核指标的制定存在避重就轻问题，致使部分员工绩效考核存在形式化倾向，失去了绩效考核的指挥棒作用。

在网络学习能力方面，D企业注重做好企业员工的培训教育，编写形成了具有企业自身特色的培训教材体系，选拔形成了自己的培训师资队伍，教育培训管理流程和标准比较规范。从培训对象看，D企业组织开展的培训一般侧重于抓好新员工的入职培训，由企业人力资源部组织，通过授课的方式介绍企业的基本情况，对企业规章制度及安全生产知识进行解读；同时，以灵活多样的方式对专业技术人员进行培训，比如，通过开展劳动技能竞赛让员工找差距、补短板、增动力；另外，D企业还强化合作企业间的业务培训，比如，在地铁建设项目中，为提高施工人员的安全意识，企业组织开展了"送培训到一线"安全教育培训活动，邀请北京城建集团的安全教育专家为企业员工举办讲座，增强施工人员的安全意识，并通过事故案例分析，为施工人员敲响了正视安全生产的警钟。D企业注重对合作企业的技术学习与交流，每年都会组织员工去技术较好的企业观摩学习，并通过教育培训进一步提升技术创新能力。D企业格外重视后备人才培养，始终坚持以"项目"育人才，对选拔的后备人才实行"一帮一"导师制、岗位轮换等措施进行重点培养，为加快后备人才快速成长，企业引入了竞争选拔机制，通过制定人才使用政策破除人才流动障碍。尽管D企业与合作企业建立了共同遵守的学习规范和标准，但在组织学习中也存在一些问题，比如，企业员工对学习培训的认识不足，尤其是对合作企业而言，参加培训的员工往往都是领导安排被动参加，教条地把接受培训看作硬性任务，看作放松的机会，对培训应付了事。同时，存在重实践轻学习现象，有时培训过于侧重短期和应急，过分向工作岗位要求靠拢，往往是出安全事故了，才紧急组织安全生产方面的培训，做好安全生产检查。

2.D企业项目界面协同分析

总体上讲，D企业着眼于消除界面壁垒，通过加强项目之间、业务板块之间以及资源管理等方面协同，努力缩小与合作企业的差异性，推动协同发展战略有效实施，提高了企业的整体竞争力。

在目标协同方面，D企业能够结合企业自身发展需要，积极开展对市场、客户以及合作企业的调研，并在充分论证基础上，确定目标客户，形成企业自身科学定位，规划企业未来发展方向，明确合作发展趋势。基于此，D企业具有一定的目标认识水平，对总体目标有着清晰的认识，能够明确企业的长远目标和近期规划，并在既定目标基础上对合作企业工作目标及绩效评价标准予以明确，以此增强企业在项目合作中的动力与合力。尤其是各企业在项目启动前，层级式地签订了工作责任书，明确了时间表、路线图，明确了各自承担的责任，更大限度地促进了企业的发展。但深入分析，在实施过程中，D企业并没有很好地将阶段目标融入总目标之中，导致子系统的优势资源得不到综合利用，有时影响了总体目标的实现进程。从项目问题的原因分析，主要是D企业在编制项目计划时，由于编制人员很多都是由其他岗位转型而来，其编制依据主要靠经验、靠直觉，缺少深入研究和反复推敲，特别是在计划编制中未能充分应用项目进度计划的编制原则和网络计划工具进行合理制订，正是由于这些非专业人员的非专业编制，导致阶段性目标与总体目标存在着脱节问题。同时，一些子目标在规划设计中也没有全方位考虑项目变更中的各种影响因素，致使工程项目变更而导致工程费用超支。

在组织协同方面，D企业立足于管理视角，为便于各节点企业之间、企业各职能部门之间信息共享和业务合作，设立了初步的横向协调机制，该协调机制以联合协调委员会为支撑，通过专业化共享平台和服务平台，实现企业间的横向联系和沟通，也在一定程度上实现了规模经济和较低的交易成本，提高了对外业务的经营效率。但从联合协调委员会的工作轨迹和成效看，该委员会并未从根本上解决项目运行中产生的问题，没有通过横向协调机制实现企业组织设计的均衡状态。地铁建设项目在选择设计院方面，并非从纯技术的角度考虑选择，在招标过程当中仅以企业领导意志作出决定，从实践上看，设计院提出的个别方案并不符合实际要求，出现了较大的设计纰漏，由于一些设计交接界面过多，影响了施工进度和质量。另外，D企业对激励约束机制作用发挥不够明显，没有形成良好的协同文化氛围，激励机制没有得到根本认可，约束机制又引发反感，制度协同有待进一步完善。

在过程协同方面，D企业采取了分级动态的进度控制体系，充分调动施工单位、业主和工程公司的积极性，各利益相关方按照各自职责执行各自进度计划。具体来看，业主主要负责控制项目的一级进度进展情况，工程公司在执行一级进度的基础上控制执行二级进度，而施工企业执行三级及以下级别进度计划。从运转情况看，业主对工程公司二级进度执行情况进行监督，工程公司对施工企业三级进度负责监督，这种逐级分解层层压实的控制体系确保了整个项目在可控范围之内。在项目推进中，由于设计方面出现了问题，D企业还专门成立了若干专项协调小组，由协调小组对施工中发现的问题随时召开专题会议协调解决，各专项小组通过评估项目执行结果，对问题产生的原因进行全面分析，在考虑后续风险等因素的基础上，制定出进一步做好项目控制的保证措施，增强企业间工作合力，避免由于进度滞后对项目进度目标造成影响。通过分级动态的进度控制体系和对工程节点进度的把控协同，D企业基本抓住了项目建设的主线，使项目建设达到了控制总体目标。从另一个角度看，尽管D企业对合作企业业务流程进行了动态分级把控，但在决策、设计、施工等阶段没有做到及时跟踪监控，科学评估做得也不够到位。在推动合作企业任务衔接过程中，有时没有充分考虑影响人财物等要素影响，彼此间的衔接过于简单化、程序化，在一定程度上阻碍了合作企业的项目推进速度和质量。

在信息协同方面，D企业为克服传统固话、传真等点对点逐个传递信息的弊端，不断加强合作企业信息协同的顶层设计力度，建立了信息化软件系统。该系统由D企业与清华斯维尔软件科技有限公司合作开发，由中国铁路工程总公司负责监制，系统纵向上统领了集团公司、子（分）公司、项目经理部三个层级，横向上覆盖了业主、施工企业等各利益相关方，涉及项目计划、统计和调度工作，包含了统计数据、综合管理、安全质量、工程监控四个板块，基本满足了项目管理的信息数据需求，能够全面收集D企业在总承包项目网络治理中所需要的各类调度数据，及时跟进项目推进中的进度、质量、成本等情况。尤其是建立了

DM7数据库管理模式，数据库凭借深度兼容ORACLE技术，以内外部系统的无缝对接打造了财务共享平台，并注重做好财务管理的过程管控。上述系统和模式的建立，使D企业在与其他企业合作中，相互间的业务信息更加公开透明，并能够得到及时准确的传递，这不仅提高了信息传输效率，而且更加强化了企业间的信息共享，为D企业全面做好数据分析提供了有力支撑，也更加有利于D企业根据系统提供信息快速作出决策，进而提高企业的竞争力。尽管D企业建立了统一的信息平台系统，但日常管理中对平台的维护不够及时到位，致使D企业有时不能及时将相关信息形成数据库发送给合作企业，信息共享没有实现有力有效，使合作企业对工程质量、产品价格、供货时间和进度等方面信息没有清晰认识，出现过信息错误导致工程延误的问题。

3.D企业项目绩效分析

D企业经过多年发展，先后在世界亚非欧以及南美洲等20多个国家开展国际工程项目，项目涉及包括公路、铁路、地铁与城轨、市政、桥梁等在内的多个领域，大多数项目在竣工后获得良好声誉。各项工程履约率和交验合格率均达100%，企业先后荣获国家鲁班奖8项，詹天佑奖3项，国家优质工程奖6项，取得国家及省部认可的科技进步奖40余项，发明及实用新型专利80余项，获国家级工法10项。从五号线项目的现有进度上看，D企业总体上能够依据进度计划推进工程，但由于设计方面出现的纰漏，导致项目出现返工问题，在重新设计重新施工后，能够及时对进度计划进行调整，倒排工期，抢抓进度，尽管各节点进度始终处于偏高程度，但仍然能够按照计划加以推进。从成本上看，已完成项目并没有在预算内完成，既有设计单位的因素，也有施工单位的因素，由于管理方面缺乏严格规范，企业员工没有树牢成本意识，给企业固定资产造成损失。从工程质量看，已完成项目基本满足质量标准，但在施工中由于质量检验方法不够合理，对应当检验出的质量问题没有及时整治，致使分项工程优良率不高。

综上所述，D企业在地铁5号线项目建设中，其网络整合能力、网络学习能力表现出较高的水平。D企业通过供应链协同创新等途径，不断整合利用整个项目产业链资源，形成了整个行业创新资源的整合与再分配，形成了集合协同的团队优势。同时，能够注重做好自身以及合作企业员工的培训，加强企业之间的技术学习与交流，通过教育培训不断提升技术创新能力，促进项目顺利实施。但是，在项目推进中D企业网络交流能力、网络控制能力表现一般，有时缺乏大局意识，存在着监督不力等问题，绩效考核有时也存在形式化倾向。尽管这些因素影响了地铁5号线项目推进的速度和质量，但总体上讲，D企业能够发挥协作优势，在合作企业的共同努力下，安全可靠、经济环保、认可度较高的地铁5号线已于2023年3月正式开通运行。

4.4　跨案例分析

本书首先通过案例内分析对案例企业在网络治理能力、界面协同与项目绩效三个方面的表现进行了具体描述，并在此基础上对不同案例之间一系列因果关系链进行了横向比较与分析。研究显示，各主要范畴之间具有内在的逻辑关系，这也表明研究模型具有一定的饱和度。经过调查问卷和相关资料的辅助佐证，本书对4个案例企业的网络治理能力、界面协同与项目绩效的情况进行了评判打分。打分从高到低依次分为高、较高、中等、较低、低五级标准，并将案例分析结果进行了对比汇总，具体见表4-3。

表4-3　　　　　　　　四个案例项目的对比研究与汇总

变量		A企业	B企业	C企业	D企业
总承包企业网络治理能力	网络交流能力	高	较高	高	中等
	网络整合能力	高	中等	高	较高
	网络控制能力	较高	中等	较高	中等
	网络学习能力	高	较高	高	较高
界面协同		—	高	中等	高	中等
项目绩效		—	高	中等	高	中等

4.4.1 总承包企业网络治理能力对项目绩效的影响分析

1.总承包企业网络交流能力与项目绩效

从4家企业的探索性案例研究结果来看，总承包企业网络交流能力处于高水平的A、C企业，其对应的项目绩效在总体上也都比较好，而网络交流能力处于中等水平的D企业其项目绩效水平也与之相一致。具体来看，A企业经常性采取召开座谈会等灵活多样的方式加强与合作企业的沟通联系，以较高的沟通频率，增进了企业的和谐共融，使合作企业在项目进度上都能按计划稳步推进，确保了各里程碑节点进度在预期内完成。而且，良好的沟通协调又增强了彼此互信程度，使企业相互遵守合作承诺，在与合作企业交往中促进资源共享，这不仅确保了项目按期交工，而且使得业主对整体项目流程感到十分满意，在包钢新体系300万吨焦化项目交工后，业主表示，"我们真的被A企业的合作能力所折服，他们在施工中表现出突出的沟通协调能力，就像拿着指挥棒指挥大家一起行动，我们很愿意将未来项目交给他们做"。又如，C企业能够积极搭建公众微信、微博等网络信息平台，通过与业主的双向沟通了解对产品的消费感受，并跟进建议及时改进，在互动中把好产品质量关，其产品质量完全符合业主心理预期，客户对项目整体效果满意。同时，由于该项目的成功也使C企业获得了市场较好的赞誉，为企业未来发展带来了新契机。再如，D企业在推进五号线项目建设中，正是由于前期对项目的衔接交流不够紧密才导致漏水事件的发生，尽管D企业随之进行了联系沟通，但该事件严重影响了工程进度的正常推进。

通过以上分析发现，总承包企业良好的沟通协调促进了节点企业之间的交流互动，增进了彼此之间的相互了解与互信程度，有效解决了网络合作中的矛盾冲突，推动合作企业之间形成了良好的合作关系，进而确保了项目的顺利完成。可见，总承包企业网络交流能力对于项目绩效具有显著的促进作用。

2.总承包企业网络整合能力与项目绩效

基于已有研究成果，从资源观的角度来看，如果一家企业在项目合作中，对企业间的资源整合和优化组合程度越高，则对企业相互知识技术的转移就越强，而知识技术的有效获取与项目绩效有着高度的正相关关系。例如，A企业在包钢新体系干熄焦项目中，善于将自身优势资源在合作企业中进行合理分配，不断整合合作企业的知识技术等相关资源，并且采用赢得值原理对项目全生命周期进行了动态控制，这种对各种资源的科学协调安排，不仅有利于项目质量的提升，而且大大节省了项目成本，该项目在竣工时取得了节约成本3 192万元的良好业绩。当然，从实践上看，对工程成本的节省以及资源整合也必须是科学的、合理的，如果把关不严和过于追求，不能考虑施工条件、计划进度等方面的具体情况，也会在吸收外部资源与释放内部资源中出现事与愿违的问题。B企业在哈项目建设中就出现了个别项目材料环保不过关的现象，尽管B企业能够及时作出调整，但在一定程度上影响了企业的市场声誉。从D企业的情况看，尽管在项目中由于设计失误给施工带来麻烦，但D企业却在解决矛盾问题过程中发挥了央企的资源整合优势，通过供应链协同创新等途径，实现了创新资源的整合与再分配，保证了外部资源在系统化运行中的效用，尤其是"建造部—计划部—设计部"三级人力资源管理的配置优化，较好地发挥了横向调节作用，在企业及时化解矛盾完成项目任务中发挥了作用，维护了企业的市场声誉。

通过以上分析发现，如果总承包企业网络整合能力较强，则该企业在项目建设中就能够合理调整和分配企业资源，强化对模块的重新组合。同时，也能实现对网络资源与关系的优化调整，以知识、信息、技术等方面的共享推动网络资源的合理化分配，进而发挥合作企业的内在潜力，推动项目目标的实现。可见，总承包企业网络整合能力对项目绩效具有较强的促进作用。

3.总承包企业网络控制能力与项目绩效

网络控制能力是项目建设中不可或缺的部分，是总承包企业依据项目合约和标准，在追求总体目标或阶段目标中对节点企业行为的监控和规范，网络控制的过程就是项目实现的过程。从对项目绩效的影响状况分析，总承包企业网络控制能力相对于其他3种能力，其对项目绩效的影响更为直接、更为明显。从4家案例企业实际情况看，C企业作为施工主导型企业在这方面表现比较突出。C企业依据多年的项目实践经验，在项目实施中，既能明确制定项目任务书、时间表和路线图，更能注重过程控制，强化监控运行，形成了方向一致、总体受控、规范标准的管理体系。尤其依托 KPI 指标为主线建立了绩效考核体系，"绩效文化"的应用更加彰显了激励机制的作用，充分调动了合作企业的积极性、主动性，也极大推动了企业的发展。从成果上看，C 企业所承担的工程完成率达到 100%，合格率到达 100%，项目质量符合保证体系各项指标要求，交付物均能满足业主需求，赢得了良好美誉度。相对而言，B 企业对网络控制情况由于受设计型总承包企业影响，其在项目实施中，则注重从企业战略层面把握企业成长方向，突出抓好对项目阶段的流程掌控，在管理中过多考虑灵活性而没有坚持原则性，这也导致有时对项目的监督约束力不够到位，加之没有更好地发挥绩效考核的应有作用，致使企业的创新动力不足，甚至影响了分包进度的执行。尽管 B 企业在项目建设中没有发生重大安全事故，但由于缺乏必要的有效监控，导致项目在施工过程中偶尔发生小的生产性事故，无形中影响了与客户间的和谐关系。可见，C 企业的网络控制能力较强，其项目绩效的水平则较好；而 B 企业的网络控制能力则相对较弱，其项目绩效水平也没有体现出高水平。

通过上述分析发现，总承包企业网络控制能力不仅把控着合作网络总体目标的规划方向，还监督和约束合作企业的目标实施，化解差异冲突、统一合作行动；同时，也通过激励机制有效激发合作企业的合作意愿，密切合作关系，增强合作动能，直接影响着企业项目绩效的实现。可见，总承包企业网络控制能力对项目绩效具有显著的正向影响。

4.总承包企业网络学习能力与项目绩效

根据组织学习理论，随着组织学习过程的不断深入，组织成员在观念上也逐渐随之改变，观念的改变带动了能力的提升，引起行为的相应变化，最终促进组织绩效的提升，这在案例企业的项目建设中有着充分体现。比如，A 企业以建设学习型组织为抓手，坚持理论与实践相结合，突出做好与合作企业课题攻关，以学促干、在干中学，创建了我国最早的"项目法施工"雏形，为中国施工企业全面推行"项目法施工"奠定了基础。A 企业注重科技成果转化，直接将包钢新体系干熄焦技术创新应用于工程建设，推动了该项目的质量提升，赢得了业主认可和赞誉，多篇相关论文在国家级刊物上发表，扩大了企业的知名度和影响力。再如，B企业以培养专家型员工为基本准则，不断强化组织学习，与合作企业建立了共同遵守的学习规范，积极打造特色企业文化。在哈项目建设每个流程启动前，都要组织员工集中学习培训，分析和研判潜在风险。B企业注重知识技术创新，在推动知识技术创新方面下大力气，经过多年的学习实践，摘得多项国家级优秀工程设计奖。这些新技术有效提升了B企业的整体实力，多项成果得到国内外客户的认可。另外，研究中分析，C企业和D企业在科技成果上取得各自优势，也是与企业长期注重组织学习是分不开的。

通过以上分析发现，总承包企业网络学习能力能够促进合作企业之间的知识获取、共享和应用，特别是在学习中积累大量异质性知识资产，进而提高企业的治理能力和水平，促进组织绩效提升；同时，通过对企业外部信息的获取、研究分析以及运用，能够极大地促进企业新知识的产生，进而减少创新所带来的风险，推动企业实现创新绩效。可见，总承包企业网络学习能力对项目绩效具有显著的促进作用。

综上，综合比较4家企业的网络治理能力对项目绩效的影响，在网络交流能力方面，A、C两家企业以高水平的交流沟通能力推动项目的顺利推进，并取得良好成效；在网络整合能力方面，A、C两家企业同样表现突出，当然，在与合作企业优化组合等方面C企业也有良好表现；在网络控制能力方面，B、D两家企业对工程建设把控相对一般，而A、C在该方面仍具有比较优势；在网络学习能力方面，4家企业都有不俗表现，带动了企业知识技术的创新。总的来看，作为设计主导型的A、B两家企业，它们在项目建设中，其网络交流能力、网络学习能力相对较好，而施工主导型的C、D两家企业，则在网络整合能力方面具有优势，而且在网络控制能力方面与A、B两家企业水平相当，都不同程度影响了项目绩效状况。从这些分析可以看出，对于总承包企业的网络治理能力而言，无论是设计主导型企业还是施工主导型企业，他们在网络治理能力的内在维度上相互交叉，具有各自的独特优势。因此，总承包企业的网络治理能力决定着项目绩效的水平，这种影响是正向的。

4.4.2 总承包企业网络治理能力对界面协同的影响分析

1.总承包企业网络交流能力与界面协同

（1）实现界面协同离不开合作企业之间的沟通交流

沟通是企业之间保持良好协作关系的前提，也是获得企业资源的根本保障。对于网络企业而言，企业之间既是合作者又是竞争者，相互间的界面形成是客观的、必然的，如果横隔在企业间的一道道无形的界面之"墙"不能及时消除，势必阻碍企业的合作发展。而其中，沟通的关键性作用不言而喻。例如，A企业在包钢新体系300万吨焦化项目中展现了较高沟通能力和水平，与合作企业进行了充分的沟通协商，不仅沟通频率较高，而且沟通成效显著，在沟通中明确项目的时间表、路线图。沟通推动了企业间的信息传递，防止出现信息不对称问题。例如，B企业项目负责人表示："哈项目合同签订后，为对接项目方和监理方的文档控制经理，我们召开启动会，这样很好地保证了包括设计图纸等在内的文档信息顺利流转于设计方、总包方、监理方之间。"一家成员企业的项目经理在访谈中也认为，总承包企业的确把做好沟通交流放在了首位，他表示："如果你将企业的成功归为一种思想，那就是良好的沟通和交流，这是我们合作成功的关键因素之一。"

（2）界面协同的成效取决于合作企业间的信任程度

信任是企业合作的基础，企业间没有信任，建立高效的合作是根本不可能的，只有建立相互信任关系，不断深化企业间的情感根基，才能推动彼此合作向着良性轨道发展。例如，B企业负责人表示："我们在项目推进中做到了对合作承诺的遵守，在互惠互利中增强了彼此信任，如果没有信任，我们就不可能实现资源共享和交换。"信任让合作企业强化了换位意识，在项目建设中给予对方更多的支持和理解，甚至这种关系超越了利益关系。C企业的一位项目经理感慨："我们在合作中对一些事项的协调，深深被合作企业的利他行为所感动，我们的关系是实实在在的信任型伙伴关系，事实表明，这种'关系型合作'才是最有效的合作。"

（3）矛盾得到及时化解在根本上消除了界面间的壁垒

企业在合作中势必会产生各种冲突矛盾，而找到化解冲突矛盾的途径只有依靠彼此的沟通与交流。案例项目中，4家企业对合作中产生的矛盾都能予以高度重视，在相互交流中化解矛盾、消除界面壁垒。在D企业承担的五号线地铁建设项目中，对于由于设计导致的漏水问题，企业负责人在项目竣工总结时表示："出现这样的问题实在是出乎我们意料，但好在我们能够站在项目全局的角度，及时做好相关补救措施，提出了有利于问题解决的方案，才把损失降到最低限度。"可见，化解矛盾可从根本上推动企业消除界面壁垒，对于加强彼此信任程度，增强合作潜力具有重要作用。

通过上述分析发现，总承包企业网络交流能力能够推动合作企业间的沟通互动，及时化解矛盾，增进彼此信任。在项目实施中，企业只有通过建立和运用合作规范和冲突解决机制，客观公正地明确冲突方之间的责任，合理处理矛盾分歧，才能有效推动界面壁垒的消除。可见，总承包企业网络交流能力对界面协同具有重要的影响作用。

2.总承包企业网络整合能力与界面协同

总承包企业网络整合能力对界面协同的影响主要体现在资源整合、协同合作、优化组合三个方面。

（1）整合配置企业外部资源

对于一家企业而言，拥有再多的资源也是有限的，企业尤其是总承包企业若想在竞争中始终保持竞争优势，不仅要拥有更多的资源，而且还应具备较强的资源整合能力，使外部企业资源更多更好地为本企业发展服务。从4个案例企业的情况看，各企业都能在网络中建立有效的企业联结，选择相互合适的潜在伙伴，对网络企业中拥有的异质性资源积极进行汲取、配置和整合。对于资源整合方式，各家企业都有各自的方法和特点，比较来看，D企业在管理中展现出较强的资源整合能力。作为国家创新系统中的节点企业，D企业十分注重创新资源的优化与整合，充分发挥央企的资源整合优势，通过供应链协同创新的途径，积极采用外部资源并创造条件以实现内外资源的优势相长。比如，企业紧紧围绕新工艺的研究、工程建设新技术等方面，与国内著名的科研院所合作开发了地铁盾构施工、浅埋隧道暗挖、桥梁建设等领域新技术，并取得突破性进展，其中"利用轮胎式搬运机架桥施工的方法"等专利技术得到同行业普遍推广和应用。企业间共同开发与提供新产品，不仅节省了开发费用，而且攻克了相关技术难题，提高了市场竞争力。

（2）推动企业之间的协同合作

面对市场竞争的复杂性、多变性，无论是总承包企业还是网络节点企业，都无法依靠单打独斗取得所有环节的竞争优势。尤其是对于有着供应链关系的合作企业而言，必须建立彼此依赖的联盟伙伴，才能在整合整体竞争能力的基础上，以最小的成本为业主提供最优的产品，共同抵御风险实现共赢。例如，在B企业总承包项目——哈项目中，企业能够对相互合作流程、合作规则有着清晰的认识和规划，当问及为何考虑到清关运输在国际项目中的风险而作出一至两周的延时，企业负责人表示："我们的合作不是一时的合作，必须考虑到各阶段的接口问题，没有战术上的协同就不会有战略上的合作。"换言之，如果D企业在五号线项目上没有实现与合作企业的协同配合，该项目是不会得以顺利推进的。

（3）优化组合企业之间的关系

4家企业都能充分发挥网络核心企业的优势作用，建立了良好的项目管理体系，并利用企业资源优势、集合协同的团队优势，不断优化网络化治理功能，为网络整合能力提升提供了支撑。例如，在包钢新体系300万吨焦化项目中，A企业坚持"法人管项目"原则，切实规范合作企业在项目建设中的服务行为，明确责任关系，抓好资源组合，构建了和谐的企业合作关系。哈项目的成员企业表示："如果没有B企业在项目建设中展现的灵活多变的优化组合能力，我们的项目是不会得到扎实推进的。"在优化组合方面，D企业展现了相对突出的能力和水平，企业能够立足强化横向协调机制的调整，不断进行人力资源管理的配置和优化。在地铁五号线建设项目中，D企业特别设立了计划部，负责调度各个分包商的总体工作，有效推动了各合作企业间的高效协作。

通过上述分析发现，总承包企业网络整合能力能够通过供应链协同创新的途径，更好实现对网络资源的优化配置，提高网络的联结范围，实现内外资源的优势相长，进而在高效率合作中及时消除界面壁垒。同时，通过建立信息共享平台等能够不断加强与合作企业之间的协作，促进网络中节点企业间的协同合作，这对于实现界面数量最小化具有重要意义。可见，总承包企业网络整合能力对界面协同具有重要的影响作用。

3.总承包企业网络控制能力与界面协同

（1）共同目标的确立和执行有利于实现目标协同

作为总承包企业，尽管4家企业在目标引领能力方面表现出一定的差异性，但总体上看，各企业都能制定出合作企业认同的项目目标，并带动引领合作企业为实现这个目标而共同努力。例如，A企业的项目经理说，"我们在项目开始时就明确了项目目标，正是在这一目标的引领下，通过将赢得值管理系统纳入到公司ERP系统中，实现了对项目全生命周期的过程控制"。与A企业不同，B企业在目标引领中，十分注重做好项目流程的统筹设计，该企业负责人表示："整个项目运行，我们都是围绕着项目目标开展的，我们的工作抓手主要是计划工程师，计划工程师不仅带领相关项目负责人做好项目计划，而且还在项目推进中扮演着重要的监督角色，通过每天对项目目标的对比跟踪，有效控制了项目进度，实现了项目的目标协同。"

（2）严格的监督约束推动了过程协同的实现

过程协同实质上就是要求企业在工程项目全过程和阶段衔接上始终做到协同一致，这个协同全过程涵盖于项目的策划、设计、实施和维护管理等各阶段。通过对C企业的调研发现，该企业十分重视抓好协同工作，以对项目各阶段的有序衔接较好实现了过程协同。无论是设计阶段还是建设阶段，C企业都能充分考虑界面问题对工程带来的影响，与分包商一道采用协同论方法，认真做好组织、协调和控制等方面活动，实现任务的有效衔接。在谈及该企业如何实现对绿色施工进行管理时，C企业项目经理表示："我们主要采取分级管理方式，注重抓好施工企业的过程检查，每季度都要对企业落实情况进行严格考核，这个考核很起作用，基本起到了协同作战的目的。"这种对进度的把控方式，A企业也有共同点，他们在施工现场设有业主指挥部，统一协调调度各利益相关方，实现对项目过程的有效控制。

（3）有效的激励措施强化了组织协同的高效

对总承包企业而言，组织协同是企业利用其优势资源，从内外两方面协调合作企业共同行动，确保协同合作、实现项目目标。激励作为激发企业潜能的有效方法，不仅可以充分调动员工的积极性、主动性，而且还能更好地释放企业的巨大潜能，增进企业间的融合度、默契度。4家企业在项目建设中，基本都能较好地发挥激励机制的积极作用，对重诺守信的企业以榜样的典范加大宣传力度，营造良好氛围。尤其是C企业的目标管理、及时兑现的绩效管理模式，极大调动了合作企业的激情和动力，较好地推动了项目的顺利实施。对此，一位参与项目建设的成员企业人员表示，"C企业牵头制定的员工激励方案以及报酬管理办法，确实管用好使，如果没有这些好的制度刺激，我们的工程可能不会完成得这么早、这么好"。而相比之下，D企业虽然制定了绩效考核办法，但在实施中避重就轻问题的存在，不仅使绩效考核失去了真正的作用，而且也导致组织协同的向心力不足。

通过上述分析发现，总承包企业网络控制能力较好融合了项目网络整体目标与节点企业各自目标的关系，避免了合作企业之间的分歧。通过网络监督约束机制，实现了对项目全生命周期的过程控制，共同化解了合作中的矛盾纠纷，有效防止了合作企业之间产生不必要的界面壁垒，增进了企业间的融合协同。可见，总承包企业网络控制能力对界面协同具有重要的促进作用。

4.总承包企业网络学习能力与界面协同

（1）企业的组织学习为实现界面协同提供了理论支撑

实现企业界面协同，既有企业合作中的感性因素，更离不开企业的理性提升，以全局的视野增进企业的融合。而这个理性提升过程依赖于企业强化学习的过程，尤其是对于总承包企业而言，若想在项目建设中共同攻克难关，形成强大合力，需要总承包企业带领合作企业一道增强学习意识，建立学习规范，推动学习常态长效，强化理论基础，在"以学促干"中提高企业间协同协作的能力和本领。在哈项目建设中，B企业在项目每个流程启动前，都要针对各环节的潜在风险，组织员工学习培训，共同制订应急预案，共担风险防范，增强合作意识。一位施工经理在总结时感慨，"B企业对风险防控抓得非常紧，围绕安全质量问题组织了许多学习和培训，我们当时还不怎么理解，觉得有点小题大做，到现在终于明白了B企业的良苦用心，正是平时大家的学习积累，才在潜移默化中形成了许多合作经验"。从中可以看出，企业的学习能力提升既能提高企业员工的理论素养，又有利于企业间的彼此协作。

（2）企业的集成创新强化了企业间的依赖程度

通过对4家企业的学习能力调研发现，企业之所以对提高学习能力高度重视，其中一个重要原因就是企业借助组织学习这个平台，推动了企业知识技术水平的提高，一些创新技术在工程项目建设的共享应用中，更加促进了彼此合作关系。例如，在包钢新体系300万吨焦化项目中，A企业不断加大对包钢新体系新技术创新力度，在将科技成果直接应用于工程建设的同时，十分注重研究成果的推广普及，在与其他相关学习企业的相互沟通交流中，增进了企业间的信任与信赖，密切了彼此关系。同时，对于项目建设中遇到的诸如技术难题，共同的目标让合作企业在攻坚中培养了情谊。比如，C企业在对经营管理人才培训中，采取大联合的方式到知名院校参加高级研修班，在学习中增进企业间的感情。当然，企业之间的相互信任、相互信赖，又能推动形成良好的合作环境，这对于实现企业的技术创新具有重要作用。

通过以上分析发现，总承包企业网络学习能力能够推动合作企业在学习中提高认知，推动形成约束企业行为的组织规范。特别是通过组织学习，能够帮助合作企业获取有利于自身发展的知识与技术，较好实现企业员工对知识技能的积累，进而减少项目实施中的障碍和壁垒。可见，总承包企业网络学习能力对界面协同具有重要的促进作用。

综合以上分析，从4家企业的类型看，作为设计主导型的A、B两家企业，由于他们在设计方面具有自身优势，从项目设计、施工、运行等各环节都有着很好的设计和规划，并且在施工过程中随着施工的进行而不断作出相应调整和完善，所以，在目标协同中有着明显优势。同时，在信息协同、过程协同中也发挥了较大作用。而以施工主导型的

C、D两家企业，由于其更加注重项目的施工实践，一些经验来源于长期的工作积累，加之这些经验是经过实践检验的，更加务实高效，有时无法从理论层面在设计方面加以指导，所以，C、D两家企业在组织协同、过程协同中相对占有一定优势。综合来看，4家企业的网络治理能力对界面协同的影响产生了不同结果，A、C两家企业总体网络治理能力相对较强，界面协同的效果也比较明显；D企业网络治理能力相对偏弱则界面协同状况也不理想。通过上述具体分析可以看出，总承包企业网络交流能力、网络整合能力、网络控制能力、网络学习能力均对界面协同产生不同影响。因此，总承包企业网络治理能力对界面协同的影响是正向的、直接的。

4.4.3　界面协同对项目绩效的影响分析

从总承包企业的项目绩效管理活动看，其内在要素之间是相互影响、相互制约的关系，这些关系的改善程度关系着项目绩效的实现状况。界面协同涵盖了目标协同、组织协同、过程协同和信息协同四方面协同内容，其中，目标协同至关重要，总承包企业只要在目标协同上完成得越好，就越有利于其带领合作企业协调一致，在共同完成项目阶段性目标过程中推动总体目标的实现。组织协同考验着企业的组织能力和水平，总承包企业通过组织协同，能够实现合作企业的相互配合，彼此融洽的关系必然是实现项目绩效的关键。过程协同对项目绩效的影响最为直接，无论是在工程协同、阶段协同，还是环节协同、工序协同等方面，过程协同如果能够实现项目的有效衔接，就会使项目实施更加顺畅，项目绩效也一定能够得到显著提升。信息协同能够更好地完成信息和资源的集成与优化，实现企业间的信息共享，从而为实现项目绩效提供基本保障。通过对4个案例企业的协同性分析，可以看出，A、C两家企业在目标协同、信息协同以及过程协同均有较好表现，带动了界面协同效果相对较高，则项目绩效水平也最好；而B、D企业的界面协同成效相对中等，则项目绩效的状况也处于中等水平。从上述4个探索案例研究结果得出的项目绩效受界面协同显著正向影响的结论，与本书第2章关于界面协同与项目绩效关系的论证相吻合。越来越多的研究表明，网络组织绩效更重要的表现是在网络整体协同效应上（孙国强、王敏，2013）。

通过上述分析发现，总承包企业在项目建设中通过建立良好的协同关系，推动合作企业之间实现目标协同、组织协同、过程协同和信息协同。同时，在实现资源、信息等方面共享的基础上，全面融合网络组织中各节点企业的优势特长，实现项目的有效衔接，消除彼此界面壁垒，确保项目顺利实施，进而推动项目整体目标的实现。可见，界面协同对项目绩效具有显著的促进作用。

4.4.4　界面协同在网络治理能力与项目绩效之间的中介作用

基于以上研究发现，网络治理能力与界面协同均是项目绩效的潜在影响因素，而网络治理能力各维度要素对项目绩效的影响路径反映出网络治理能力通过界面协同作用于项目绩效的可能性。总承包企业在网络治理过程中，其项目绩效实现过程事实上是各节点企业间相互影响、相互依赖的过程。该过程是基于一系列关系基础上，总承包企业的网络交流能力、网络整合能力、网络控制能力、网络学习能力通过消除界面壁垒而作用于项目绩效，实现项目绩效的提升。从作用机理和成效看，界面协同有效搭建起网络治理能力与项目绩效之间的桥梁，在项目绩效提升中发挥着重要的中介作用，具体来看：

1.界面协同在网络交流能力与项目绩效之间的中介作用

在总承包项目网络中，企业之间沟通交流的目的是增进彼此的了解与信任，消除合作中产生的矛盾与分歧，推动资源共享共用，促进项目绩效提升，实现共同发展。如前文所述，企业合作过程中相互间的界面形成是客观存在的，这堵横在企业间的"隔离墙"若不能得以及时消除，就会影响彼此间的合作水平，进而阻碍企业绩效的实现。所以，企业在项目建设合作中，只有把提升网络交流能力放在首位，通过经常性的沟通交流加强企业间信息传递，才能淡化和削弱界面造成的潜在影响，深化信任关系的根基。特别是对于解决项目合作中的矛盾来说，网络交流能力显得至关重要，这是化解彼此分歧矛盾的必然途径，也是消除界面壁垒的基本路径。从实践上来看，通过对4个案例企业的研究已经得到检验，事实上，凡是总承包企业网络治理能力较强的企业，其界面协同效应相对较好，整体项目绩效的实现程度也较高。企业正是以频率较高的沟通与联络，使相互间能够遵守合作承诺，化解各种风险，确保项目在预期内完成。

通过上述分析发现，总承包企业正是以提升网络交流能力为抓手，推动企业在合作中加强彼此之间的联系沟通，及时化解相互间的矛盾分歧。其中，界面协同发挥着重要的中介功能，企业只有通过不断消除分歧，增进彼此信任，才能在项目实施中强化合作动力，增强发展合力，进而促进项目绩效的提高。可见，界面协同在网络交流能力与项目绩效之间发挥着重要的中介作用。

2.界面协同在网络整合能力与项目绩效之间的中介作用

作为实现项目绩效的有效方法，网络整合能力在界面协同中发挥着重要作用。从4家企业的运行情况看，各企业在项目建设中，都能立足企业内部资源配置、企业间协同合作、优化组合等充分发挥国企的资源整合优势，采用外部优势资源弥补自身发展短板，共同抵御潜在风险实现合作共赢。尤其是集合协同团队优势，优化网络化治理功能，以良好项目管理体系共同清除项目建设的界面障碍，提升项目绩效水平。具体来看，总承包企业在项目建设中充分调动项目利益相关方的主动性，围绕增值价值链的目的，借助信息技术和互联网技术来协同整合价值链各节点、各相关资源，协同整合各异构系统、工程深化设计及施工等相关内容，最大限度克服项目建设中的实际问题，及时消除影响项目建设的界面壁垒，促进工程项目的高效运作，最终完成产品和服务的价值创造，实现利益相关方的价值目标。

通过上述分析发现，总承包企业面对合作企业项目推进中的界面壁垒，能够通过发挥资源整合优势，不断优化整合合作企业的知识技术等资源。尤其是利用供应链协同创新等途径实现创新资源的再分配，保证外部资源在系统化运行中的效能，这些都较好地推动了合作企业的协同协作。由此产生的界面协同在网络整合能力的作用下，及时消除了项目建设中的界面障碍，实现了项目绩效的提升。可见，界面协同在网络整合能力与项目绩效之间发挥着重要的中介作用。

3.界面协同在网络控制能力与项目绩效之间的中介作用

对项目建设的控制过程，也是实现过程协同的过程，这一过程就是在总承包企业的严格监督和约束中，为界面协同找到了有效接口和路径，实现企业在项目全过程和阶段衔接上的协同一致。反之，没有强有力的网络控制能力，对项目进行科学合理的控制，就不能实现项目的有序组织与协调，更不能实现项目建设的衔接与对接，进而影响项目绩效的实现。因此，总承包企业在项目实施中的控制，就是重组过程顺序，加大过程间界面的重叠量，涵盖了平行与并行、上游与下游、时间先与后等过程的协同。将项目建设过程各个阶段从整体上予以调控，直接影响着协同的广度和深度，关乎着不同层次的整体涌现性。也就是说，总承包企业在网络治理中通过强化控制能力能够更好地促进界面协同，实现对项目实施过程的优化，进而推动项目绩效的提升。

通过上述分析发现，总承包企业网络控制能力借助对项目成本、进度、质量等方面的控制，确保完成项目的策划、设计、实施和维护等各阶段任务，较好促进项目全程和阶段之间的有效衔接。总承包企业对项目网络的控制过程就是实现项目有序组织的过程，就是实现界面协同的过程。合作企业加强彼此之间的协同协调，必然有利于项目的顺利推进，最终实现项目绩效的最大化。可见，界面协同在网络控制能力与项目绩效之间发挥着重要的中介作用。

4.界面协同在网络学习能力与项目绩效之间的中介作用

实现界面协同促进项目绩效提升离不开深厚的理论作支撑，理论提升的过程实际上就是企业学习能力提升的过程，这一过程使总承包企业与各节点企业一道共克难关、增强合力。从案例企业的研究结果看，4家企业之所以能够在项目建设中实现良好的项目绩效，除前面提及的三方面因素外，不可忽视的是各企业在项目建设中都能注重把提高学习能力作为消除界面壁垒的基本前提，通过学习改变企业思想观念，强化企业的能力和水平，进而引起行为变化促进界面协同，以此推动项目绩效的提升。比如，A企业在建设学习型组织中，与合作企业共同抓好课题攻关，创建了我国最早的"项目法施工"雏形，这一雏形的构建正是基于消除项目建设中的技术壁垒、更好地实现协同效应最大化而提升学习能力的结果。

通过上述分析发现，总承包企业把提高网络学习能力作为消除界面壁垒的基本前提，以扎实的理论知识和先进的技术作为支撑，通过强化企业之间的相互学习，帮助获取有利于企业自身的知识技术，实现企业员工对知识技能的积累和先进理念的掌握，进而减少项目实施中的界面壁垒。该界面协同的过程，较好实现了企业通过组织学习提高项目绩效的目的。可见，界面协同在网络学习能力与项目绩效之间发挥着重要的中介作用。

综合上述分析，在项目建设的各阶段各环节，总承包企业都要不断提升网络交流能力、网络整合能力、网络控制能力、网络学习能力，主动协调项目实施中各界面之间的关系，推动形成项目建设过程中全方位全过程的协同管理。通过协同管理，总承包企业在网络治理中能够较好地实现界面协同，推动协同目标的实现，进而合理衔接总承包企业网络治理能力与项目绩效之间的关系，最大化地促进网络系统整体涌现性的发生，实现各利益相关方利益的最大化。因此，总承包企业网络治理能力不仅会对项目绩效产生正向影响，还可以通过界面协同的中介作用来实现对项目绩效的影响。

4.5 本章小结

本章采用多案例研究方法探索了总承包企业网络治理能力对项目绩效影响机理。首先，在上一章节的总承包企业网络治理能力概念开发的基础上，结合现有相关研究理论，根据 Yin 的案例研究范式，进行了"网络治理能力–界面协同–项目绩效"三者之间的理论预设。其次，通过案例内分析方法，对所选取的四个典型案例项目进行了纵向内部剖析，识别了每一个案例项目中总承包企业网络治理能力、界面协同及项目绩效的不同表现及结果，初步分析了三个概念间存在的内在逻辑关系。最后，通过跨案例分析方法，对四个案例分析结果进行了横向对比研究，总结归纳出不同类型总承包企业（设计主导型和施工主导型）在项目治理过程中网络治理能力水平决定了项目绩效的高低，而对项目绩效的影响是通过界面协同效应的发挥来实现的。案例结论不仅支持了本章一开始提出的理论预设，也为下一章研究假设的提出与实证检验提供了理论基础。

5 总承包企业网络治理能力与项目绩效关系的实证研究

本章将结合文献综述与案例研究发现，通过理论演绎补充和完善第4章提出的一系列概念间关系，提出相关研究假设，并构建总承包企业"网络治理能力–界面协同–项目绩效"的实证概念模型。在此基础上，以实证统计方法对模型进行检验，并对分析结果进行深入探讨，从而对探索性案例研究结果进行修正和完善，得出更为科学合理的研究结论。

5.1 研究假设与模型构建

5.1.1 总承包企业网络治理能力与项目绩效的研究假设

1.总承包企业网络交流能力与项目绩效的研究假设

网络交流能力不仅能使网络合作企业实现各合作者之间的交流与互动，而且还有利于各企业在协调沟通中获取其他网络成员的优势资源为己所用。通过这种交流互动，各企业之间能够建立一种亲密的伙伴关系，对提高企业项目绩效直接产生影响。

首先，总承包企业网络交流能力能够立足于企业间的沟通交流，促进合作企业之间的有效衔接，加强彼此的认识和了解，有利于实现彼此信息互通。从项目治理的内涵看，其治理范畴涵盖了项目利益相关需求、标准化流程、交流沟通以及合同管理的总和（Ruuska 等，2009）。总承包企业发展的过程实际上也是对项目治理提升的过程。其中，交流沟通是增加项目业主与项目经理之间信任感和合作的有效手段，沟通频率、沟通内容、沟通媒介等能够很好地减少冲突，增进彼此信任，提高整个项目绩效（Turner、Muller，2004）。可见，项目成功的要素在多数情况下取决于项目信息的交流沟通和效率（郭志欣，2007）。

其次，总承包企业网络交流能力强调的是通过交流实现企业之间的信任，以信任促进彼此交流的深化，进而形成良性循环。项目中的有效沟通和协调能够显著影响项目中主体交互和活动交互，有助于形成项目成员和外部利益相关者对项目的共同认识和交互效果，项目沟通效果越好，项目绩效越好（Katz，1982）。之所以会以良好的交流成效促进项目绩效的提升，其前提条件是网络企业之间要有彼此的信任。信任是知识转移非常重要的促进因素（吴伟池，2013），总承包企业在网络合作中通过构建信任合作机制，使得企业都能在互惠互利中加强彼此往来互动，这有利于促进作网络资源的共享与交换，进而推动项目绩效提升。

最后，总承包企业网络交流能力能够有效解决网络合作中的矛盾和冲突，有利于合作参与者之间形成和谐关系。随着研究的不断深入发现，企业在寻求并运用网络资源基础上获得竞争优势的过程，就是企业不断建立、发展并维持彼此关系的过程（Johanson、Mattsson，1987）。在这个过程中，总承包企业需要着眼于消除化解合作矛盾，研究制定解决问题的办法和举措，从能力、资源等方面对网络成员特质进行研究分析，进而建立网络交流等相关机制推动项目绩效的实现（梁永宽，2008）。

以上理论分析结果与本书的访谈调研结论是一致的。在访谈中，A企业和C企业都认为，通过加强网络合作企业之间的交流和沟通，不断培育网络交流能力，使企业能够相互建立起满足自身需求的合作伙伴群，成为企业获取最新信息和技术平台，进而推动合作企业项目绩效的实现。根据上述讨论，对总承包企业网络交流能力与项目绩效的关系作出如下假设：

H1：总承包企业网络交流能力对项目绩效具有正向影响。

2.总承包企业网络整合能力与项目绩效的研究假设

网络整合能力注重对网络资源与关系的优化调整，以此提高网络企业之间资源的合理利用与优势互补水平。通过对合作企业资源整合，确保了企业所参与网络成为价值共创的交流平台，强化了知识、信息、技术的共享，这对网络企业获得各种资源转移绩效有着重要影响。

首先，总承包企业网络整合能力推动了网络资源的优化整合，其实，在本质上讲这是一种关系组合管理能力。在合作网络中任何一个合作伙伴都是企业价值资源的基本来源，而有效的关系特别是组合管理能够使企业从合作企业中获得新知识，进而促使企业获得持续稳定的合作关系（Mohr、Sengupta，2002）。事实上，网络能够提供丰富的网络资源，这些资源在企业网络管理中能为企业发展提供多样化服务，有利于企业发展（Landry、Amara、Lamari，2002）。所以，总承包企业在合作网络中能够合理调整和分配企业资源，以此强化对模块的重新组合，这样既加强了企业之间的合作，又促进了合作企业项目绩效的提升。

其次，总承包企业网络整合能力能够有效推动企业之间的协同合作，使得企业之间资源和能力互补，协同及兼容作用更加明显。根据社会网络理论中的同质性理论（奇达夫、蔡文彬，2007），一个网络整合能力较强的企业更能帮助企业选择一些在组织文化等方面与本企业差异小的企业作为合作企业，Cummings、Teng（2003）通过研究发现，通过对组织差异的降低有助于企业绩效的有效提高。

最后，网络整合能力能够帮助企业在优化组合中建立与合作企业的直接联结，而这种跨越障碍的联结，能够促使企业和其他合作伙伴主动投入到网络活动中来，从而大大提高合作企业之间的信息交流和知识转移方面的绩效。同时，网络整合能力的提升有利于推动网络资源的合理化分配，并使自身资源效能不断放大，进而充分发挥合作企业的内在潜力，推动项目目标的实现（陈辉华，2011）。

因此，根据以上理论分析，并综合案例研究中网络整合能力较强的企业在实践中都具有良好的资源转移绩效的结论，本书对总承包企业网络整合能力与项目绩效的关系作出如下假设：

H2：总承包企业网络整合能力对项目绩效具有正向影响。

3.总承包企业网络控制能力与项目绩效的研究假设

网络控制能力一方面在整体上把握着网络运行的总体目标，引领着网络的运行效率，另一方面也强化了对合作网络的监督和约束，把控着网络的运行效果。这种交互活动促进了企业与合作伙伴亲密关系的建立和网络的高效运行，因而对提高企业项目绩效具有直接影响作用。

首先，网络控制能力体现在对网络总体目标的规划和引领，能够帮助企业全面分析评估与企业当前运行和今后发展的相关信息（Möller、Halinen，1999）。总承包企业通过对网络的规划，进一步明确企业发展的战略方向，从而使企业对自身发展有了清晰的目标，尤其是能帮助企业对合作网络的信息和知识进行系统分析，让企业发现自身在知识储备上的差距和不足，从而提高了学习的意图（Mohr、Sengupta，2002）和学习的动机（郑景丽，2012），这也意味着企业能够得到更多的知识来源，有利于促进合作企业形成思想共识，进而在总体目标与个体目标并进中塑造共同网络愿景。

其次，网络控制能力包含着对合作网络的监督与约束，有效约束着合作企业的机会主义行为。从目的性看就是协同合作企业的差异冲突，统一合作行动，建立良好的运行秩序，提升项目绩效水平，进而实现合作目标。概言之，治理是秩序加意图（Smouts，2010）。当企业之间发生矛盾冲突时，网络控制能力能够帮助企业理解合作企业的愿望和想法，尊重共同制定的行为规范，在适应企业文化基础上对自身行为作出相应调整，与合作企业一道形成具有约束力的行为规范。这样的结果有利于提高双方合作交流的关系持续性（Mohr、Sengupta，2002），规范合作运行机制，对提高企业的知识转移绩效具有促进作用。

最后，网络控制能力在正向引导方式上主要采取包括创新激励、绩效激励、合作激励、声誉激励在内的激励机制，激励机制的建立能够有效激发合作企业的积极性、主动性和创造性。企业通过网络控制能力能够较好动员其他合作企业积极参与到合作过程中，形成步调一致的行动，有利于实现知识信息的交流。而决定知识转移各方的积极主动参与，无疑对知识转移绩效起到显著的正向影响作用（郑景丽，2012）。

本书在第4章的跨案例分析结果，恰恰反映了上述理论在案例企业中的实践表现，同时也验证了该理论分析的可靠性。根据上述讨论，对总承包企业网络控制能力与项目绩效的关系作出如下假设：

H3：总承包企业网络控制能力对项目绩效具有正向影响。

4.总承包企业网络学习能力与项目绩效的研究假设

网络中合作企业完成项目任务的过程实际上也是相互学习的过程，网络学习能力正是基于此实现了对知识的获取、分享与吸收。因此，企业的网络学习能力对知识来源、信息交互以及绩效提升都具有重要影响，网络学习能力已成为提高企业项目绩效的基础。

首先，网络学习能力离不开企业对提高知识获取的组织力、带动力。作为核心企业，总承包企业网络治理能力的提高在根本上有赖于知识和技术，企业强化组织学习从根本上促进了知识的获取、共享和应用，特别是在学习中积累大量具有异质性知识资产，进而提高企业的治理能力和水平，促进组织绩效提升。于建政、汪克夷（2010）在研究中发现，企业在项目建设中如果能够形成良好的知识共享效果，则有利于企业增进网络间的协同合作，在目标共识中推动企业创新，尤其是在项目设计阶段就能实现知识共享则更会推动项目取得成功。

其次，网络学习能力强调对企业知识技术的集成创新，从创新绩效本身来看，网络学习能力在创新中发挥了积极作用。张雪峰（2012）在研究中发现，通过对企业外部信息的获取、研究分析以及运用，都对企业新产品开发以及整体创新能力产生影响作用。张千军等（2013）通过研究发现，企业在项目建设中知识技能对项目绩效具有明显的正向影响作用。Song等（2006）指出，企业对外部知识技术的学习大大促进了新知识的产生，而且有效减少了创新所带来的风险，进而有利于提高企业的创新绩效。

根据上述讨论，对总承包企业网络学习能力与项目绩效的关系作出如下假设：

H4：总承包企业网络学习能力对项目绩效具有正向影响。

5.1.2　总承包企业网络治理能力与界面协同的研究假设

1.总承包企业网络交流能力与界面协同的研究假设

网络合作的界面是客观存在的，消除界面壁垒首要的前提是企业之间的沟通与交流，没有沟通交流作为企业联系的载体，界面壁垒不可能自动消除。可见，在解决界面壁垒问题上总承包企业的交流能力至关重要。从第3章网络交流能力所包含的沟通交流、信任构建以及矛盾化解三方面内容看，对界面协同影响作用最大的因素体现在矛盾化解能力上。为了让矛盾双方能够彼此适应，相互协同运行，必须通过整合调整确保双方活动顺利进行（Mohr、Nevin，1990）。在协调过程中，并不是网络中任何企业都能成为协调者，只有那些有着网络规划能力、具有较强沟通能力并且得到认可的企业才能担任这一角色（李春发、王雪红、杨琪琪，2014）。无疑，总承包企业作为网络的核心企业，在消除界面壁垒、化解矛盾过程中，要建立和运用合作规范和冲突解决机制，以确保合作活动的顺利进行（陈学光，2007）。Gemunden（1996）在研究中引入了开放式沟通的概念，认为开放式沟通能够帮助企业明确内部各部门角色，避免误解调节预期，是确保网络有效运行的重要因素。所以说，总承包企业良好的网络交流能力能够推动企业之间往来互动，在交流中化解相互矛盾，增进彼此信任，尤其是在及时处理合作企业相关争议事项过程中，能够站在客观立场明确相关方责任，以客观公正原则处理好合作分歧事项，促进界面壁垒的消除。

根据上述讨论，对总承包企业网络交流能力与界面协同的关系作出如下假设：

H5：总承包企业网络交流能力对界面协同具有正向影响。

2.总承包企业网络整合能力与界面协同的研究假设

对于一家企业而言，拥有再多的资源也是有限的，总承包企业若想在竞争中保持竞争优势，不仅需要拥有更多资源，而且还应具备较强的资源整合能力，使外部资源更好地为企业发展服务。网络整合能力更重要的体现是对网络的优化与配置，陈学光（2007）在对网络配置能力进行研究后认为，该能力能够帮助企业构建一个信息更加丰富、合作企业更为多样的网络组织，并且有利于提高网络的联结范围，推动合作达到高效率，进而在高效率合作中及时消除界面壁垒。企业实现界面协同正是网络整合能力较好地运用和配置网络资源的结果，是企业通过网络治理能力以及优化网络资源而获得竞争优势的体现。因此，如何保证企业网络组成者之间的协调，是企业网络治理面临的主要问题（Enright，2000）。协同合作是企业网络持续运转的保障，实践中一些界面的产生往往是由于企业间的不协调、不同步导致的，而总承包企业在网络治理中能够通过建立信息共享平台等加强与合作企业之间的协作，这对于深化与合作企业的合作关系，在形成良好合作基础上推动协同效应具有重要意义。可见，总承包企业着眼于实现网络整体战略目标，充分发挥资源整合优势，通过协同创新途径，推动资源优化整合，有利于促进网络中节点企业间的协同合作，实现内外资源的优势相长。

根据上述讨论，对总承包企业网络整合能力与界面协同的关系作出如下假设：

H6：总承包企业网络整合能力对界面协同具有正向影响。

3.总承包企业网络控制能力与界面协同的研究假设

核心企业在网络治理中，为了实现各合作企业目标的协同一致，就应积极构建相互认同的网络组织，该网络组织尽管处于动态变化中，但始终能够保持结构合理、科学有序的状态（全裕吉，2004）。实现这样的状态，首先产生作用的是总承包企业对网络的规划引领和带动，这是消除合作企业在目标上出现分歧的必然要求。总承包企业通过对网络总体目标的设计、分析、评估和规划，很好地将网络节点企业的各自目标与整体目标相结合，避免了合作企业之间的分歧，从总体上推动了界面协同。其次是总承包企业对网络的监督和约束，这是约束合作企业行为的有效举措。总承包企业在项目实施过程中，其自身网络监督约束能力越强，则企业对项目全生命周期的过程控制就越严格，也越能有效防止合作企业之间产生不必要的界面壁垒。总承包企业只有全面做好项目的策划、设计、实施和维护管理等各阶段任务，才能完成真正意义上的成本与进度等方面控制，实现管理协同。最后，总承包企业的有效激励能力能够较好地调动合作企业的积极性，从而促使各企业主动参与到网络治理当中来，共同化解合作中的矛盾纠纷。网络控制能力目的就是通过对项目实施中的过程管理实现协同效应的最大化，而实现协同效应仅靠单要素是难以实现的，是需要网络组织中各要素密切合作、相互配合推动网络组织协同发展，这种相互作用能够产生非线性作用，进而实现系统效应（胡育波，2007）。可见，实现界面协同的过程就是总承包企业网络控制的过程，就是在网络控制中充分调动节点企业主动性，最大化地释放企业潜能，以此增进企业间的融合协同。

根据上述讨论，对总承包企业网络控制能力与界面协同的关系作出如下假设：

H7：总承包企业网络控制能力对界面协同具有正向影响。

4.总承包企业网络学习能力与界面协同的研究假设

总承包企业网络学习能力如何决定着企业在竞争中的优势状况，其网络学习能力强，则会在彼此合作中不断实现员工对知识技能的积累，进而减少项目实施中的障碍。Argyris、Schen（1997）认为，组织学习就是指通过学习发现错误，以此重构组织的使用理论并加以改变的过程。事实上，界面之所以产生与企业的认知能力有着必然的联系，而认知能力的提高有赖于企业的组织学习。Levitt、March（1988）将组织学习界定为组织对以往行为的反思，通过反思形成能够约束组织行为的组织规范。从前文分析可知，网络学习能力的另一个内容是集成创新能力，总承包企业网络的发展过程必然是一个不断创新的过程，也是合作企业取长补短共同提升的过程。企业通过集体学习能够获取有利于自身发展的知识与信息技术，尤其是在面对各种现实障碍和壁垒，企业如果合力攻坚，就会在"以学促干"中提高协同协作的能力和本领，进而实现技术创新，提升网络整体竞争力。另外，从地域和社会风俗看，企业之间的合作创新尤其是在构建优化企业网络中离不开良好的人文环境作支撑，相对而言，保守封闭的人文环境影响着企业之间的相互关系，阻碍着企业相互间对信息技术的交流（Amit、Schoemaker，1993），这也极易产生新的界面壁垒。从这个意义上讲，总承包企业网络学习能力的提高，推动了企业文化水平的提升，也必然对界面协同产生较大影响。

根据上述讨论，对总承包企业网络学习能力与界面协同的关系作出如下假设：

H8：总承包企业网络学习能力对界面协同具有正向影响。

5.1.3 界面协同与项目绩效的研究假设

从协同本质看，实现项目绩效的过程也是合作企业共同作用、相互协同的结果。就一家企业而言，实现项目治理目标既离不开规章制度、相关法规等硬性约束，同时，也需要社会声誉、良好沟通等软性要求，即硬性约束机制和软性治理要求对项目治理绩效的提升都是具有促进作用（严玲、邓娇娇、邓新位，2014）。项目治理的关系体现了合作企业间的关联关系，该关系是基于网络角色定位，体现了项目治理中的网络动态性、多元化（刘兴智、王彦伟、魏巍，2011）。在这个关系网络中，总承包企业能够吸引更多的企业参与合作，并通过与其他企业合作实现自身不擅长领域方面的取长补短。协同关系着整个项目实现的成败，越来越多的研究表明，网络组织的绩效更重要地表现在网络整体的协同效应上（孙国强，2003）。协同关系的建立，能够很好地融合网络组织中各节点企业的优势特长，共同创造更大价值，在共享共融中实现竞争优势。可见，从企业项目绩效实现过程看，各企业相互间不是孤立存在的，而是在彼此依赖中共同推进的，企业间在实现资源、信息等方面共享的基础上实现良性互动，进而推动项目整体目标的实现（毛加，2013）。越来越多的研究表明，网络组织的绩效更重要地表现在网络整体的协同效应上（孙国强、王敏，2013）。

根据上述讨论，对界面协同与项目绩效的关系作出如下假设：

H9：界面协同对项目绩效具有正向影响。

5.1.4 界面协同对总承包企业网络治理能力与项目绩效中介作用的研究假设

从界面协同的内涵看，界面既然能将系统之间、系统与外部环境之间相分割，同时也意味着界面也能将它们之间相互联系起来。这是因为，界面存在着空隙，正是这种空隙促使它们彼此渗透、相互交流，这也为界面协同提供了可能。事实上，界面渗透性越强、界面越模糊，技术转移中组织之间要素渗透得也越多、组织之间关系也越紧密（章琰，2006）。总承包企业在网络治理中，其实现项目绩效的过程就是企业通过界面渗透消除节点企业界面壁垒的过程。在作用机理和成效上，界面协同能够有效搭建起网络治理能力与项目绩效之间的纽带和桥梁。在网络交流能力方面，总承包企业以良好的沟通交流，消除合作分歧，增进彼此信任。尽管说实现组织绩效的路径有很多，但涵盖了企业间相互学习、信息交流以及彼此信任等方面的协同要素对组织绩效的影响十分重要（韩炜，2011），这是以交流促协同的基本构成。在网络整合能力方面，总承包企业充分发挥资源整合优势，采用外部优势资源弥补自身发展短板，以良好的网络整合体系清除项目建设中的界面障碍，共同抵御潜在风险。在网络控制能力方面，总承包企业通过对网络运行尤其是项目实施中的严格监督与约束，把控着项目全过程和阶段衔接上的协同一致，进而实现项目的有序组织与协调。在网络学习能力方面，总承包企业通过学习借鉴先进理念，消除项目建设中的技术障碍，以实际行动把提高学习能力作为消除界面壁垒的前提和保障。可见，做好界面问题的研究，为工程承包模式的相关管理与分析，尤其是为体现项目价值提供了方法路径（阎长俊、李雪莹，2005）。总承包企业在网络治理中，正是以协同管理为手段实现对企业网络系统的有效治理，促使网络系统协调运作，并产生"1+1>2"的协同效应，并最终实现网络内部协调从无序到有序的转变。

根据上述讨论，现作出如下假设：

H10：界面协同在总承包企业网络治理能力与项目绩效之间发挥中介作用。

H10a：界面协同在总承包企业网络交流能力与项目绩效之间发挥中介作用。

H10b：界面协同在总承包企业网络整合能力与项目绩效之间发挥中介作用。

H10c：界面协同在总承包企业网络控制能力与项目绩效之间发挥

中介作用。

　　H10d：界面协同在总承包企业网络学习能力与项目绩效之间发挥中介作用。

　　基于以上研究假设的提出，研究形成如图5-1所示的概念关系研究模型（框架）。

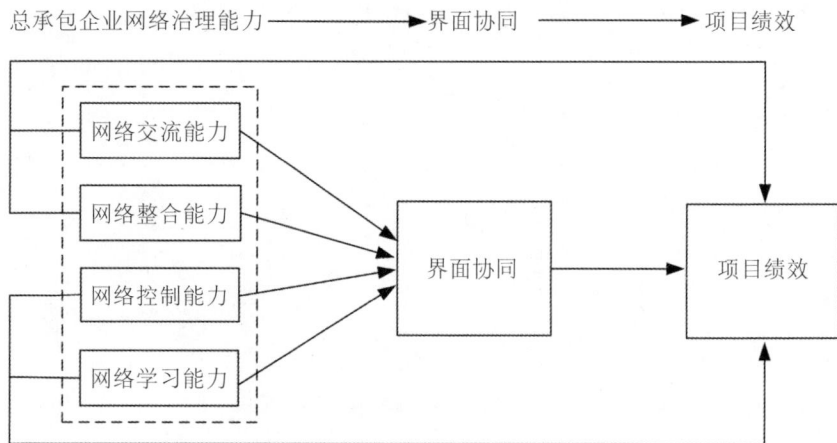

图 5-1　概念关系研究模型（框架）

5.2　变量测量与数据收集

5.2.1　问卷设计与变量测量

1.问卷设计

　　良好的问卷设计可以使研究者更好地收集研究数据，并使问卷具有良好的信效度。本书的调查问卷围绕总承包企业网络治理能力、界面协同和项目绩效展开，问卷主要包含以下五方面的内容（详见附录C）：

　　① 问卷收集的背景以及问卷填写说明；

　　② 被调查对象的基本情况；

　　③ 总承包企业网络治理能力的测量；

　　④ 界面协同的测量；

⑤ 项目绩效的测量。

其中③④⑤是问卷的核心内容，为了更好地反映核心内容的实际情况，并降低被调研对象回答的随意性，我们选用李克特（Likert）5级测量量表来设计相应的调查问卷。

在问卷设计的过程中，为了使被调研对象能够准确理解测量题项的含义，特别邀请了12位从事总承包项目管理工作的相关人员对初步测量问卷进行了试答，并对部分题项进行了修正。与此同时，研究还采用了小范围预调研的方式，发放72份问卷进行预调研，并在72份初始问卷信度效度检验的基础上，对无效题项进行删减，形成本书的最终调查问卷。

2.变量测量

根据本书提出的理论模型，在借鉴已有研究成果的基础上，对研究涉及变量的量表进行了设计，主要内容如下：一是对总承包企业网络治理能力进行测量，包括网络交流能力、网络整合能力、网络控制能力、网络学习能力。二是对界面协同进行测量，共由5个测量题项组成。三是对项目绩效进行测量，测量题项的设计参考了Papke-Shields、Rodrigues（2010）等的研究，共由6个题项组成。以上三部分均采用李克特5级量表对变量进行测量。

（1）对总承包企业网络治理能力的测量

总承包企业网络治理能力采用第3章开发的总承包企业网络治理能力测量量表，共包含网络交流能力、网络整合能力、网络控制能力和网络学习能力四个维度，其中网络交流能力包含5个题项，网络整合能力包含4个题项，网络控制能力包含4个题项，网络学习能力包含4个题项（详见附录C）。

（2）对界面协同的测量

界面协同测量量表改编自马婕（2016），张志强（2014），李辉山、费纪祥（2016）等关于界面协同的相关研究，为了适用于本书的研究情境，研究在尊重相关题项原意的基础上，结合实地调研和试答等的反馈意见，对相关题项的表述进行了适当的调整，最终形成包含5个题项的界面协同测量量表（见表5-1）。

表5-1 **界面协同测量量表**

概念	题项	参考文献
界面协同	合作企业的目标与项目总目标一致性高	马婕（2016） 张志强（2014） 李辉山、费纪祥（2016）
	合作企业间关系融洽	
	合作企业间遵循了相同的行业质量标准	
	项目不同阶段设计、采购、施工衔接流畅	
	合作企业间实现了有效的信息共享	

（3）对项目绩效的测量

项目绩效的测量量表改编自 Papke-Shields 等（2010）、Rodrigues 等（2014）和于淼（2016）关于项目绩效的相关研究，与界面协同量表的编制相似，为了适用于本书的研究情境，研究在尊重相关题项原意的基础上，结合实地调研和试答等反馈意见，对相关题项表述进行了适当调整，最终形成包含6个题项的项目绩效测量量表（见表5-2）。

表5-2 **项目绩效测量量表**

概念	测量题项	参考文献
项目绩效	项目按进度计划完成	Papke-Shields 等（2010） Rodrigues 等（2014） 于淼（2016）
	项目在成本预算内完成	
	项目满足预定的质量标准	
	项目满足预定的安全标准	
	业主对产品和服务综合评价高	
	合作企业对合作过程满意，愿意保持长期合作关系	

（4）控制变量

参照齐羽（2013）和于淼（2016）关于界面协同和项目绩效等相关研究设计，考虑到企业类型、企业性质和企业规模可能会对本书理论模型检验产生相应影响，因此，本书也将企业类型、企业性质和企业规模作为控制变量纳入到模型检验过程中，用以判定这三者是否会对理论模型检验产生影响。

5.2.2　数据收集与样本描述

1.数据收集

在调研样本选择上，本书主要选择从事总承包项目工作的相关人员展开，分别选取了不同领域和不同类型的总承包企业，分包企业，咨询单位（含高校及研究机构），业主单位（含政府及企业发包方），监理单位，材料、设备供应商等，力求使调研对象尽可能地覆盖总承包项目的不同参与方；在企业性质上，主要选取了中央企业、地方国企、合资企业、民营企业、外资企业等不同性质的总承包企业相关工作人员。考虑到地域性差异，研究选择在大连、沈阳、上海、厦门、武汉、北京、银川、成都、杭州、深圳等 10 个城市相关企业进行调研。

本次调研主要采用两种方式收集问卷，具体为：①现场发放与回收。该方式主要由本书的作者和导师来完成，其中作者主要在大连以及沈阳的相关合作企业现场发放问卷并回收，而本书作者的导师主要在大连、沈阳、厦门和北京等地通过 EMBA/MBA 课堂收集相关问卷。②网络问卷发放。网络问卷的发放主要借助在读学院、导师的人际关系网络，通过网络将电子问卷发放给总承包企业相关从事人员，从而实现数据的收集。

问卷发放时间从 2018 年 3 月开始到 2018 年 12 月结束，共计发放问卷 377 份，回收问卷 328 份，通过问卷填写时长、缺失项等多种途径的人工预判，共得到有效问卷 268 份，问卷数量约为测量题项的 10 倍，符合管理学领域问卷样本数量应为测试题项的 5～10 倍这一要求。在 268 份数据中包含现场收集问卷 141 份，网络问卷 127 份。考虑到这两种问卷收集方式的差异较大，因此研究对两组样本进行了独立样本 T 检验，发现其显著性为>0.05，表明两组样本之间不存在显著差异，可以当成 1 份样本来进行后续的数据分析。

由于本书问卷中的所有题项均来自于 268 份有效问卷，因此需要进行同源方差检验，研究对本次问卷调查的样本数据进行了基于 Harman 单因子检验逻辑的同源方差检验，结果显示最大因子的方差解释量小于 40%，表明样本数据并不存在同源方差。

2.样本描述

通过对调查问卷的设计、论证、预调研、发放、收集、分析等各环节的严格把控，本书较好地完成了数据收集任务，经过认真梳理归纳，本次调研样本的基本信息见表5-3。

表5-3　　　　　　　　　　　　　　**样本的基本信息**

样本特征		数量	百分比	样本特征		数量	百分比
性别	男	185	69.03%	所属行业	石油、化工、冶金	26	9.70%
	女	83	30.97%		能源、电力与生物技术	17	6.34%
企业成立年限	5年以下	81	30.22%		机械制造业	11	4.10%
	5~10年	43	16.04%		房屋建筑	93	34.70%
	10~20年	54	20.15%		交通运输	29	10.82%
	20年以上	90	33.58%		电子、通信、软件业	35	13.06%
企业员工人数	1~300人	64	23.88%		咨询、法律、中介服务	35	13.06%
	301~500人	32	11.94%		其他	22	8.21%
	501~1000人	39	14.55%	企业类型	设计主导型总承包企业	81	30.22%
	1001~2000人	68	25.37%		施工主导型总承包企业	56	20.90%
	2000人以上	65	24.25%		咨询单位	7	2.61%
企业角色	董事长/总经理	100	37.31%		业主单位	18	6.72%
	副总经理	53	19.78%		监理单位	14	5.22%
	部门经理/副经理	73	27.24%		材料、设备供应商	24	8.96%
	项目经理/副经理	30	11.19%		设计分包单位	30	11.19%
	项目团队成员	12	4.48%		施工分包单位	38	14.18%
从事项目管理时间	2年以下	26	9.70%	企业性质	中央企业	63	23.51%
	2~5年	72	26.87%		地方国企	89	33.21%
	5~10年	98	36.57%		合资企业	32	11.94%
	10~20年	55	20.52%		民营企业	57	21.27%
	20年以上	17	6.34%		其他	27	10.07%

注：因采用小数点后两位四舍五入，企业成立年限、所属行业分布和企业员工人数各样本百分比合计为99.99%。

5.3 信度与效度检验

调研数据的可信度和有效性是进行数据分析并检验相关假设是否成立的前提，因此在数据分析之前，需要对量表的信度和效度进行相关检验，以确保后续数据分析的准确性和反映概念的客观性与真实性。本部分主要采用 Cronbach's α 系数来进行量表的内部一致性检验，从而判断量表的信度；主要采用结构方程模型来检验量表的内容效度与结构效度，从而实现效度的检验。

5.3.1 信度检验

本书采用反映内部一致性的 Cronbach's α 系数进行信度检验。Cronbach's α 值可以用来表征测量概念所有题项的一致性程度，其取值一般介于 0 和 1 之间，且数据越接近于 1，代表测量题项的内部一致性系数越好，也表明信度系数越高，本书采用 Cronbach's α 值大于 0.7 作为评价量表信度的评价基准。分别计算总承包企业网络治理能力、网络交流能力、网络整合能力、网络控制能力、网络学习能力、界面协同和项目绩效等变量的 Cronbach's α 值，列于表 5-4 中。

表5-4 量表的信度分析

变量		题项	CITC	Alpha if Item Deleted	Cronbach's α	Total Cronbach's α
总承包企业网络治理能力	网络交流能力	JL1	0.791	0.845	0.886	0.903
		JL2	0.727	0.861		
		JL3	0.706	0.866		
		JL4	0.810	0.841		
		JL6	0.593	0.889		
	网络整合能力	ZH2	0.711	0.806	0.853	
		ZH3	0.727	0.799		
		ZH4	0.646	0.833		
		ZH5	0.692	0.814		

变量		题项	CITC	Alpha if Item Deleted	Cronbach's α	Total Cronbach's α
总承包企业网络治理能力	网络控制能力	KZ1	0.760	0.788	0.854	0.903
		KZ3	0.675	0.824		
		KZ4	0.733	0.799		
		KZ5	0.625	0.846		
	网络学习能力	XX1	0.656	0.864	0.871	
		XX2	0.729	0.834		
		XX3	0.757	0.823		
		XX4	0.767	0.820		
界面协同	—	XT1	0.758	0.845	—	0.881
		XT2	0.626	0.875		
		XT3	0.784	0.839		
		XT4	0.709	0.857		
		XT5	0.699	0.859		
项目绩效	—	JX1	0.714	0.851	—	0.877
		JX2	0.727	0.848		
		JX3	0.705	0.852		
		JX4	0.725	0.849		
		JX5	0.607	0.868		
		JX6	0.616	0.867		

通过表5-4可知，总承包企业网络治理能力的整体Cronbach's α值为0.903，大于0.7的判定标准，网络交流能力的整体Cronbach's α值为0.886，网络整合能力的整体Cronbach's α值为0.853，网络控制能力的Cronbach's α值为0.854，网络学习能力的Cronbach's α值为0.871，均大于0.7的判别标准，这说明总承包企业网络治理能力的测量量表具有良好的内部一致性。且各个题项的项目-总体相关系数（CITC）均大于0.5，进一步对比删除题项后的Cronbach's α值除了JL6删除后Cronbach's α会有微小的提升，其他题项删除后的Cronbach's α值均小于总承包企

业网络治理能力、网络交流能力、网络整合能力、网络控制能力、网络学习能力等因子的Cronbach's α值，这初步表明总承包企业网络治理能力具有良好的信度。

与总承包企业网络治理能力的计算相类似，研究还采用SPSS22.0分别计算了界面协同和项目绩效的Cronbach's α值以及项目-总体相关系数（CITC），详见表5-4。通过表5-4可知，界面协同的Total Cronbach's α值为0.881，且界面协同的5个题项的CITC值均大于0.5，而删除界面协同的任一测量题项后，其Cronbach's α值均小于界面协同的Cronbach's α值，因此可以认为界面协同的测量量表具有较好的内部一致性，也即量表具有良好的信度。表5-4同样显示项目绩效的Total Cronbach's α值为0.877，大于0.7的判定标准，初步表明量表具有较好的内部一致性，进一步计算项目绩效6个题项的CITC值，结果显示其值介于0.607-0.714之间，均大于0.5的判别标准，而删除项目绩效的任一测量题项后，其Cronbach's α值均小于项目绩效的Cronbach's α值，据此可以推断，项目绩效的测量量表具有良好的信度。

5.3.2 效度检验

基于量表的管理学相关研究中，量表的效度检验通常需要考察量表的内容效度和结构效度。在内容效度方面，本书相关概念的测量题项多改编自成熟的测量量表，部分来自于访谈的测量题项也经过了多轮的讨论和多次的定量验证，基本可以保证内容具有良好的内容效度。而结构效度的评判可以通过探索性因子分析和验证性因子分析步骤来完成。基于此，本书采用探索性因子分析和验证性因子分析来进行量表的结构效度评估。

1.探索性因子分析

在运用探索性因子分析来检验量表效度时通常采用因子载荷评判的方式来判断量表的收敛效度和区分效度。通常来讲当题项在其所测量的概念上因子载荷越高，说明其收敛效度越好，与此同时，其在其他非测量概念上的因子载荷越低，则表明其区分效度越好。因此，本部分将分别计算总承包企业网络治理能力、界面协同以及项目绩效各个测量题项的因子载荷，从而判断各个概念的收敛和区分效度。具体分析如下：

（1）总承包企业网络治理能力的探索性因子分析

首先对总承包企业网络治理能力进行探索性因子分析，在进行因子分析前，需要验证相应概念样本数据的KMO值和Bartlett's球形检验值，以确保数据适用于探索性因子分析。运用SPSS22.0计算总承包企业网络治理能力的KMO值和Bartlett's球形检验值，结果显示KMO值为0.885，其Bartlett's球形检验值是2 541.274，自由度是136，显著性水平P=0.000，符合探索性因子分析的标准。选取正交旋转后，总承包企业网络治理能力共提取特征根大于1的因子4个，其因子载荷情况见表5-5。

表5-5　　　总承包企业网络治理能力的探索性因子分析

题项	因子			
	F1	F2	F3	F4
JL1	0.222	0.227	0.171	0.756
JL2	0.174	0.178	0.140	0.815
JL3	0.162	0.085	0.160	0.766
JL4	0.175	0.098	0.169	0.785
JL6	0.836	0.100	0.156	0.197
ZH2	0.762	0.163	0.294	0.118
ZH3	0.798	0.072	0.186	0.083
ZH4	0.854	0.162	0.073	0.205
ZH5	0.686	0.096	0.060	0.212
KZ1	0.155	0.132	0.855	0.118
KZ3	0.202	0.181	0.770	0.097
KZ4	0.155	0.145	0.808	0.226
KZ5	0.137	0.214	0.696	0.227
XX1	0.131	0.790	0.147	0.045
XX2	0.135	0.800	0.102	0.272
XX3	0.119	0.836	0.176	0.122
XX4	0.117	0.819	0.226	0.156

通过表5-5可以看出，各个题项在其测量概念上的因子载荷均大于0.5，且在其他概念上不存在交叉载荷项，因此可以认为总承包企业网络治理能力具有良好的收敛效度和区分效度。

（2）界面协同的探索性因子分析

采用与总承包企业网络治理能力相同的分析方法计算界面协同的探索性因子，分析结果显示，界面协同的KMO值为0.862，Bartlett's球形检验值为680.481，自由度为10，显著性水平P=0.000，符合探索性因子分析的标准。随后提取出特征根大于1的因子共1个，符合理论模型的预设，据此，可以推论界面协同具有良好的收敛效度和区分效度。

（3）项目绩效的探索性因子分析

采用相同的方法对项目绩效进行探索性因子分析的结果显示，项目绩效样本数据的KMO值为0.890，其Bartlett's球形检验值是723.835，自由度是15，显著性水平P=0.000，符合探索性因子分析的标准。计算后共提取出1个因子，符合理论预设。而且各题项在其所测量因子上的载荷系数均大于0.5的标准，各个题项不存在交叉载荷现象，说明该量表具有较好的收敛效度和区分效度。

2.验证性因子分析

本书采用验证性因子分析方法来判定测量量表的结构效度，在分析过程中，研究选择结构方程软件AMOS来进行相关数据的计算，而组合信度（CR）与平均变量抽取量（AVE）指标也被用来验证和评价测量量表的结构效度。具体分析如下：

（1）总承包企业网络治理能力的验证性因子分析

探索性因子分析结果显示总承包企业网络治理能力是一个四因子结构的概念，基于此我们构建了验证性因子分析的四因素模型，并运用AMOS软件计算了总承包企业网络治理能力的相关拟合指标，结果显示总承包企业网络治理能力四因素模型的X2/df值为1.796，符合一般要求的小于3的标准，RMSEA值为0.021，符合小于临界值0.08的标准；GFI值为0.920，符合大于0.9的标准；AGFI值为0.891，接近于0.9的标准，考虑到该指标容易受到样本量的影响，学术界一般认为当该指标接近于0.9时，也符合模型要求；NFI值为0.922，符合大于0.9的标准；

CFI值为0.964，符合大于0.9的标准。因此，总体而言，总承包企业网络治理能力模型的整体适配度较好。

在模型评估的基础上，进一步将验证性因素分析的标准化因子载荷、组合信度（CR）与平均变量抽取量（AVE）等值列在表5-6中。通过表5-6可知，总承包企业网络治理能力各测量题项的标准化因子载荷均大于0.5，且网络交流能力、网络整合能力、网络控制能力和网络学习能力的CR值均大于0.7，AVE值均大于0.5，这表明总承包企业网络治理能力的测量量表具有良好的结构效度。

表5-6　　　　总承包企业网络治理能力的验证性因子分析

变量		题项	标准化因子载荷	CR	AVE
总承包企业网络治理能力	网络交流能力	JL1	0.840	0.889	0.617
		JL2	0.798		
		JL3	0.758		
		JL4	0.873		
		JL6	0.637		
	网络整合能力	ZH2	0.805	0.853	0.593
		ZH3	0.809		
		ZH4	0.705		
		ZH5	0.757		
	网络控制能力	KZ1	0.843	0.859	0.605
		KZ3	0.735		
		KZ4	0.836		
		KZ5	0.685		
	网络学习能力	XX1	0.705	0.874	0.635
		XX2	0.803		
		XX3	0.832		
		XX4	0.841		

（2）界面协同的验证性因子分析

理论模型和探索性因子分析结果显示，界面协同是一个包含5个题项的单一因子模型，据此在 AMOS 软件绘制界面协同的因子结构模型，并计算模型的相关拟合指标，模型初始拟合指标不够理想，随后根据软件指示，将测量题项 XT4 和 XT5 的残差项设定为相关，模型拟合则符合相关标准，这表明 XT4 和 XT5 一定程度上还共同受到其他因素的影响。修正后的模型拟合结果显示，界面协同的 X^2/df 值为 2.576，符合小于 3 的标准；RMSEA 值为 0.077，符合小于临界值 0.08 的标准；GFI 值为 0.984，符合大于 0.9 的标准；AGFI 值为 0.941，符合大于 0.9 的标准；NFI 值为 0.985，符合大于 0.9 的标准；CFI 值为 0.991，符合大于 0.9 的标准。因此，总体而言，界面协同的整体适配度较好。进一步将验证性因子分析的标准化因子载荷、组合信度（CR）与平均变量抽取量（AVE）等值列在表 5-7 中。通过表 5-7 可知，界面协同的 CR 值均大于 0.7，AVE 值均大于 0.5，这表明界面协同测量量表具有良好的结构效度。

表5-7　　　　　　　　界面协同和项目绩效的验证性因子分析

变量	题项	标准化因子负荷	CR	AVE
界面协同	XT1	0.834	0.879	0.594
	XT2	0.675		
	XT3	0.867		
	XT4	0.729		
	XT5	0.732		
项目绩效	JX1	0.767	0.878	0.546
	JX2	0.791		
	JX3	0.765		
	JX4	0.789		
	JX5	0.648		
	JX6	0.659		

（3）项目绩效的验证性因子分析

理论模型和探索性因子分析结果同样显示，项目绩效是一个包含 6 个题项的单一因子模型，据此在 AMOS 软件绘制项目绩效的因子结构模型，并计算模型的相关拟合指标，结果显示项目绩效的 RMSEA 值为

0.057，符合小于临界值0.08的标准；GFI值为0.980，AGFI值为0.954，NFI值为0.977，CFI值为0.989，均符合大于0.9的标准。因此，总体而言，项目绩效的整体适配度较好。进一步将验证性因子分析的标准化因子载荷、组合信度（CR）与平均变量抽取量（AVE）等值列在表5-7中。通过表5-7可知，项目绩效的CR值均大于0.7，AVE值均大于0.5，这表明项目绩效测量量表具有良好的结构效度。

在此基础上，进一步计算各个因子之间的相关系数（见表5-8）。通过表5-8可以看出，各个变量间具有一定的相关性，进一步计算各个变量AVE值的平方根可以发现，各因子AVE值的平方根均大于其对角线上的相关系数，这表明量表具有良好的区分效度和结构效度。

表5-8 相关分析

变量	网络交流能力	网络整合能力	网络控制能力	网络学习能力	界面协同	项目绩效
网络交流能力	0.785					
网络整合能力	0.454**	0.770				
网络控制能力	0.428**	0.445**	0.778			
网络学习能力	0.347**	0.400**	0.434	0.797		
界面协同	0.501**	0.431**	0.554**	0.505**	0.771	
项目绩效	0.551**	0.554**	0.587**	0.523**	0.627**	0.739

注：**表示P<0.01，对角线为AVE值的平方根。

5.4 假设检验

1.模型的初步拟合

根据研究目的，结构方程模型可以用来进行模型的对比与选择，检验模型的合理性和产生结构模型。本书立足于相应的理论模型，可以理解为检验和产生模型的范畴，因此，根据理论基础以及总承包企业"网络治理能力-界面协同-项目绩效"之间的关系假设，本书绘制了包含总承包企业网络治理能力、界面协同和项目绩效的结构方程模型（如图5-2所示），并对其进行了拟合，拟合结果见表5-9。通过表5-9可以看出，只有路径"XT←ZH"的C.R.值小于相关参考标准1.96，且不具有统计学意义，而其他路径的 C.R. 值都大于相应的参考标准，且存在统计学意义（见表中的显著性标识）。模型拟合的相关指标显示，该结构方程模型的拟合指标 X^2/df 值为 1.420，符合一般建议的值小于 3 的相关要求，RMSEA 值为 0.040，符合一般建议的值小于 0.08 的相关要求，GFI 值为 0.890，不符合一般建议的大于 0.9 的标准，AGFI 值为 0.867，也不符合一般建议的大于 0.9 的标准，此外，拟合指标 NFI 的值为 0.898，小于要求的建议值 0.9，而 CFI 值为 0.967，符合要求的大于 0.9 的标准。考虑到 GFI、AGFI 和 NFI 值都不符合相关要求，因此可以考虑对模型进行一定的修正，以确保模型具有良好的适配度。此外，考虑到控制变量可能会对项目绩效产生影响，我们也尝试探索了企业类型、企业性质和企业规模对项目绩效的影响（见表 5-9），结果显示，企业类型、企业性质和企业规模并不会对项目绩效产生实质影响。

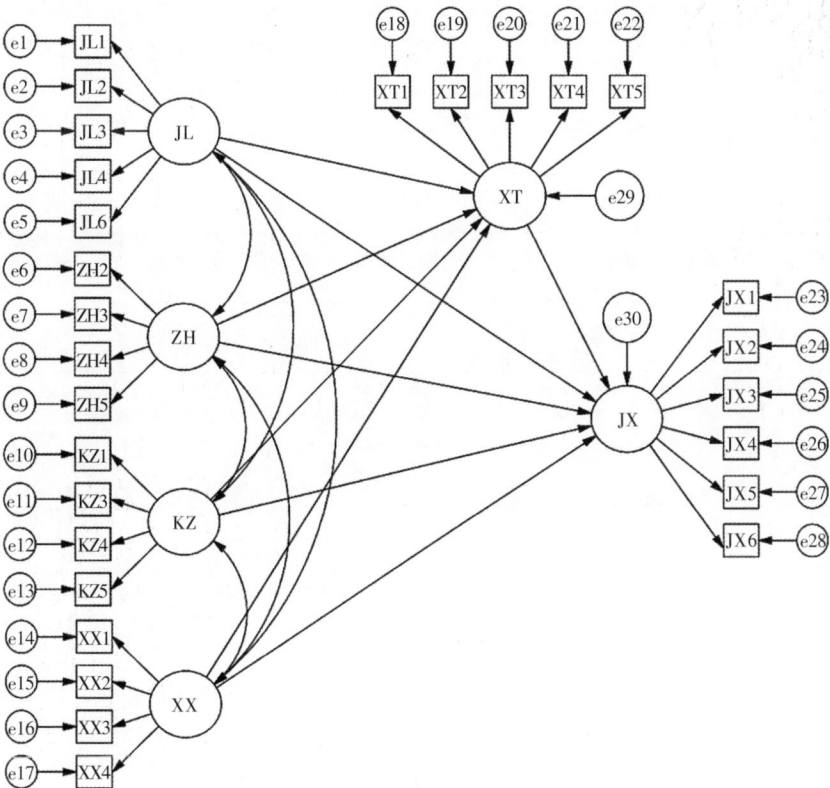

图 5-2　结构方程模型

表5-9　　　　　　　　　结构方程模型拟合结果

路径	假设	标准化系数	S.E.	C.R.	P
XT←JL	H5	0.241	0.059	3.611	***
XT←ZH	H6	0.065	0.067	0.896	0.370
XT←KZ	H7	0.349	0.072	4.856	***
XT←XX	H8	0.260	0.069	3.812	***
JX←JL	H1	0.181	0.044	3.033	0.002**
JX←ZH	H2	0.242	0.049	3.807	***
JX←KZ	H3	0.197	0.054	2.985	0.003**
JX←XX	H4	0.164	0.050	2.717	0.007**
JX←XT	H9	0.285	0.059	3.966	***
JX←企业类型	/	−0.050	0.024	−1.216	0.224
JX←企业性质	/	−0.069	0.022	−1.673	0.094
JX←企业规模	/	−0.070	0.023	−1.704	0.088

注：***表示P<0.001，**表示P<0.01。

2.模型修正与确定

考虑到初始模型部分指标拟合程度较低，研究进一步采用两个步骤对初始模型进行了拟合，即首先删除了未达到相关标准的"XT←ZH"路径，在此基础上进一步参考结构方程模型分析软件 AMOS 提供的修正指标（Modification Indices），增加了部分残差项之间的相关关系，修正后的结构方程模型如图5-3所示。修正后模型的相关拟合指标 X²/df 值为 1.165，符合一般建议的值小于 3 的相关要求，RMSEA 值为 0.025，符合一般建议的值小于 0.08 的相关要求，GFI 值为 0.909，符合一般建议的大于 0.9 的标准，AGFI 值为 0.887，虽然不符合一般建议的大于 0.9 的标准，但该指标容易受到样本量和样本数据的影响，因此当其接近 0.9 且其他指标符合相应要求时，一般也认为模型具有良好的适配度。此外，拟合指标 NFI 的值为 0.918，符合要求的值大于 0.9 建议，而 CFI 值为 0.967，符合要求的值大于 0.9 的标准，这表明修正后的模型，拟合效果良好，可以用来进行相关假设的检验。

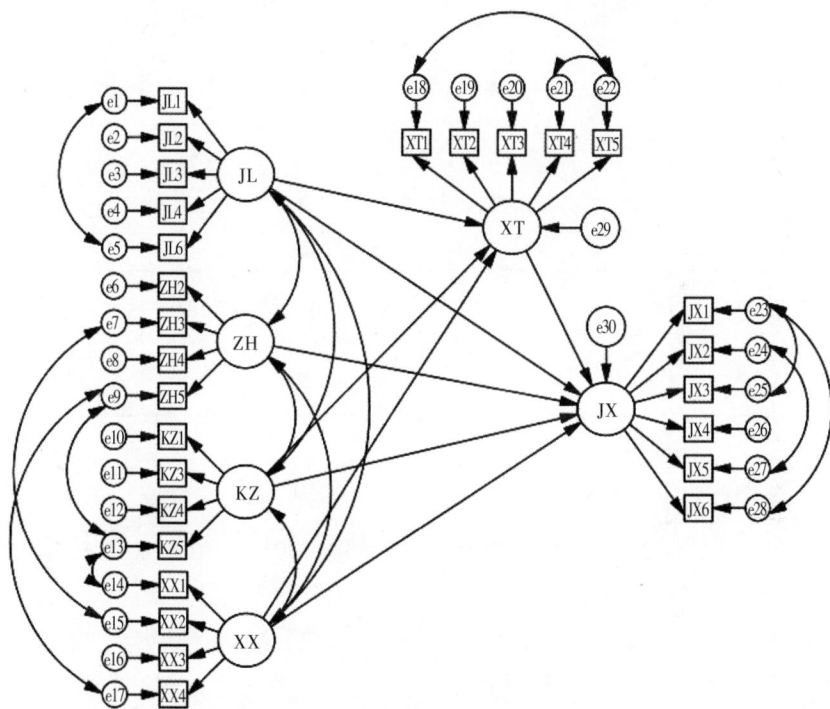

图 5-3　修正后的结构方程模型

将进一步修正后的结构方程模型拟合结果列于表 5-10 中，从表中可以看出，所有的路径的 C.R. 值都大于参考值 1.96，且所有路径都在 P 值小于 0.01 的水平上具有显著性。综合表 5-9 和表 5-10 可知，假设 H1、H2、H3、H4、H5、H7、H8 和 H9 得到了验证，而假设 H6 未得到验证；进一步结合 H1、H5 和 H9，可知 H10a 得到初步验证；结合 H2、H6 和 H9，可知 H10b 未通过验证；结合 H3、H7 和 H9，可知 H10c 得到初步验证；而结合 H4、H8 和 H9，可知 H10d 得到初步验证；整合 H10a、H10b、H10c 和 H10d 可知，假设 H10 得到部分验证。

表5-10　　　　　　　　　　修正后的结构方程模型拟合结果

路径	假设	标准化系数	S.E.	C.R.	P
XT←JL	H5	0.248	0.056	3.890	***
XT←KZ	H7	0.381	0.069	5.388	***
XT←XX	H8	0.278	0.067	4.166	***
JX←JL	H1	0.176	0.042	2.941	0.003**
JX←ZH	H2	0.255	0.046	4.071	***
JX←KZ	H3	0.195	0.053	2.911	0.004**
JX←XX	H4	0.168	0.047	2.837	0.005**
JX←XT	H9	0.289	0.059	3.936	***

注：***表示P<0.001，**表示P<0.01。

3.模型效应的分解

为了更加全面深入地理解总承包企业"网络治理能力-界面协同-项目绩效"之间的作用关系，基于修正后的模型对"总承包企业网络治理能力、界面协同和项目绩效"的模型效应进行分解，以进一步验证中介作用的存在，并计算界面协同在网络交流能力、网络整合能力、网络控制能力和网络学习能力四个维度中的作用量，相关分解结果列在表5-11中。在进行中介效应检验时，需对模型的总效果及其显著性进行计算，经计算，网络交流能力、网络整合能力、网络控制能力和网络学习能力对项目绩效具有总效应，且在P值小于0.01的水平上具有显著性，可以进行后续的相关研究。通过表5-11可以看出，界面协同对网络交流能力与项目绩效关系的中介作用量为0.072，假设H10a得到进一步验证。界面协同对网络控制能力与项目绩效关系的中介作用量为0.110，假设H10c得到进一步验证。界面协同对网络学习能力与项目绩效关系的中介作用量为0.081，假设H10d得到进一步验证。进一步从表

5-11可知，界面协同未对网络整合能力与项目绩效之间的关系产生影响，因此假设 H10b 未得到验证。综合假设 H10a、H10b、H10c 和 H10d，可以推论假设 H10 得到了部分验证。

表5-11　　　　　　　　结构方程模型拟合结果（分解）

路径	总效应	直接效应	间接效用
XT←JL	0.248	0.248	0.000
XT←KZ	0.381	0.381	0.000
XT←XX	0.278	0.278	0.000
JX←JL	0.248	0.176	0.072
JX←ZH	0.255	0.255	0.000
JX←KZ	0.305	0.195	0.110
JX←XX	0.249	0.168	0.081
JX←XT	0.289	0.289	0.000

5.5　结果分析与讨论

本书遵循科学规范的实证研究范式，对总承包企业网络治理能力、界面协同、项目绩效之间关系进行了实证检验。研究共提出10条主假设4条子假设，其中有8条主假设通过检验，1条主假设未通过，1条主假设部分通过；而从子假设验证来看，有3条子假设通过，1条子假设未通过，具体见表5-12。接下来，本书针对这些检验结果，结合相关理论以及案例情况进行深入分析，以此阐明通过验证、部分通过验证以及未通过验证的内在原因。

表5-12 假设检验结果汇总

假设编号	假设内容	研究结论
H1	总承包企业网络交流能力对项目绩效具有正向影响	通过
H2	总承包企业网络整合能力对项目绩效具有正向影响	通过
H3	总承包企业网络控制能力对项目绩效具有正向影响	通过
H4	总承包企业网络学习能力对项目绩效具有正向影响	通过
H5	总承包企业网络交流能力对界面协同具有正向影响	通过
H6	总承包企业网络整合能力对界面协同具有正向影响	未通过
H7	总承包企业网络控制能力对界面协同具有正向影响	通过
H8	总承包企业网络学习能力对界面协同具有正向影响	通过
H9	界面协同对项目绩效具有正向影响	通过
H10	界面协同在总承包企业网络治理能力与项目绩效之间发挥中介作用	部分通过
H10a	界面协同在总承包企业网络交流能力与项目绩效之间发挥中介作用	通过
H10b	界面协同在总承包企业网络整合能力与项目绩效之间发挥中介作用	未通过
H10c	界面协同在总承包企业网络控制能力与项目绩效之间发挥中介作用	通过
H10d	界面协同在总承包企业网络学习能力与项目绩效之间发挥中介作用	通过

第一，检验结果反映了总承包企业网络治理能力与项目绩效之间的关系，支持了假设H1、H2、H3、H4。假设H1~H4的检验表明，总承包企业网络治理能力的4个维度中，各个维度均对项目绩效产生显著影响，而这4个维度全面反映了总承包企业网络治理能力的核心表征，所以说，总承包企业网络治理能力对项目绩效具有显著的正向影响。具体分析来看：

总承包企业网络交流能力对项目绩效具有显著正向影响，假设H1

成立。这表明网络交流能力对企业间的沟通具有重要影响作用，即能够在促进企业交流中推动网络节点企业之间形成目标共识、共同为实现项目目标而努力。网络交流能力之所以对项目绩效具有正向影响，主要是因为网络交流能力作为增强利益相关方之间信任感与合作的有效手段，能够在项目建设中以广阔的沟通渠道减少合作中的矛盾冲突，推动项目绩效的提升。正是由于总承包企业在网络治理中的沟通协调、构建信任以及对矛盾的及时解决，才能够在实践中推动网络交流能力的提升，进而维护和支配着与节点企业的互惠伙伴关系，这与 Dyer、Singh（1998），Chiu（2008），Doloi（2009）等研究结论相一致。从现有研究结果看，项目中有效沟通和协调能显著影响项目中的主体交互和活动交互，有助于形成项目成员和外部利益相关者对项目的共识，项目的沟通效果越好，项目的绩效越好（Katz，1982）。仅以 A 企业为例，A 企业在项目实施中，能够经常召开企业座谈会，通过灵活多样的方式加强与合作企业的联系沟通，不仅沟通频率高，而且沟通效果好，这种效果既体现在信息传递上，也体现在矛盾化解和信任构建上，这不仅有利于总承包项目的顺利实施，而且为项目绩效提升奠定了基础。因此，总承包企业网络交流能力越强，则企业之间的协调效果越明显，企业项目绩效也就越好。

总承包企业网络整合能力对项目绩效具有显著影响，假设 H2 成立。在总承包项目网络中，如果企业网络整合能力越强，则越有利于加强企业的内部积累和外部资源获取，这对企业做好资源的优化整合是非常有利的。同时，企业的网络整合能力越强，则越有助于企业实现对知识技术等资源的有效转移，知识技术转移的过程也是网络节点企业对知识技术获取的过程，企业拥有获取知识技术的渠道越多，则项目绩效水平就越高。从另一个原因看，合作网络尽管有着丰富的网络资源，但如何实现这些网络资源运用最大化，对网络核心企业是一个较大考验，总承包企业通过对网络资源合理优化整合，全面提高了优势资源的共享共用和使用效率，进而带来项目绩效的提升。可见，在网络中越靠近中心位置的总承包企业，在信息和资源互动方面越有利，越能有效整合和控制资源并对其进行恰当配置，从而使其长期处于竞争优势地位并具有获得超额利润的潜力。这与 Madhok、Tallman（1998），Zahra、Bogner（2000），Barney（2001），李海舰、聂辉华（2002）等研究结果是相同的。这也在案例企业中得到检验，比如 B 企业在哈项目建设初期，就围绕设计、采购、施工、试运四大流程进行专业化策划，并对各流程计划在各专业工程师研究制订基础上提交至计划工程师进行整合。计划工程师对项目推进工序等进行统筹编排，制定合作企业具体协作流程、协作原则，并实施分权性质的扁平化管理，减少内部管理层级，以管理的高度弹性促进网络节点企业的资源转化，促使自身资源效能的放大并不断激发合作企业的潜力，进而实现企业利益目标。

总承包企业网络控制能力对项目绩效具有显著影响，假设 H3 成立。总承包企业网络控制能力对项目绩效的提升最为直接，一般而言，总承包企业在协调各子系统经营行为的基础上，通过对项目实施中的设计、施工、管理等环节进行一体化管理，合理分配与整合网络资源项目需求，协同节点企业的矛盾冲突，建立良好运行秩序，提升项目绩效水平。在项目实施中，总承包企业伴随着网络治理程度和对网络影响力加深的进程，逐步制定一套网络节点企业认可的网络行为准则，从而使网络运行得到有效监督，一并推动合作向着共同目标发展，这与 Powell 等（1996），Dyer、Singh（1998），Toe（1998），李新春（2000）等研究结论一致。通过对案例企业的分析看，网络控制能力之所以对项目绩效产生重要影响，主要原因体现在：企业通过以较强的目标引领能力带动合作企业齐头并进，并在项目实施中，严格做好项目的控制监督，确保项目在正常轨道运行。同时，采取激励机制等有效手段与合作企业建立合作伙伴关系。相对而言，A 企业的网络控制能力较强，其网络控制能力较好地体现在包钢新体系 300 万吨焦化项目实施中。A 企业在该项目建设中，立足于共同项目目标为指引，协同各合作企业对项目全生命周期进行过程控制，将赢得值管理系统纳入到公司 ERP 系统中，较好实现了对项目各阶段的动态控制，产生了良好的项目绩效成效。

总承包企业网络学习能力对项目绩效具有显著影响，假设 H4 成立。从网络学习能力看，总承包企业在强化学习中促进知识技术的获取、共享和应用，影响了企业成员间的协作和团队创新，有助于推动项目取得成功。从内在机理分析，总承包企业无论是项目绩效的提高还是网络治理能力的提升，都有赖于企业自身知识技术作支撑。网络学习能力的强弱决定了获取技术渠道的多寡，吸收能力得到一定程度的培育对网络组织转移知识和提升绩效具有积极的作用，这与Zahra、Bogner（2000）、Watson（2007），方刚（2008），陈怡安等（2009），陈伟等（2014）的研究结果一致。研究发现，企业在项目建设中如果能够形成良好的知识共享效果，则有利于企业增进网络间的协同合作，在目标共识中推动企业创新，尤其是在项目设计阶段就能实现知识共享则更会推动项目取得成功（于建政、汪克夷，2010）。相关研究表明，网络成为成员间彼此学习以及沟通的渠道，能够显著地正向影响企业绩效（Tsai，2001）。基于此，作为施工主导型的D企业对网络学习能力高度重视，采取"请进来""走出去"等方式规范做好企业员工教育培训。在地铁建设项目中，企业组织开展"送培训到一线"安全教育培训，聘请安全教育专家为企业员工举办讲座，增强施工人员的安全意识，为提升项目绩效提供了保障。同时，D企业注重加强与合作企业的技术学习交流，经常组织员工到技术较好的企业观摩学习，通过教育培训提升技术创新能力。这些举措是企业发展的内在动力，是实现战略目标的必然要求，总承包企业正是由于具有良好的网络学习能力才为推动项目绩效提升奠定了理论基础。

第二，从总承包企业网络治理能力与界面协同的关系看，实证结果发现，网络交流能力、网络控制能力和网络学习能力均对界面协同产生显著影响。因此，假设H5、H7和H8成立。而网络整合能力的路径系数为0.13，对界面协同的影响并不显著，假设H6未成立。具体分析来看：

总承包企业网络交流能力对界面协同具有正向影响，假设H5成立。网络交流能力能够在沟通协调中增进节点企业之间的合作与信任，促进资源、信息等要素在网络内的交互流动，消除彼此矛盾分歧，推动合作向良性轨道发展。从内在运行机理看，作为一种网络组织，企业在网络组织中不会自发产生协同效应，而是需要处于网络核心位置的总承包企业对企业之间的关系进行治理，关系互动才能产生协同效应（孙国强，

2003)。合作企业之间的沟通交流是作为消除界面壁垒的必要条件而存在的，企业之所以能够在合作中及时消除界面壁垒，根本原因就是有了合作企业之间良好的沟通交流。正是由于彼此之间的协作交流，才在真正意义上越过了影响企业合作发展的这堵围墙，使合作成为可能。B 企业在哈项目建设中，十分注重以提高网络交流能力实现界面协同，在哈项目合同签订后，就召开启动会做好项目方和监理方的文档控制经理的对接，确保包括设计图纸等在内的文档信息顺利流转于设计方、总包方、监理方之间，从而消除了由于信息传递不畅导致界面问题的产生。而且 B 企业十分注重企业间的诚信建设，在项目实施中严格遵守合作承诺，坚决避免由于失信导致企业出现合作障碍，不断夯实合作感情根基。正是由于 B 企业对网络交流能力的出色发挥，才使项目最终得以顺利实施。

总承包企业网络整合能力对界面协同的影响没有通过检验，假设H6 未成立。从实证检验看，网络整合能力对界面协同并没有产生显著影响，这可能是因为总承包企业网络整合能力在对实现企业自身整合方面具有相对优势，但对外部资源整合由于受客观因素影响具有一定难度。也就是说，总承包项目作为拥有专用性资产企业之间的合作网络，总承包企业对不同关系强度的合作企业资源进行整合时，合作企业提供的产品质量和响应速度会存在不同程度的差距，进而影响界面协同效果。另外，总承包企业能否制定出有利于项目实施的协作流程，也决定了网络中合作企业之间的协同效率和效果。这一结论也反映在案例研究结果中，如从 D 企业的情况看，尽管 D 企业有着良好的资源整合意愿，但由于 D 企业缺乏较强的战略预判能力，导致其在资源整合过程中仅限于零散的个体资源转化，致使一些优势资源不能成为良好的组织资源。加之，由于主观缺乏足够的优化重构经验以及客观缺少必要的协作平台，使得 D 企业不能实现理想化的网络资源优化组合。也就是说，D 企业的网络整合能力对界面协同没有产生应有作用。

总承包企业网络控制能力对界面协同具有正向影响，假设 H7 成立。网络控制能力充分体现了总承包企业对项目网络全生命周期的控制，密切了相互间的配合，有助于实现协同效应。能否实现界面协同，首先要看合作企业是否具有共同的协作目标，而协作目标的确立和实现取决于总承包企业网络控制能力水平。A企业在项目实施中以共同目标为引领，实现对项目全生命周期的过程控制，确保实现目标协同。其次，对项目的管理监控状况决定了过程协同的状况，总承包企业如果在项目各阶段实现企业的协同合作，就能够较好地实现项目的有效衔接。A企业以施工现场业主指挥部为抓手，实现了对各利益相关的统筹协调，消除了合作中的矛盾冲突，对界面协同具有积极影响，这也证明了总承包企业网络控制能力对界面协同的正向影响作用。

总承包企业网络学习能力对界面协同具有正向影响，假设H8成立。网络学习能力决定了企业在竞争中的优势状况，企业通过组织和强化学习，实现了员工对知识技能的积累，减少了项目实施中的障碍和壁垒，为实现协同提供了理论支撑，这对总承包企业的网络学习能力提出了较高要求。也就是说，企业只有强化组织学习，才能更好地提升员工的知识技能，进而为实现企业技术创造提供条件。从案例企业情况看，B企业在哈项目每个流程启动前，都要组织员工进行学习培训，共同制订应急预案，提高风险防范意识。尤其是围绕安全质量问题组织了系列学习培训，在潜移默化中增强安全意识，让安全意识成为一种良好习惯，这对于B企业消除安全界面壁垒，推动项目顺利实施具有重要作用。可见，总承包企业网络学习能力对界面协同具有正向影响。

第三，从界面协同与项目绩效的关系看，实证检验结果支持了假设H9，检验了界面协同对项目绩效的正向影响关系。结果表明，界面协同状况影响了项目绩效的水平，即企业之间的协同程度关系着项目能否取得成功，而现有对于网络组织的研究成果都说明网络组织具有显著的协同效应。具体分析来看：

在目标协同方面，项目网络是由诸多网络节点企业共同构成，一般而言，尽管在项目成立之初就明确了共同项目目标，但实事求是地讲，各网络节点企业作为相对独立体，基于趋利性必然导致各节点企业有着不同的个体目标，问题的关键是如何实现个体目标与共同目标协同一致，这才是总承包企业目标协同的根本，也是有效化解项目矛盾问题的关键。可见，目标协同是工程项目管理总体目标与阶段目标以及各节点企业间不同目标的调整和完善，在这一过程达到项目整体目标最优的目的（何清华、罗岚，2014），这也与潘开灵、白列湖（2007），杨科等（2013），张志强（2014）的研究相吻合。案例企业中 A 企业正是抓住了这个关键性问题，在推进项目实施中才能不断强化目标协同意识，妥善处理了总体目标与阶段目标、个体目标与总体目标的关系，这也为做好网络节点企业的界面协同提供了思想认同。在组织协同方面，总承包企业在网络组织中能否充分发挥核心企业作用，关键看组织协同的状况。其组织协同力度越强，则在网络治理中对节点企业的影响作用就越大，就越能有效解决项目建设中流程环节、时间把控、质量要求等方面问题，进而形成较强的协同管理效应。总承包企业只有充分利用有利于价值创造的优势资源，推动企业参与协同工作，才能实现组织单元相互配合，协调一致，这与 Cheng 等（2003），丁洪斌、尤建新（2009），王春青等（2013）的研究相一致。C 企业在强化组织协同过程中，通过建立联合协调委员会，建立激励约束机制，并在协调协同中及时化解矛盾问题。在过程协同中，总承包企业能够最为直接地化解项目实施中的矛盾冲突，以此实现工程项目的全生命周期内和阶段衔接上的协同，确保项目有序衔接。这与 Peña-Mora、Wang（1998），成虎（2011），马婕（2016）的研究相一致。这在案例分析中得到检验，B 企业在哈项目推进中突出抓好项目各流程中的矛盾解决，及时做好流程方面的全方位沟通，推动项目建设各环节实现协同衔接，促进项目实施过程的优化，带动项目绩效的提升。在信息协同方面，信息共享与交流是消除网络企业间隔阂的关键，界面协同的过程就是通过网络成员间信息的无缝对接，降低项目管理成本，促进局部乃至整体网络价值的提升，这与吴绍艳（2006），丁洪斌、尤建新（2009），李辉山、费纪祥（2016）的研究是一致的。项目实践中 4 个案例企业都能在构建信息化共享平台基础上，推动网络各节点企业的信息传递与交流，进而有效化解项目建设中的矛盾与冲突。可见，总承包企业有效地组织调动网络节点企业的协作水平，最大化发挥协同效应，才是提升项目绩效的关键，这与孙国强、王敏（2013）关于"越来越多的研究表明，网络组织的绩效更重要表现在网络整体的协同效应上"的研究结论相一致。因此，我们有必要对界面协同与项目绩效的关系进行深入研究，这也从全新视角提供了总承包企业项目绩效研究的路径。

第四，检验结果部分支持了假设 H10，通过对网络治理能力、界面协同以及项目绩效三方面关系的检验发现，总承包企业网络治理能力对项目绩效具有正向影响，同时，总承包企业网络治理能力能够通过促进界面协同进而影响项目的绩效，在这个过程中，界面协同在两者之间发挥着中介效应。这也进一步说明了利用界面协同解释网络治理能力和项目绩效关系的重要性，说明可以从界面协同角度解析网络治理能力作用于项目绩效的过程。具体分析来看：

通过实证研究，检验通过界面协同在总承包企业网络交流能力与项目绩效之间发挥中介作用，假设 H10a 成立，这表明总承包企业在网络治理中，能够以良好的沟通和强化信息传递等，消除合作中产生的分歧，增进彼此信任，进而影响网络企业的绩效水平。正如前文所言，总承包企业若想消除横在企业间的"隔离墙"，关键在于网络企业间的沟通交流状况。具体来讲，界面协同推动了企业之间的沟通协调，增强了彼此间的信任度，有效化解了冲突和矛盾，提升了相互间合作满意度，间接影响到企业运营绩效（叶飞、徐学军，2009），所以，界面协同在总承包企业网络交流能力与项目绩效之间发挥中介作用。各案例企业正是以提升网络交流能力为抓手，通过加强企业间的彼此沟通与协同，才不断淡化和削弱界面造成的潜在影响，深化了信任关系的根基。比如 A 企业以定期召开项目经理例会等方式，注重加强与节点企业的沟通联系，推动问题及时有效解决。也恰恰是由于 A 企业的经常性沟通，及时化解风险和矛盾，切实消除界面壁垒，才确保了项目在预期内得以完成。然而在企业合作中，一些企业对外部资源的排他性阻碍了企业间的资源整合，加之在整合过程中可能由于对成员特质考察不够全面又导致形成新的界面壁垒，所以，在实证检验中，验证没有通过界面协同在总承包企业网络整合能力与项目绩效之间发挥中介作用，假设 H10b 未成立。从网络控制能力的视角看，由于管理因素导致的界面问题在网络中极为常见，也是不可避免的，为消除界面壁垒，总承包企业通过采取加强合作引导，进行监督约束等方式，不断提升网络控制能力，随之而来的这些界面问题也在时间推移中逐渐消退（黄涛，2011）。总承包企业对项目实施的过程控制，就是通过对项目的严格管理与监控，为界面协同提供有效接口和路径，没有对项目的合理控制，就不能实现项目的有序组织与有效推进，更不能实现项目建设的过程衔接。这在案例企业实践中得到检验，C企业在项目实施中采取倒排工期、过程控制等方式，严守合同规定，加强制度约束，确保了项目建设中的过程协同。可见，总承包企业在网络治理中通过强化控制能力更好地促进界面协同，实现对项目实施过程的优化，进而推动项目绩效的提升。实证结果也表明，界面协同在总承包企业网络控制能力与项目绩效之间发挥中介作用，假设H10c成立。同时，通过实证检验，也证明了界面协同在总承包企业网络学习能力与项目绩效之间的中介作用也比较显著，假设H10d成立。企业在文化和专业方面存在着各自不同的差异，短时间无法改变这种差异导致了界面矛盾，然而一旦处理妥当、协同到位，就会激发企业不断学习积累核心知识的热情，积累并应用核心知识反过来又对企业保持独特竞争力具有积极的促进作用（Allee，1997）。基于此，在网络治理过程中，各案例企业都能将加强组织学习、积极借鉴先进理念放在突出位置，都能做到生产经营与学习提升两不误，通过组织学习促进协同效应普遍提升。其中表现比较明显的A企业，能够着眼于建设学习型组织，始终把提高学习能力作为消除界面壁垒的基本前提，与合作企业共同抓好课题攻关，积极消除项目建设中的技术壁垒，从而更好地实现项目目标。上述研究表明，界面协同在网络交流能力、网络控制能力、网络学习能力对项目绩效的影响中发挥着重要的中介作用。由此可见，界面协同在伴随企业行动变化而改变的过程中，较好发挥了网络治理能力在项目绩效的中介作用，并以此推动了网络内部协调从无序到有序的转变，实现了总承包企业项目绩效的提升。

5.6 本章小结

本章主要是就总承包企业网络治理能力对项目绩效的作用机理进行了实证分析。首先，基于现有理论成果和案例研究结果，通过理论演绎，补充和完善了上一章提出的一系列概念关系，提出了相关研究假设，构建了总承包企业"网络治理能力–界面协同–项目绩效"的实证概念模型。其次，遵循问卷设计规范开发了适用于研究情境的问卷，通过现场和在线发放的形式，回收有效问卷268份，并采用探索性因子分析和验证性因子分析，检验了相关测量量表的信度和效度，检验结果显示各变量均符合研究要求。最后，在采用SPSS22.0进行相关分析的基础上，利用AMOS结构方程模型对研究假设进行了检验，10条主假设和4条子假设中有8条主假设通过了检验，1条主假设未通过（H6），1条主假设部分通过（H10）；而从子假设验证来看，有3条子假设通过，1条子假设未得到通过（H10b）。H6未通过假设可能是因为总承包企业网络整合能力在对实现企业自身整合方面具有相对优势，但对外部资源整合由于受客观因素影响具有一定难度；由于H6不成立，导致界面协同在总承包企业网络整合能力与项目绩效之间的中介作用无法得到检验，因此H10b未通过；而H10是检验界面协同在总承包企业网络治理能力与项目绩效之间的中介作用，由于受到其子假设H10b的影响，只是得到了部分通过的检验结果。研究结果明确了总承包企业网络治理能力、界面协同与项目绩效三个概念间的理论逻辑，同时，为总承包企业网络治理提供了重要的理论参考。

6 结论与展望

本书聚焦于总承包项目情境下，以总承包企业为研究对象，从探究总承包企业网络治理能力内涵及其结构维度入手，重点剖析了总承包企业网络治理能力对项目绩效的影响关系，分析了界面协同在二者间的中介作用，构建了"网络治理能力–界面协同–项目绩效"的理论概念模型。本章将对前5章的研究及成果进行归纳总结，阐述研究主要创新点以及对总承包项目实践的启示，最后，通过分析本书的局限与不足后，提出对未来相关研究的展望。

6.1 研究结论与启示

6.1.1 研究结论

1.界定了总承包企业网络治理能力的概念内涵及其测量量表

首先，基于扎根理论的质性分析与因子分析结果表明，总承包企业网络治理能力是包含网络交流能力、网络整合能力、网络控制能力和网络学习能力四个核心维度的四维度构念，其内涵界定为总承包企业在项目网络中引导、协调、控制和评估合作企业的行为，促进协同合作的能力。四维度分别反映了总承包企业在项目网络治理过程中应具备的不同能力水平，即网络交流能力体现为总承包企业在项目网络中所发挥的沟通交流、信任构建、矛盾化解方面的能力；网络整合能力表征的是总承包企业在促进资源动态配置中的资源整合、协同合作、优化组合能力；网络控制能力则代表总承包企业引导合作企业进行有效协同的目标引领、监督约束和激励方面的能力；网络学习能力表征的是总承包企业在促使合作企业间知识共享和创新中的组织学习和集成创新方面的能力。

其次，在概念界定的基础上，本书开发了测量总承包企业网络治理能力的量表。这一过程主要采用探索性因子分析和验证性因子分析的方法，通过大样本数据统计对总承包企业网络治理能力的四维构念模型进行了验证，检验了测量量表和因子结构模型。结果显示，总承包企业网络治理能力是一个包含17个题项的一阶四因子构念，测量量表具有良好的信效度，为后续研究奠定了工具基础。

2.有效识别了总承包企业网络治理能力影响项目绩效的作用机理

本书采用多案例研究方法，根据Yin的案例研究范式，结合相关理论研究，预设了"网络治理能力-界面协同-项目绩效"三个概念之间的理论模型。

在此基础上，首先，通过案例内分析方法，对选取的四个典型案例项目进行了纵向的内部剖析，识别了每一案例项目中总承包企业网络治理能力、界面协同及项目绩效的不同表现及结果，初步分析了三个概念间存在的内在逻辑关系。

其次，通过跨案例分析方法，对四个案例的分析结果进行了横向对比研究，总结归纳出总承包企业网络治理能力涵盖的四个子能力水平均对项目绩效的提升产生正向影响，且对界面协同也具有重要影响，同时，界面协同对项目绩效也有显著影响，进而推导出界面协同在总承包企业网络治理能力的各子能力和项目绩效之间产生中介效应。具体研究结论为：总承包企业网络交流能力、网络整合能力、网络控制能力和网络学习能力均对项目绩效具有促进作用；总承包企业网络交流能力、网络整合能力、网络控制能力和网络学习能力均能促进界面协同效应的产生；界面协同有利于提升项目绩效；界面协同在总承包企业网络交流能力、网络整合能力、网络控制能力、网络学习能力和项目绩效之间均发挥中介作用。

3.实证检验了总承包企业网络治理能力、界面协同以及项目绩效之间的关系

首先，基于案例研究发现和已有相关研究成果，提出了总承包企业网络治理能力、界面协同和项目绩效之间的关系假设，并构建了实证概念模型。

其次，遵循问卷设计规范开发了适用于研究情境的问卷，收集有效问卷268份，并采用探索性因子分析和验证性因子分析，检验了相关测量量表的信度和效度，检验结果显示各变量均符合研究要求。

最后，在采用SPSS22.0进行相关分析的基础上，利用AMOS结构方程模型对研究假设进行了检验，10条主假设和4条子假设中有8条主假设通过了检验，1条主假设未通过（H6），1条主假设部分通过（H10）；而从子假设验证来看，有3条子假设通过检验，1条子假设未得到通过（H10b）。H6未通过假设可能是因为总承包企业网络整合能力在对实现企业自身整合方面具有相对优势，但对外部资源整合由于受客观因素影响具有一定难度；由于H6不成立，导致界面协同在总承包企业网络整合能力与项目绩效之间的中介作用无法得到检验，因此H10b未通过；而H10是检验界面协同在总承包企业网络治理能力与项目绩效之间的中介作用，由于受到其子假设H10b的影响，只是得到了部分通过的检验结果。研究结果明确了总承包企业网络治理能力、界面协同与项目绩效三个概念间的理论逻辑，研究结论具有一定的普适性，能够为总承包企业网络治理提供有益的理论参考。

6.1.2 研究启示

本书对总承包企业网络治理能力与项目绩效作用机理的探究与解读，能够为我国总承包企业培育和发展网络治理能力提供有效的策略指导。总承包企业可从以下几方面入手，加强网络治理能力的提升，促进

网络节点企业的密切协同，以此实现对合作网络的有效管理，推动项目绩效的提高。

1.立足提升项目绩效水平，主动探寻网络治理能力的提升路径

研究结果表明，总承包企业网络治理能力的不同决定了项目绩效的不同，网络治理能力越强则项目绩效越好。为此，总承包企业要以积极探索提高网络治理能力路径为抓手推动项目绩效的提升。在提高网络交流能力中，总承包企业可以成立专门的协调部门管理网络事务，充分运用各种沟通技术和手段，不断完善网络决策协调机制，在保持沟通联系中提高信任水平；对提升网络整合能力而言，总承包企业要着眼于内外部资源衔接，全面协调合作企业资源的优化整合，打破企业资源壁垒，促进资源有效共享；要注重网络控制能力的提升，以明确的网络目标引领企业战略发展，监督约束网络企业行为，规范网络运行规范，激励合作企业共同发展；作为网络能力提升的保障，总承包企业要积极探索网络学习能力的提升路径，通过组织培训等形式不断加强企业员工对新知识新技术的学习，进而推动网络治理能力的整体提升，实现项目绩效。

2.强化网络企业内在关系，注重抓好企业合作中的界面协同

研究结果显示，界面协同在网络治理能力与项目绩效之间发挥重要的中介作用，总承包企业要全面把握"网络治理能力–界面协同–项目绩效"的运行机理，在加强网络治理能力的同时，注重做好项目运行中的界面协同，以此实现合作企业的动态联结。在目标协同方面，总承包企业要做好对治理目标的研判，将总体目标分解为成本管理目标、进度管理目标、质量管理目标等具体目标，及时跟踪目标完成情况，适时加以修正，以目标协同引领项目推进。对于组织协同而言，要统一协调管理，注重建立体制机制，进行多元化合理分配，积极促进企业间的文化融合，通过正向激励和反向监督约束确保项目有序开展。在过程协同方面，立足于项目全过程的跟踪监督、管理和控制，落实协同管理责任，及时解决项目推进中的矛盾问题，促进项目高效运作。在信息协同方面，加强信息协同平台建设，推动信息的有效传递，实现信息系统与不同应用程序之间的交互与共享。

6.2 研究主要创新点

本书聚焦总承包企业网络治理能力影响项目绩效的命题，通过扎根理论、多案例研究和实证统计等方法，分析并验证了总承包企业网络治理能力通过界面协同的中介效应影响项目绩效的作用机理，对现有理论进行了更深层次的解析、拓展了相关理论的边界。本书主要创新点如下：

1.基于扎根理论，开发了总承包企业网络治理能力的概念内涵、结构表征以及测量量表，丰富和拓展了临时性项目网络情境下的网络能力理论

针对现有研究网络治理能力内涵模糊、结构不清晰，尤其是在总承包项目中的核心企业——总承包企业网络治理能力的内涵及有效测量工具缺乏，本书结合定性与定量研究方法，开展了总承包企业网络治理能力概念内涵界定与测量量表的开发。

一方面，通过对总承包项目情境下总承包企业网络治理能力外在表征的系统识别与分析，提炼出其核心特征，发现总承包企业网络治理能力是包含网络交流能力、网络整合能力、网络控制能力和网络学习能力的多维构念。另一方面，借鉴网络能力理论的有关量表，结合总承包项目的具体情境，遵循量表开发的科学原则与一般步骤，形成了包含4个维度、17个题项的总承包企业网络治理能力测量指标，并采用探索性因子分析和验证性因子分析方法对测量量表进行了信度和效度检验，开发出信效度良好的总承包企业网络治理能力测量量表。

因此，基于扎根方法提炼出来的总承包企业网络治理能力的结构表征以及由此开发的量表，既是对网络能力理论的传承，也是对网络治理能力在总承包项目情境下进行研究的拓展。上述研究弥补了总承包企业网络治理能力没有规范量表的缺憾，为后续研究奠定了工具基础。

2.识别出本土情境下总承包企业网络治理能力对项目绩效的影响机理，拓展了"能力-协同-绩效"的理论研究范式

现有项目治理研究主要从单一项目和企业内多项目层次展开，针对

总承包企业能力的研究大多聚焦其内部核心能力，而从网络层面对总承包项目治理问题的研究则非常少见。本书采用多案例研究方法，通过对4个典型案例的纵向案例内分析和横向跨案例分析，解释了总承包企业网络治理能力如何影响项目绩效的作用机理。

一方面，通过案例内分析方法，对所选取的四个典型案例项目进行了纵向的内部剖析，识别了每一个案例项目中总承包企业网络治理能力、界面协同以及项目绩效的不同表现与结果，初步分析了三个概念之间的内在逻辑关系。另一方面，通过跨案例分析方法，对四个案例的分析结果进行了横向对比研究，总结归纳出总承包企业网络治理能力水平决定了项目绩效的高低，而且界面协同状况影响着项目绩效水平。案例结论不仅支持了本书提出的理论预设，也为研究假设的提出与实证检验提供了理论基础。上述研究，揭示了总承包企业网络治理能力影响项目绩效的"黑箱"，并拓展了"能力-协同-绩效"的现有理论研究范式。

3. 实证检验了界面协同在总承包企业网络治理能力与项目绩效间的中介作用，揭示了总承包企业网络治理能力对项目绩效的作用路径

本书以现有研究成果和案例研究发现为基础，通过理论演绎，补充和完善了一系列概念关系命题，并提出了相关研究假设，构建了总承包企业"网络治理能力-界面协同-项目绩效"的实证概念模型。

在验证各变量测量量表信效度的基础上，采用SPSS22.0和AMOS实证统计软件，对研究假设进行了检验，解析了界面协同在总承包企业网络治理能力对项目绩效影响中的重要中介作用，揭示了总承包企业网络治理能力、界面协同与项目绩效三个概念间的理论逻辑。同时，形成了第4章与第5章之间研究结果的相互印证，深化了现有关于核心企业网络治理的定性与定量研究，强化了对各变量之间内在关系与作用路径的系统解释。

这一研究结果拓展了临时性项目情境下的网络治理研究，同时，为总承包企业网络治理提供了有益的理论参考。

6.3 研究局限与展望

6.3.1 研究局限

尽管本书在研究中取得一定的理论进展，对管理实践也有一些启发，但实事求是地讲，由于受各种条件所限，研究仍存在以下不足：

1.研究范围界定问题

总承包企业网络治理能力的研究范围较广，尤其是涉及不同领域以及上下游企业，情况相对复杂。在本书研究中，尽管对研究范围和内容进行了界定，但由于作者资源有限，只选取了4个行业的企业案例，而且4家企业都来自国有企业，研究内容基本都与工程项目有关，并未根据不同群体设计和开展有针对性的差异化问卷，降低了研究成果的普适性。

未来研究可在本书研究基础上，充分考虑不同类型企业的网络治理能力状况，聚焦更多受网络治理能力影响的其他行业，尤其是强化"逆向思维"，选取一定数量的失败案例进行研究，这对提升案例研究结论的可靠性、普适性具有积极作用。

2.变量测度与取样问题

在对总承包企业网络治理能力量表开发中，虽然参考了网络能力相关成熟研究量表，并通过对总承包企业实地访谈，结合扎根理论形成测量问卷，以及采用探索性因子分析和验证性因子分析方法进行了信度和效度检验，但由此得出的总承包企业网络治理能力维度与测量体系在适用范围上仅局限于总承包项目情境，作为新构思的概念，还需在今后的研究中反复检验和不断完善。

另外，尽管笔者花费较长时间投入到问卷调查工作中，也用了大量时间精力进行收集筛选，但并没有对不同类型主体在项目中的差异化定位给予充分考虑，这也对研究结果造成影响。

可见，如何做好对其他类型企业以及其他类型项目的检验与修正是未来的研究方向。

3.中介和调节变量问题

本书虽然将界面协同作为中介变量进行了论证分析，细致考察了其中介效应，检验了总承包企业网络治理能力、界面协同以及项目绩效三者之间的关系，并取得一些有价值的研究结论。但是，考虑到篇幅所限和简化原则，本书在进行实证检验过程中并未对界面协同这一中介变量的4个维度进行深入分析，这是今后可以继续深入探讨的内容。

与此同时，研究没有采用调节变量，如果能够将环境动态性、项目不确定性、组织结构有机性等调节变量引入研究中，必将有利于进一步明确研究的限制条件和适应范围，并且通过对不同情境下网络治理能力与项目绩效关系的阐释，可使得现有研究框架更加清晰。因此，未来研究仍需探索可能影响网络治理能力对项目绩效作用机理的调节变量，以进一步充实现有研究结论。

6.3.2　未来展望

针对本书的局限与不足，未来研究要着重把握以下四个方面：

1.不断扩大研究地域的覆盖面，进一步提升研究成果的科学性

鉴于作者学习地点和环境条件，更多关注辽宁省的工程企业，研究中问卷调查的对象大多来自省会城市沈阳市以及学校所在地大连市的企业，实证研究则采用相关数据进行。但地区与地区之间还存在一定的差异性，由于地区发展不均衡等因素可能影响实证研究的结论，这就导致该结论并不能完全适应全国其他省份情况。所以，将调研范围适时扩大到全国各地并采用区域性对比研究方法，是未来研究关注的着力点，这样的实证结果必将更有说服力和普适性。

2.适当增加中介变量的对比性研究，进一步增加研究成果的客观性

本书在围绕总承包企业网络治理能力对项目绩效的影响的研究中，将界面协同作为中介变量进行分析。尽管说这一研究拓展了"能力"与"绩效"二者关系的研究范式，但与此同时，以往有些学者还对信息获取、知识共享等在外部网络和绩效之间的中介作用进行了实证分析验证。基于此，综合各方面因素，不同性质企业如何针对提升项目绩效这一主题，结合自身实际选择更具针对性的中介变量进行全面把握，在未

来研究中将是值得关注的课题。

3.拓宽扩展行业研究领域范围，进一步增强研究结论的适用面

本书选取了工程总承包企业网络治理作为研究对象，并由此围绕网络治理能力对项目绩效的影响进行了深层次研究，这主要是因为工程项目网络内所涉及的相关企业链条比较成熟和完善，网络治理特征也相对明显。但从网络治理的特征分析，不同类型的企业可能会产生不同的效果，为此，未来研究要在已有基础上扩宽行业领域，进一步丰富相关实证研究。

4.立足宏观政策支持的视角进行研究，进一步提高研究内容的实效性

总承包企业网络治理能力的提升应主要从网络内部层面寻找问题解决出路，但也不应忽视外部条件的推动作用。未来研究应考虑从政府宏观政策支持角度加以开展，尤其在当前我国大力优化营商环境的背景下，各级政府都在加大对企业的金融服务、政策支持等方面的扶持力度，如何在政策层面全方位提升总承包企业网络治理能力，消除界面壁垒，推动项目绩效提升，俨然成为了学术领域和实践领域有待破解的现实课题。

参考文献

[1]   安胜利. 大型 EPC 工程总承包项目的协同管理研究 [D]. 天津：天津大学，2007.

[2]   白列湖. 协同论与管理协同理论 [J]. 甘肃社会科学，2007（5）：228-230.

[3]   曹永辉. 动态能力视角下供应链质量管理对企业质量绩效的作用机制研究 [D]. 杭州：浙江大学，2016.

[4]   曾文杰. 基于合作伙伴关系的供应链协同影响因素研究 [D]. 武汉：华中科技大学，2011.

[5]   陈辉华. 工程总承包企业动态能力形成及作用机制研究 [D]. 长沙：中南大学，2011.

[6]   陈建. EPC 工程总承包项目过程集成管理研究 [D]. 长沙：中南大学，2012.

[7]   陈实，刘勤. 总承包工程项目供应链协同优化策略 [J]. 合作经济与科技，2015（24）：80-81.

[8]   陈思洁. 供应链协同创新研究评述 [J]. 南京财经大学学报，2016（2）：62-69.

[9]   陈伟，杨早立，张永超. 网络结构与企业核心能力关系实证研究：基于知识共享与知识整合中介应视角 [J]. 管理评论，2014（6）：74-82.

[10]   陈晓萍，徐淑英，樊景立. 组织与管理研究的实证方法 [M]. 北京：北京大学出版社，2008.

[11] 陈学光. 网络能力、创新网络及创新绩效关系研究 [D]. 杭州：浙江大学，2007.

[12] 陈杨杨，孙丽莹，王雪青. 基于社会网络分析的承包商利益相关者研究 [J]. 工程管理学报，2015，29（3）：13-18.

[13] 陈怡安，占孙福，李中斌. 吸收能力、知识整合对组织知识与技术转移绩效的影响：以珠三角地区为实证 [J]. 经济管理，2009（3）：126-132.

[14] 成虎. 工程全寿命期管理 [M]. 北京：中国建筑工业出版社，2011.

[15] 丁洪斌，尤建新. 基于价值网的建筑企业项目协同优化研究 [J]. 山东社会科学，2009（10）：99-100.

[16] 丁荣贵，高航，张宁. 项目治理相关概念辨析 [J]. 山东大学学报（哲学社会科学版），2013（2）：132-142.

[17] 丁荣贵，孙涛. 政府投资产学研合作项目治理方式研究框架 [J]. 中国软科学，2008（9）：101-111.

[18] 丁荣贵. 基于企业风险管理系统的项目责任制 [J]. 项目管理技术，2007（3）：73-76.

[19] 丁荣贵. 项目治理角色的组织 [J]. 项目管理技术，2007（12）：73-75.

[20] 杜斌，李斌. 市场导向对协同创新绩效的影响机理：基于复杂网络的动静态比较 [J]. 中国科技论坛，2017（5）：27-34.

[21] 樊陵姣. EPC工程总承包项目接口管理研究 [D]. 长沙：中南大学，2013.

[22] 方刚. 基于资源观的企业网络能力与创新绩效关系研究 [D]. 杭州：浙江大学，2008.

[23] 官建成，靳平安. 企业经济学中的界面管理研究 [J]. 经济理论与经济管理，1995（6）：67-69.

[24] 郭琦，杨国亮，高海曼. EPC总承包模式下项目界面分析 [J]. 项目管理技术，2014（3）：43-47.

[25] 郭永辉. 生态产业链利益相关者关系网络治理案例分析 [J]. 科技进步与对策，2016，33（6）：58-64.

[26] 郭志欣. 基于利益相关者理论的建设项目统一信息平台研究 [D]. 天津：天津理工大学，2007.

[27] 韩炜. 企业网络组织治理机制与绩效：基于协同视角的研究 [J]. 软科学，2011，25（6）：97-102.

[28] 何清华，罗岚. 大型复杂工程项目群管理协同与组织集成 [M]. 北京：科学出版社，2014.

[29] 胡海青，张宝建，张道宏. 网络能力、网络位置与创业绩效 [J]. 管理工

程学报，2011（4）：67-74.

[30] 胡育波. 企业管理协同效应实现过程的研究 [D]. 武汉：武汉科技大学，2007.

[31] 胡志伟. 工程总承包企业核心竞争力的指标体系 [J]. 中国质量，2004（11）：79-81；78.

[32] 华锦阳，张钢. 试论界面管理发展的三个阶段 [J]. 科研管理，2000，21（2）：35-42.

[33] 黄孚佑. 试论"代建制"与"投资项目治理"[J]. 中国招标，2006（2·1）：19-23.

[34] 黄涛. 代建制项目下的界面管理研究 [D]. 郑州：郑州大学，2011.

[35] 穆勒. 项目治理 [M]. 邵婧婷，译. 北京：电子工业出版社，2011.

[36] 黎庶. 基于供应链的施工总承包企业协调管理 [D]. 长沙：中南大学，2010.

[37] 李昌明. 供应链协同方式与创新类型的关系研究 [D]. 重庆：重庆大学，2014.

[38] 李春发，王雪红，杨琪琪. 生态产业共生网络核心企业领导力与网络绩效关系研究 [J]. 软科学，2014，28（9）：69-73.

[39] 李翠，倪渊. 核心企业网络能力：基于联盟生命周期的视角 [M]. 北京：社会科学文献出版社，2015.

[40] 李海舰，聂辉华. 企业的竞争优势来源及其战略选择 [J]. 中国工业经济，2002（9）：5-13.

[41] 李辉山，费纪祥. 工程项目群管理协同度测度研究 [J]. 工程管理学报，2016，30（5）：98-102.

[42] 李维安. "治理一般"与"治理思维"[J]. 南开管理评论，2011，14（6）：1.

[43] 李文彬. 公司价值网络关系的构建与治理 [J]. 山东经济，2010（6）：77-85.

[44] 李新春. 企业联盟与网络 [M]. 广州：广东人民出版社，2000.

[45] 李紫东，张原. 基于协同工作平台的大型建设项目组织界面管理 [J]. 价值工程，2010，29（20）：68-69.

[46] 梁永宽. 项目管理中的合同治理与关系治理：基于建设项目业主与承包商的实证研究 [D]. 广州：中山大学，2008.

[47] 林鸣，沈玲，马士华，等. 基于全寿命周期的项目成功标准的系统思考 [J]. 工业工程与管理，2005（1）：101-105.

[48] 刘芳. 提高我国工程总承包企业总承包能力的研究 [D]. 北京：北京交通

大学，2007.

[49] 刘慧群. 高校科研团队协作关系治理模式研究：基于社会网络分析的视角 [J]. 湖南师范大学自然科学学报，2010 (3)：124-128.

[50] 刘敬严，陈国勋. 项目网络化协同治理绩效模型实证研究 [J]. 工程管理学报，2014，28 (6)：112-117.

[51] 刘敬严，陈国勋. 项目网络组织协同治理绩效影响因素分析 [J]. 石家庄铁道大学学报（社会科学版），2015，9 (1)：17-23.

[52] 刘兴智，王彦伟，魏巍. 基于SNA的项目治理关系网络分析与响应策略研究 [J]. 华东经济管理，2011 (6)：124-129.

[53] 刘勇. 工程项目集成化管理机制研究 [D]. 徐州：中国矿业大学，2009.

[54] 龙静，程德俊，陈洁. 多样化外部联系对创业团队创新绩效的影响：一个跨案例研究 [J]. 科学学与科学技术管理，2012 (12)：127-135.

[55] 罗家德. 社会网络分析讲义 [M]. 北京：社会科学文献出版社，2005.

[56] 罗珉，何长见. 组织间关系：界面规则与治理机制 [J]. 中国工业经济，2006 (5)：87-95.

[57] 罗珉，任丽丽. 组织间关系：界面规则的演进与内在机理研究 [J]. 中国工业经济，2010 (1)：84-93.

[58] 罗自坚. 国际总承包工程市场的成功实践 [J]. 中国勘察设计，2003 (1)：34-41.

[59] 马刚. 基于战略网络视角的产业区企业竞争优势实证研究：以浙江两个典型的传统优势产业区为例 [D]. 杭州：浙江大学，2005.

[60] 马婕. 工程项目管理协同体系模型构建研究 [D]. 兰州：兰州理工大学，2016.

[61] 马士华，桂华明. 基于供应驱动的供应链协同技术与管理：原理与应用 [M]. 武汉：华中科技大学出版社，2009.

[62] 毛基业，张霞. 案例研究方法的规范性及现状评估：中国企业管理案例论坛（2007）综述 [J]. 管理世界，2008 (4)：115-121.

[63] 毛加. EPC项目绩效管理研究 [D]. 杭州：浙江大学，2013.

[64] 毛庆. 基于价值网的总承包商项目协同管理研究 [D]. 秦皇岛：燕山大学，2014.

[65] 彭正银，杨静，汪爽. 网络治理研究：基于三层面的评述 [C] // 第八届中国管理学年会.第八届中国管理学年会：中国管理的国际化与本土化论文集，2013.

[66] 浦贵阳. 价值网络对创新绩效的作用机制研究 [D]. 杭州：浙江大学，2014.

[67] 齐羽. 组织模块化影响组织动态能力机制研究 [D]. 杭州：浙江大学，2013.

[68] 奇达夫，蔡文彬. 社会网络与组织 [M]. 王凤彬，朱超威，等译. 北京：中国人民大学出版社，2007.

[69] 全裕吉. 从科层治理到网络治理：治理理论完整框架探寻 [J]. 现代财经：天津财经学院学报，2004（8）：44-47.

[70] 任胜钢. 企业网络能力结构的测评及其对企业创新绩效的影响机制研究 [J]. 南开管理评论，2010（1）：69-80.

[71] 沙凯逊. 从管理到治理：建设项目理论演进探析 [J]. 建筑经济，2008（6）：12-14.

[72] 史亮. EPC国际总承包项目系统化管理要点的探讨 [J]. 金融经济，2014（18）：116-118.

[73] 孙国强，王敏. 网络组织绩效风险演化研究 [J]. 科技管理研究，2013（9）：227-230.

[74] 孙国强. 关系、互动与协同：网络组织的治理逻辑 [J]. 中国工业经济，2003（11）：14-20.

[75] 孙国强. 网络组织运作绩效的研究现状分析与研究框架构建 [J]. 科学管理研究，2003（1）：83-86.

[76] 孙继德. 项目总承包模式 [J]. 土木工程学报，2003，36（9）：51-54.

[77] 孙鹏，王振伟. 社会网络理论与机构知识库的关系分析 [J]. 图书馆学研究，2013（19）：2-4.

[78] 孙文红. 电子商务环境下供应链协同影响因素研究 [D]. 秦皇岛：燕山大学，2012.

[79] 王春青，贾小漫，段倩倩. 重大科技项目组织界面协同管理研究 [J]. 科技和产业，2013，13（3）：1-4；17.

[80] 王海花，谢富纪. 企业外部知识网络能力的影响因素：基于扎根方法的探索性研究 [J]. 系统管理学报，2015，24（1）：130-137；152.

[81] 王华，尹贻林. 基于委托-代理的工程项目治理结构及其优化 [J]. 中国软科学，2004（11）：93-96.

[82] 王建超，孟德乾. 传统设计院转型工程总承包公司的挑战与机遇 [J]. 价值工程，2018，37（32）：28-29.

[83] 王涛，罗仲伟. 社会网络演化与内创企业嵌入：基于动态边界二元距离的视角 [J]. 中国工业经济，2011（12）：89-99.

[84] 王伍仁. EPC工程总承包管理 [M]. 北京：中国建筑工业出版社，2008.

[85] 王夏阳，陈宏辉. 基于资源基础与网络能力的中小企业国际化研究 [J].

外国经济与管理，2002（6）：23-28.

[86] 王亦澍. 施工总承包与专业分包的管理界面研究［J］. 建筑施工，2006，28（9）：748-750；753.

[87] 王勇. 施工总承包模式下合同界面管理［J］. 山西建筑，2017，43（32）：225-226.

[88] 文艳芳，苏三庆，董晓宁. 工程项目管理目标系统的权衡与控制分析［J］. 建筑经济，2009（11）：42-44.

[89] 吴娟. 网络结构特征、网络能力与企业创新绩效关系研究［D］. 长沙：中南大学，2010.

[90] 吴绍艳. 基于复杂系统理论的工程项目管理协同机制与方法研究［D］. 天津：天津大学，2006.

[91] 吴涛，海峰，李必强. 界面和管理界面分析［J］. 管理科学，2003（1）：6-10.

[92] 吴伟池. 关系嵌入性、外部知识搜索与创新绩效的关系：一个探索性多案例研究［D］. 杭州：浙江大学，2013.

[93] 吴永平. 煤矿系统协同性与复杂性研究［M］. 北京：煤炭工业出版社，2007.

[94] 夏秋. 基于EPC工程总承包企业的供应链管理：以J企业为例［D］. 武汉：湖北工业大学，2016.

[95] 谢丽芳. 我国工程总承包企业核心竞争力研究［D］. 长沙：中南大学，2010.

[96] 邢小强，仝允桓. 网络能力：概念、结构与影响因素分析［J］. 科学学研究，2006（A2）：558-563.

[97] 邢小强，仝允桓. 创新视角下的企业网络能力与技术能力关系研究［J］. 科学学与科学技术管理，2007（12）：182-186.

[98] 徐金发，许强，王勇. 企业的网络能力剖析［J］. 外国经济与管理，2001（11）：21-25.

[99] 严玲，邓娇娇，邓新位. 公共项目治理评价的定量化研究［J］. 工程管理学报，2014，28（3）：84-88.

[100] 严玲，尹贻林，范道津. 公共项目治理理论概念模型的建立［J］. 中国软科学，2004（6）：130-135.

[101] 严玲，尹贻林. 政府投资项目代建制绩效改善途径：基于项目治理的观点［J］. 水利水电技术，2006，37（1）：98-103.

[102] 阎长俊，李雪莹. 工程承包模式的界面分析与管理：提高项目价值的有效途径［J］. 建筑经济，2005（8）：49-53.

[103] 杨飞雪，汪海舰，尹贻林. 项目治理结构初探 [J]. 中国软科学，2004 (3)：80-84.

[104] 杨科，康登泽，车传波，等. 基于BIM的碰撞检查在协同设计中的研究 [J]. 土木建筑工程信息技术，2013 (4)：71-75；98.

[105] 叶飞，徐学军. 供应链伙伴关系间信任与关系承诺对信息共享与运营绩效的影响 [J]. 系统工程理论与实践，2009，29 (8)：36-49.

[106] 于建政，汪克夷. 知识共享与项目绩效关系的实证研究 [J]. 技术经济. 2010，29 (10)：19-23.

[107] 于淼. 计划成熟度对总承包项目知识集成的影响研究 [D]. 大连：大连理工大学，2016.

[108] 张钢. 企业组织网络化发展 [M]. 杭州：浙江大学出版社，2005.

[109] 张千军，刘益，王良. 基于权变视角的知识利用、知识开发以及双元性对外包项目绩效的影响研究 [J]. 管理学报，2013，10 (7)：1065-1071.

[110] 张庆华，何庆旭，魏长星，等. 从项目治理谈工程项目管理的发展 [J]. 项目管理技术，2009 (11)：72-76.

[111] 张伟峰，万威武. 企业创新网络的构建动因与模式研究 [J]. 研究与发展管理，2004，16 (3)：62-68.

[112] 张欣，马士华. 信息共享与协同合作对两级供应链的收益影响 [J]. 管理学报，2007 (1)：32-39.

[113] 张新民. 社会网络、组织协同与价值创造：基于组织间制度距离的视角 [J]. 天津商业大学学报，2012 (5)：9-14.

[114] 张雪峰. 组织学习与智力资本对创新绩效的影响研究 [D]. 杭州：浙江大学，2012.

[115] 张哲，胡兴球，曲文凤. 软件外包企业网络能力对企业绩效影响研究 [J]. 企业经济，2015 (5)：69-74.

[116] 张臻. EPC总承包项目质量链管理协同工作机制研究 [D]. 长沙：中南大学，2013.

[117] 张志强. 基于界面的煤矿井下工程协同管理体系与方法研究 [D]. 徐州：中国矿业大学，2014.

[118] 章丹. 技术创新网络中核心企业网络能力对网络创新绩效的影响研究 [D]. 杭州：浙江工商大学，2012.

[119] 章琰. 组织间技术转移的界面分析 [J]. 科学学与科学技术管理，2006 (1)：49-54.

[120] 章怡心，李登科. 供应链协同与供应链绩效的关系研究：基于环境不确定性的调节作用 [J]. 经济研究导刊，2018 (3)：11-14；24.

[121] 郑景丽. 知识保护、规则构建、关系维护与联盟治理的关系：基于不同联盟动机的分析 [D]. 重庆：重庆大学，2012.

[122] 郑磊. 工程总承包企业的基本概念及其能力要求 [J]. 建筑技术，2005，36 (5)：390-392.

[123] 钟卫东，黄兆信. 创业者的关系强度、自我效能感与创业绩效关系的实证研究 [J]. 中国科技论坛，2012 (1)：131-137.

[124] 钟云，丰景春，薛松，等. PPP项目利益相关者关系演化动力的实证研究 [J]. 工程管理学报，2015，29 (3)：94-99.

[125] 朱秀梅，陈琛，杨隽萍. 新企业网络能力维度检验及研究框架构建 [J]. 科学学研究，2010 (8)：1222-1229.

[126] 宗文. 全球价值网络与中国企业成长 [J]. 中国工业经济，2011 (12)：46-56.

[127] 邹思明，曾德明，张利飞，等. 网络关系、技术多元化与企业技术标准化能力 [J]. 科研管理，2017，38 (9)：12-20.

[128] AHUJA G.Collaboration networks, structural holes, and innovation: A longitudinal study [J]. Administrative Science Quarterly, 2000, 45 (3): 425-455.

[129] AKKERMANS H, BOGERD P, DOREMALEN J V.Travail, transparency and trust: A case study of computer supported collaborative supply chain planning in hightech electronics [J]. European Journal of Operational Research, 2004, 153 (2): 445-456.

[130] ALLEE V.The knowledge evolution: Expanding organizational intelligence [M]. Boston: Butterworth-Heinemann, 1997.

[131] AMIT R, SCHOEMAKER P.Strategic assets and organizational rent [J]. Strategic Management Journal, 1986, 14 (1): 33-46.

[132] AN X, DENG H, CHAO L, et al.Knowledge management in supporting collaborativeinnovation community capacity building [J]. Journal of Knowledge Management, 2012, 18 (3): 574-590.

[133] ANDERSEN E S, DYRHAUG Q X, JESSEN S A.Evaluation of Chinese projects and comparisonwith Norwegian projects [J]. International Journal of Project Management, 2002, 20 (8): 601-609.

[134] ANDERSON J C, NARUS J A. A model of distributor firm and manufacturer firm working partnerships [J]. Journal of Marketing, 1990, 54 (1): 42-58.

[135] ANSOFF I H.Corporate strategy: An analytic approach to business policy

for growth and expansion [M]. New York: McGraw Hill, 1965.

[136] ANSOFF I H.The new corporate strategy [M]. New York: John Wiley & Sons, 1988.

[137] ARGYRIS C, SCHÖN D A. Organizational learning: A theory of action perspective [M]. Boston, MA: Addison-Wesley, 1978.

[138] ATKINSON R.Project management: Cost, time and quality, two best guesses and a phenomenon, its time to accept other success criteria [J]. International Journal of Project Management, 1999, 17 (6): 337-342.

[139] ATTARAN M, ATTARAN S. Collaborative supply chain management: The most promising practice for building efficient and sustainable supply chains [J]. Business Process Management Journal, 2007, 13 (3): 390-404.

[140] BARNEY J B. Resource-based theories of competitive advantage: A tenyear retrospectiveon the resource-based view [J]. Journal of Management, 2001, 27 (6): 643-650.

[141] BEKKER M C, STEYN H.The impact of project governance principles on project performance [C] //South Africa: Portland International Conference on Management of Engineering & Technology, 2008.

[142] BELL G G.Clusters, networks, and firm innovativeness [J]. Strategic Management Journal, 2005, 26 (3): 287-295.

[143] BLOMQVIST K, LEVY J. Collaboration capability: A focal concept in knowledge creation and collaborative innovation in networks [J]. International Journal of Management Concepts and Philosophy, 2006, 2 (1): 31-38.

[144] BONNER J M, KIM D, CAVUSGIL S T. Self-perceived strategic network identity and its effects on market performance in alliance relationships [J]. Journal of Business Research, 2005, 58 (10): 1371-1380.

[145] BUNDUCHI R. Trust, partner selection and innovation outcome in collaborative new product development [J]. Production Planning & Control, 2013, 24 (2-3): 145-157.

[146] BURT R S.Structurat holes: The social structure of competition [M]. Cambridge, MA : Harvard University Press, 1992.

[147] CALLAN K, SIEIMIENIUCH C, SINCLAIR M.A case study example of

the role matrix technique [J]. Incose International Symposium, 2005, 24 (6): 506-515.

[148] CAMPBELL J J, DUNNETTE M D, LAWLER E E, et al. Managerial behavior, performance and effectiveness [J]. Professional Psychology, 1971, 2 (4): 414-416.

[149] CARO J Y. La sociologie de pierre bourdieu: Éléments pour une théorie du champ politique [J]. Revue Française De Science Politique, 1980, 30 (6): 1171-1197.

[150] CARPENTER M A, WESTPHAL J D. The strategic context of external network ties: Examining the impact of director appointments on board involvement in strategic decision making [J]. Social Science Electronic Publishing, 2001, 44 (4): 639-660.

[151] CARVALHO M M D, PATAH L A, DE SOUZA BIDO D. Project management and its effects on project success: Cross-country and cross-industry comparisons [J]. International Journal of Project Management, 2015, 33 (7): 1509-1522.

[152] CHENG M, SU C, YOU H. Optimal project organizational structure for construction management [J]. Journal of Construction Engineering and Management, 2003, 129 (1): 70-79.

[153] CHIU Y T H. How network competence and network location influence innovation performance [J]. Journal of Business & Industrial Marketing, 2008, 24 (1): 46-55.

[154] CHOW W S, CHAN L S. Social network, social trust and shared goals in organizational knowledge sharing [J]. Information & Management, 2008, 45 (7): 458-465.

[155] COLLINS A, BACCARINI D. Project success a survey [J]. Journal of Construction Research, 2004, 5 (2): 211-231.

[156] CORBIN J, STRAUSS A. Grounded theory research: Procedures, canons, and evaluative criteria [J]. Qualitative Sociology, 1990, 19 (6): 418-427.

[157] CUMMINGS J L, TENG B S. Transferring R&D knowledge: The key factors affecting knowledge transfer success [J]. Journal of Engineering & Technology Management, 2003, 20 (1): 39-68.

[158] CUMMINGS J N. Work groups, structural diversity, and knowledge sharing in a global organization [J]. Management Science, 2004, 50

(3): 352-364.

[159] DAVIS K. Different stakeholder groups and their perceptions of project success [J]. International Journal of Project Management, 2014, 32 (2): 189-201.

[160] DESTA S, ROOT D, DIEDERICHS C J. The practice of project management office (PMO) concept within the German architect, engineer, contractor (AEC) sector [J]. Journal of Engineering, Design and Technology, 2006, 4 (1): 46-59.

[161] DOLOI H. Relational partnerships: The importance of communication, trust and confidnce and joint risk management in achieving project success [J]. Construction Management and Economics, 2009, 27 (11): 1099-1109.

[162] DYER J H, SINGH H. The relational view: Cooperative strategy and sources of interorganizational competitive advantage [J]. The Academy of Management Review, 1998, 23 (4): 660-679.

[163] EISENHARDT K M. Building theories from case study research [J]. Academy of management review, 1989, 14 (4): 532-550.

[164] ENRIGHT M J. The globalization of competition and the localization of competitive advantage: Policies towards regional clustering [C] // HOOD N, YOUNG S. The globalization of multinational enterprise activity and economic development. London: Palgrave Macmillan, 2000: 303-331.

[165] CHAN E, MILLS A. Implementation of enterprise resource planning software inamajor construction contracting organization in Hong Kong [J]. International Journal Managing Projects in Business, 2011, 4 (1): 168-178.

[166] FOSS N J. Knowledge-based approaches to the theory of the firm: Some critical comments [J]. Organization Science, 1996, 7 (5): 470-476.

[167] GEMÜNDEN H G, RITTER T, HEYDEBRECK P. Network configuration and innovation success: An empirical analysis in German high-tech industries [J]. International Journal of Research in Marketing, 1996, 13 (5): 449-462.

[168] GILSING V, NOOTEBOOM B. Density and strength of ties in innovation networks: An analysis of multimedia and biotechnology [J]. Social

Science Electronic Publishing, 2004, 2 (3): 179-197.

[169] GLASER B G, HOLTON J. The discovery of grounded theory [J]. Strategies for Qualitiative Research, 1967, 3 (6): 377-380.

[170] GLASER B G. Basics of grounded theory analysis emergence vs forcing [M]. Mill Valley, CA: Sociology Press, 1992.

[171] GRANOVETTER M S, SWEDBERG R. The sociology of economic life [M]. Boulder, CO: Westview Press, 1992.

[172] GRANOVETTER M. The strength of weak ties [J]. American Journal of Sociology, 1973, 78 (6): 1360-1380.

[173] GRIFFITH A F, GIBSON JR G E. Alignment during pre-project planning [J]. Journal of Management in Engineering, 2001, 17 (2): 69-76.

[174] GULATI R. Network location and learning: The influences of network resources and firm capabilities on Alliance formation [J]. Strategic Management Journal, 1999, 20 (5): 397-420.

[175] GULATI R. Alliances and networks [J]. Strategic Management Journal, 1998, 19 (4): 293-317.

[176] HAGEDOORN J, ROIJAKKERS N, KRANENBURG H V. Inter-firm R&D networks: The importance of strategic network capabilities for high tech partnership formation [J]. British Journal of Management, 2006, 17 (1): 39-53.

[177] HÅKANSSON H, SNEHOTA I. Developing relationships in business networks [M]. London: Routledge, 1995.

[178] HANSEN M T. The search transfer problem: The role of weak ties in sharing knowledge across organization subunits [J]. Administrative Science Quarterly, 1999, 44 (1): 82-111.

[179] HAYES-ROTH B. BB1: An architecture for blackboard systems that control, explain, and learn about their own behavior [M]. Stanford, CA: Stanford University, 1984.

[180] HOETKER G, MELLEWIGT T. Choice and performance of governance mechanisms: Matching alliance governance to asset type [J]. Strategic Management Journal, 2010, 30 (10): 1025-1044.

[181] IKA L A. Project success as a topic in project management journals [J]. Project Management Journal, 2010, 40 (4): 6-19.

[182] JEFFREY K, PINTO B A. Critical success factors in effective project implementation [C] // CLELAND D I, KING W R. Project Management

Handbook.New York: John Wiley & Sons , 1988: 479-512.

[183] JHA K N, IYER K C.Commitment, coordination, competence and the iron triangle [J]. International Journal of Project Management, 2007, 25 (5): 527-540.

[184] JOHANSON J, MATTSSON L G.Interorganizational relations in industrial systems: A network approach compared with the transaction cost approach [J]. International Studies of Management & Organization, 1987, 17 (1): 34-48.

[185] JONES C, HESTERLY W S, BORGATTI S P. A General theory of network governance: Exchange conditions and social mechanisms [J]. Academy of Management Review, 1997, 22 (4): 911-945.

[186] JUGDEV K, MOLLER R. A retrospective look at our evolving understanding of project success [J]. IEEE Engineering Management Review, 2005, 34 (3): 110-110.

[187] KALE P, DYER J H, SINGLY H. Alliance capability, stock market response and long term alliance success: The role of the alliance function [J]. Strategic Management Journal, 2002, 23: 747-767.

[188] KANE J S, LAWLER E E. Performance appraisal effectiveness: Its assessment and determinants [J]. Research in organizational behavior, 1979, 1: 425-478.

[189] KATZ R.The effects of group longevity on project communication and performance [J]. Administrative Science Quarterly, 1982, 27 (1): 81-104.

[190] KHAN K, TURNER R, MAQSOOD T.Factors that influence the success of public sector projects in Pakistan [C]. Proceedings of IRNOP 2013 Conference. Oslo: BI Norwegian Business School, 2013: 17-19.

[191] KUJALA J, NYSTÉN-HAARALA S, NUOTTILA J.Flexible contracting in project business [J]. International Journal of Managing Projects in Business, 2015, 8 (1): 92-106.

[192] LAMBERT K. Project governance [J]. World Project Management Week, 2003 (3): 27-33.

[193] LANDRY R, AMARA N, LAMARI M. Does social capital determine innovation? To what extent? [J]. Technological Forecasting and Social Change, 2002 (69): 681-701.

[194] LEVITT B, MARCH J G.Organizational learning [J]. Annual Review of

Sociology, 1988, 14 (14): 319-340.

[195] LIN H M, LIN C P, HUANG H C. Embedding strategic alliances in networkks to govern transaction hazards: Evidence from an emerging economy [J]. Asian Business & Management, 2011, 10 (2): 183-208.

[196] LOASBY B J.The organisation of capabilities [J]. Brian Loasby, 2000, 48 (10): 1366-1370.

[197] LYNN C, CHRISTOPHE N B, RODNEY J. Project governance: Integrating corporate program and project governance [M]. New York: Routledge, 2008.

[198] MADHOK A, TALLMAN S B. Resources, transactions and rents: Managing value through interfirm collaborative relationships [J]. Organization Science, 1998, 9 (3): 326-339.

[199] MATOPOULOS A, VLACHOPOULOU M, MANTHOU V, et al. A conceptual framework for supply chain collaboration: Empirical evidence from the agrifood industry [J]. Supply Chain Management, 2007, 12 (3): 177-186.

[200] MEREDITH J.Building operations management theory through case and field research [J]. Journal of Operations Management, 1998, 16 (4): 441-454.

[201] MITCHELL J C.The concept and use of social networks in urbansituations [M]. Manchester: Manchester University Press, 1969.

[202] Mohr J J, Sengupta S. Managing the paradox of inter-firm learning: The role of governance mechanisms [J]. Journal of Business & Industrial Marketing, 2002, 17 (4): 282-301.

[203] MOHR J, NEVIN J R.Communication strategies in marketing channels: A theoretical perspective [J]. Journal of Marketing, 1990, 54 (4): 36-51.

[204] MOHR J, SPEKMAN R. Characteristics of partnership success: Partnership attributes, communication behavior, and conflict resolution techniques [J]. Strategic Management Journal, 1994, 15 (2): 135-152.

[205] MOLLER K K, HALINEN A. Business relationships and networks: Managerial challenge of network era [J]. Industrial Marketing Management, 1999, 28 (5): 413-427.

[206] MULLER R, TURNER J R.Matching the project manager's leadership style to project type [J]. International Journal of Project Management, 2007, 25 (1): 21-32.

[207] MULLER R, TURNER R.The influence of project managers on project success criteria and project success by type of project [J]. European Management Journal, 2007, 25 (4): 298-309.

[208] MULLER R.Project governance [M]. Farnham: Ashgate Publishing Limited, 2009.

[209] MURPHY K J.Corporate performance and managerial remuneration: An empirical analysis [J]. Journal of Accounting & Economics, 1985, 7 (1): 11-42.

[210] MWITA J I.Performance management model [J]. International Journal of Public Sector Management, 2000, 13 (1): 19-37.

[211] PAPKE-SHIELDS K E, BEISE C, QUAN J.Do project managers practice what they preach, and does it matter to project success? [J] . International Journal of Project Management, 2010, 28 (7): 650-662.

[212] PEÑA-MORA F, WANG C Y. Computer-supported collaborative negotiation methodology [J]. Journal of Computing in Civil Engineering [J]. 1998, 12 (2): 64-81.

[213] PINTO J K, MANTEL S J.The causes of project failure [J]. IEEE Transactions on Engineering Management, 1990, 37 (4): 269-276.

[214] PITTAWAY L, ROBERTSON M, MUNIR K, et al.Networking and innovation: A systematic review of the evidence [J]. International Journal of Management Reviews, 2010, 5 (3-4): 137-168.

[215] Powell W W, Koput K W, Smith-Doerr L. Interorganizational collaboration and the locus of innovation: Networks of learning in biotechnology [J]. Administrative Science Quarterly, 1996, 41 (1): 116-145.

[216] PROVAN K G, KENIS P.Modes of network governance: Structure, management, and effectiveness [J]. Journal of Public Administration Research &Theory, 2008, 18 (2): 229-252.

[217] PUTNAM R D.The prosperous community: Social capital and public life [J]. American Prospect, 1993 (13): 35-42.

[218] RENZ P S.Project governance: Implementing corporate governance and business ethics in Nonprofit Organizations [M]. Heidelberg: Physica-

Verlag, 2007.

[219] REZVANI A, CHANG A, WIEWIORA A, et al. Manager emotional intelligence and project success: The mediating role of job satisfaction and trust [J]. International Journal of Project Management, 2016, 34 (7): 1112-1122.

[220] RITALA P, HURMELINNA-LAUKKANEN P. Incremental and radical innovation in coopetition: The role of absorptive capacity and appropriability [J]. Journal of Product Innovation Management, 2013, 30 (1): 154-169.

[221] RITTER T, GEMUNDEN H G, RESEARCH J O B, et al. Interorganizational relationships and networks: An overview [J]. Journal of Business Research, 2003, 56 (9): 691-697.

[222] RITTER T, GEMUNDEN H G. Network competence: Its impact on innovation success and its antecedents [J]. Journal of Business Research, 2003, 56 (9): 745-755.

[223] RITTER T, WILKINSON I F, JOHNSTON W J. Managing in complex business networks [J]. Industrial Marketing Management, 2004, 33 (3): 175-183.

[224] RITTER T. The networking company: Antecedents for coping with relationship and networks effectively [J]. Industrial Marketing Management, 1999, 28 (5): 467-479.

[225] RODRIGUES J S, COSTA A R, GESTOSO C G. Project planning and control: Does national culture influence project success? [J]. Procedia Technology, 2014, 16: 1047-1056.

[226] ROWLEY T J. Moving beyond dyadic ties: A network theory of stakeholder influences [J]. Academy of Management Review, 1997, 22 (4): 887-910.

[227] RUUSKA I, ARTTO K, AALTONEN K, et al. Dimensions of distance in a project network: Exploring Olkiluoto 3 nuclear power plant project [J]. International Journal of Project Management, 2009, 27 (2): 142-153.

[228] SALMAN N, SAIVES A L. Indirect networks: An intangible resource for biotechnology innovation [J]. R & D Management, 2010, 35 (2): 203-215.

[229] SANDERS P. Phenomenology: A new way of viewing organizational research [J]. Academy of Management Review, 1982, 7 (3):

353-360.

[230] SCHEIN E. Organizational culture and leadership [M]. San Francisco: Jossey Bass, 1992.

[231] SHENHAR A. J, DVIR D, LEVY O, et al. Project success: A multidimensional strategic concept [J]. Long Range Planning, 2001, 34 (6): 699-725.

[232] SINGH J. Collaborative networks as determinants of knowledge diffusion patterns [J]. Management Science, 2005, 51 (5): 756-770.

[233] SMOUTS M. L. The proper use of governance in international relations [J]. International Social Science Journal, 2010, 50 (155): 81-89.

[234] SOBRERO M, ROBERTS E B. Strategic management of supplier-manufacturer relations in new product development [J]. Research Policy, 2002, 31 (1): 159-182.

[235] SONG M, BIJ H, WEGGEMAN M P. Factors for Improving the level of knowledge generation in new product development [J]. R&D Management, 2006, 36 (2): 173-187.

[236] THORELLI H B. Networks: Between markets and hierarchies [J]. Strategic Management Journal, 1986, 7 (1): 37-51.

[237] TOE S. Network positions and propensities to collaborate: An investigation of strategic alliance formation in a high-technology industry [J]. Administrative Science Quarterly, 1998, 43 (3): 668-698.

[238] TSAI W P. Knowledge transfer in intraorganizational networks: Effects of network position and absorptive capacity on business unit innovation and performance [J]. Academy of Management Journal, 2001, 44 (5): 996-1004.

[239] TSAI W, GHOSHAL S. Social capital and value creation: The role of intrafirm networks [J]. Academy of Management Journal, 1998, 41 (4): 464-476.

[240] TURNER J R, KEEGAN A. The versatile project-based organization: Governance and operational control [J]. European Management Journal, 1999, 17 (3): 296-309.

[241] TURNER J R, KEEGAN A. Mechanisms of governance in the projectbased organization: Roles of the broker and steward [J]. European Management Journal, 2001, 19 (3): 254-267.

[242] TURNER J R, MULLER R. Communication and cooperation on project

between the project owner as principal and the project managers as agent [J]. European Management Journa1, 2004, 22 (3): 327-336.

[243] TURNER J R.Towards a theory of project management: The nature of the project governance and project management [J]. International Journal of Project Management, 2006 (2): 93-95.

[244] VEREECKE A, MUYLLE S.Performance improvement through supply chain collaboration in Europe [J]. International Journal of Operations & Production Management, 2006, 26 (11): 1176-1198.

[245] WAGNER S M, EGGERT A, LINDEMANN E.Creating and appropriating value in collaborative relationships [J]. Journal of Business Research, 2010, 63 (8): 840-848.

[246] WANG E T G, CHOU F K Y, LEE N C A, et al.Can intrafirm IT skills benefit interfirm integration and performance? [J]. Information & Management, 2014, 51 (7): 924-938.

[247] WATSON J.Modeling the relationship between networking and firm performance [J]. Journal of Business Venturing, 2007, 22 (6): 852-874.

[248] WESTERVELD E.The project excellence model? Linking success criteria and critical success factors [J]. International Journal of Project Management, 2003, 21 (6): 411-418.

[249] WINCH G M.Governing the project process: A conceptual framework [J]. ConstructionManagement & Economics, 2001, 19 (8): 799-808.

[250] WONG P S P, CHEUNG S O.Structural equation model of trust and collaborationsuccess [J]. Journal of Management in Engineering, 2005, 21 (2): 70-80.

[251] Woolcock M J V.Social capital: A theory of social Structure and Action (review) [J]. Social Forces, 2001, 82 (2): 167-186.

[252] WREN D A.Interface and interorganizational coordination [J]. Academy of Management Journal, 1967, 10 (1): 69-81.

[253] YEUNG J F, CHAN A P, CHAN D W.Developing a performance index for relationship based construction projects in Australia: Delphi study [J]. Journal of Management in Engineering, 2009, 25 (2): 59-68.

[254] YIN R K.Case study research: Design and methods [M]. 3rd ed. Thousand Oaks, CA: Sage, 2003.

[255] ZAHRA S A, BOGNER W C.Technology strategy and software new

ventures' performance: Exploring the moderating effect of the competitive environment [J]. Journal of Business Venturing, 2000, 11 (2): 313-345.

[256] ZHANG Y F, ZHANG L H. Organizing complex engineering operations throughout the lifecycle [J]. Journal of Service Management, 2014, 25 (5): 580-602.

附录 A 访谈提纲

总承包企业网络治理能力对项目绩效影响的
开放式访谈提纲

访谈目的： 本研究意在调查总承包企业网络治理能力的演化过程及其对项目绩效的影响，即总承包企业是如何在总承包业务发展过程中逐渐培育网络治理能力的，这一能力的成熟程度对项目绩效水平的影响如何。

总承包企业网络治理能力 是指总承包企业在项目网络中引导、协调、控制和评估项目合作活动，促使合作企业间实现协同效应的能力。

合作企业 是指直接参与总承包项目实施并与总承包企业签订项目合同的施工或设计分包商以及材料、设备供应商等企业。

一、访谈人员信息

所属部门：_____ 现任职位：_____ 项目经验：_____

二、企业基本信息

企业名称：＿＿＿＿＿＿＿　　企业性质：＿＿＿＿＿＿＿

成立时间：＿＿＿＿＿＿＿　　员工人数：＿＿＿＿＿＿

所属行业：＿＿＿＿＿＿　　主营业务：＿＿＿＿＿＿

三、项目信息

请以您已参与或正在参与的项目为实例，填写下表。

NO.	项目名称	起止时间（或项目总年限）	总包模式（EPC/DB/PPP/BOT）	项目所属地区（国家/城市）	合同金额（亿元）	完成情况（完成/在建）	成功与否（成功/失败）	业主及合作企业名称（项目网络结构）
1								
2								
3								

四、访谈问题

1. 请您介绍一下公司开展总承包业务的整体情况。

2. 公司内部如何对总承包项目进行管控？

3. 如何选择和评价参与总承包项目的合作企业？

4. 如何整合合作企业的资源服务于当前项目并兼顾可持续合作？

5. 项目实施过程中如何协同合作企业实现项目目标？

6. 项目实施过程中合作企业之间如何进行沟通？

7. 如何控制项目实施过程中的风险？

8. 您如何评价总承包项目的绩效？

9. 公司发展总承包业务最大的问题或障碍是什么？如何克服？

10. 请您总结一下本公司开展总承包业务的成功关键因素和失败教训。

附录 B 调查问卷 1

尊敬的女士/先生:

　　您好! 真诚感谢您对本次调查的大力支持!

　　本问卷旨在调查总承包企业网络治理现状及其能力水平,服务于项目驱动型企业网络治理研究课题。

　　本问卷采取不记名方式,所获数据仅用于学术研究,并对您填写的信息保密,请放心作答。数据的真实性和完整性会直接影响研究结果的有效性,请您仔细阅读题项后进行客观作答。

填 写 说 明

　　本问卷由了解总承包企业实践或参与过总承包项目的人员填写,请从总承包项目视角作答。

　　1.如果您是总承包企业人员,请根据企业运行实际作出客观评价。

　　2.如果您是非常了解总承包企业实践或参与过总承包项目的相关企业人员,请您对所熟知的总承包企业或曾经合作过的总承包企业运行实际作出客观评价,您可对多家总承包企业进行评价,一份问卷只针对一家总承包企业。

　　本问卷中的"合作企业"是指直接参与总承包项目实施并与总承包企业签订项目合同的施工或设计分包商以及材料、设备供应商等企业。

第一部分 个人及企业基本信息

1. 您的性别: □男 □女

2. 您的学历:

□高中及以下 □大学专科 □大学本科 □硕士及以上

3. 企业成立年限:

□≤5年 □5～10年 □10～20年 □20年以上

4. 企业所属行业:

□石油、化工、冶金 □能源、电力与生物技术 □机械制造业

□房屋建筑 □公路、桥梁等基础建设 □电子、通信、软件业

□纺织、服装 □咨询、法律、中介服务 □其他_____

5. 所属企业类型:

□设计施工一体化总承包企业 □设计主导型总承包企业

□施工主导型总承包企业 □咨询单位（含高校及研究机构）

□业主单位（含政府及企业发包方） □监理单位

□材料、设备供应商 □设计分包单位

□施工分包单位 □其他_____

6. 所属企业性质:

□中央企业 □地方国企 □合资企业

□民营企业 □外资企业 □其他_____

7. 所属企业规模:

□1～100人 □101～300人 □301～500人

□501～1 000人 □1 001～3 000人 □3 000人以上

8. 您在单位的角色:

□董事长/总经理 □副总经理 □部门经理/副经理

□项目经理/副经理 □项目团队成员 □其他_____

9. 您从事项目管理相关工作的时间:

□≤2年 □2～5年 □5～10年 □10～20年 □20年以上

10. 您曾参与的总承包项目数:

□≤2个 □3～5个 □6～10个 □11～20个 □20个以上

第二部分 总承包企业网络治理能力的评价

下表是对总承包企业网络治理能力的测量题项，请结合您对总承包企业的了解情况和工作中的实际经验，判断是否与总承包企业运行实际一致，并在相应的选项上打"√"，下面每个题项只能选择一个答案，敬请留意！

序号	测量题项	完全不符合	较不符合	基本符合	比较符合	完全符合
1	总承包企业建立了明确的沟通渠道与合作企业进行交流	1	2	3	4	5
2	总承包企业经常与合作企业进行交流，及时发现问题	1	2	3	4	5
3	总承包企业认真履行合同规定的相关义务	1	2	3	4	5
4	总承包企业在合作中坚持互惠互利的原则	1	2	3	4	5
5	总承包企业能够快速解决项目中的冲突	1	2	3	4	5
6	总承包企业能客观公正地处理争议事项	1	2	3	4	5
7	总承包企业能够有效整合合作企业的技术、人力、设备等资源	1	2	3	4	5
8	总承包企业在不同项目中合理配置自身的技术、人力、设备等资源	1	2	3	4	5
9	总承包企业制定了有利于项目实施的协作流程和原则	1	2	3	4	5
10	总承包企业能够协调合作企业作出有利于项目实施的决策	1	2	3	4	5
11	总承包企业能够根据市场需求调整合作伙伴	1	2	3	4	5
12	总承包企业不断更新优化与合作企业的关系	1	2	3	4	5

续表

序号	测量题项	完全不符合	较不符合	基本符合	比较符合	完全符合
13	总承包企业制定了合作企业共同认可的项目目标	1	2	3	4	5
14	总承包企业能够及时纠正项目实施中的目标冲突	1	2	3	4	5
15	总承包企业严厉处罚违反合同内容的合作企业	1	2	3	4	5
16	总承包企业制定绩效考核标准评价合作企业行为	1	2	3	4	5
17	总承包企业根据项目绩效奖励表现好的合作企业	1	2	3	4	5
18	总承包企业根据项目后评价确定继续合作的企业	1	2	3	4	5
19	总承包企业经常组织合作企业交流经验	1	2	3	4	5
20	总承包企业在合作中提供项目实施必要的技术或管理培训	1	2	3	4	5
21	总承包企业能够在项目实施中使用新技术和新工艺	1	2	3	4	5
22	总承包企业能够不断改进现有合作流程和程序	1	2	3	4	5

附录 C 调查问卷 2

尊敬的女士/先生:

您好! 真诚感谢您对本次调查的大力支持!

本问卷旨在调查总承包企业网络治理能力对项目绩效的影响,服务于项目驱动型企业网络治理研究课题。

本问卷采取不记名方式,所获数据仅用于学术研究,并对您填写的信息保密,请放心作答。数据的真实性和完整性会直接影响研究结果的有效性,请您仔细阅读题项后进行客观作答。

填 写 说 明

本问卷由了解总承包企业实践或参与过总承包项目的人员填写,请从总承包项目视角作答。

1. 如果您是总承包企业人员,请根据企业运行实际作出客观评价;

2. 如果您是非常了解总承包企业实践或参与过总承包项目的相关企业人员,请您对所熟知的总承包企业或曾经合作过的总承包企业运行实际作出客观评价,您可对多家总承包企业进行评价,一份问卷只针对一家总承包企业。

本问卷中的"合作企业"是指直接参与总承包项目实施并与总承包企业签订项目合同的施工或设计分包商以及材料、设备供应商等企业。

第一部分　个人及企业基本信息

1.您的性别：　　　　□男　　　　　　□女

2.您的学历：

□高中及以下　　□大学专科　　　□大学本科　　　□硕士及以上

3.企业成立年限：

□≤5年　　　　　□5～10年　　　□10～20年　　　□20年以上

4.企业所属行业：

□石油、化工、冶金　　□能源、电力与生物技术　　□机械制造业

□房屋建筑　　　□公路、桥梁等基础建设　□电子、通信、软件业

□纺织、服装　　□咨询、法律、中介服务　□其他_____

5.所属企业类型：

□设计施工一体化总承包企业　　□设计主导型总承包企业

□施工主导型总承包企业　　　　□咨询单位（含高校及研究机构）

□业主单位（含政府及企业发包方）　　　□监理单位

□材料、设备供应商　　　　　　□设计分包单位

□施工分包单位　　　　　　　　□其他_____

6.所属企业性质：

□中央企业　　　□地方国企　　　□合资企业

□民营企业　　　□外资企业　　　□其他_____

7.所属企业规模：

□1～100人　　　　□101～300人　　□301～500人

□501～1 000人　　□1 001～3 000人　□3 000人以上

8.您在单位的角色：

□董事长/总经理　　　□副总经理　　　　□部门经理/副经理

□项目经理/副经理　　□项目团队成员　　□其他_____

9.您从事项目管理相关工作的时间：

□≤2年　□2～5年　□5～10年　□10～20年　□20年以上

10.您曾参与的总承包项目数：

□≤2个　□3～5个　□6～10个　□11～20个　□20个以上

第二部分　相关概念的评价

下表是对总承包企业网络治理能力、界面协同效应及项目绩效的测量题项，请结合您对总承包企业的了解情况和工作中的实际经验，判断是否与总承包企业运行实际一致，并在相应的选项上打"√"，<u>下面每个题项只能选择一个答案</u>，敬请留意！

（一）总承包企业网络治理能力		完全不符合	较不符合	基本符合	比较符合	完全符合
1	总承包企业建立了明确的沟通渠道与合作企业进行交流	1	2	3	4	5
2	总承包企业经常与合作企业进行交流，及时发现问题	1	2	3	4	5
3	总承包企业认真履行合同规定的相关义务	1	2	3	4	5
4	总承包企业在合作中坚持互惠互利的原则	1	2	3	4	5
5	总承包企业能客观公正地处理争议事项	1	2	3	4	5
6	总承包企业在不同项目中合理配置技术、人力、设备等资源	1	2	3	4	5
7	总承包企业制定了有利于项目实施的协作流程和原则	1	2	3	4	5
8	总承包企业能够协调合作企业作出有利于项目实施的决策	1	2	3	4	5
9	总承包企业能够根据市场需求调整合作伙伴	1	2	3	4	5
10	总承包企业制定了合作企业共同认可的项目目标	1	2	3	4	5

续表

（一）总承包企业网络治理能力	完全不符合	较不符合	基本符合	比较符合	完全符合
11	总承包企业严厉处罚违反合同内容的合作企业	1	2	3	4	5
12	总承包企业制定绩效考核标准评价合作企业行为	1	2	3	4	5
13	总承包企业根据项目绩效奖励表现好的合作企业	1	2	3	4	5
14	总承包企业经常组织合作企业交流经验	1	2	3	4	5
15	总承包企业在合作中提供项目实施必要的技术或管理培训	1	2	3	4	5
16	总承包企业能够在项目实施中使用新技术和新工艺	1	2	3	4	5
17	总承包企业能够不断改进现有合作流程和程序	1	2	3	4	5

（二）界面协同	完全不符合	较不符合	基本符合	比较符合	完全符合
18	合作企业的目标与项目总目标一致性高	1	2	3	4	5
19	合作企业间关系融洽	1	2	3	4	5
20	合作企业间遵循了相同的行业质量标准	1	2	3	4	5
21	项目不同阶段设计、采购、施工衔接流畅	1	2	3	4	5
22	合作企业间实现了有效的信息共享	1	2	3	4	5

	（三）项目绩效	完全不符合	较不符合	基本符合	比较符合	完全符合
23	项目按进度计划完成	1	2	3	4	5
24	项目在预算内完成	1	2	3	4	5
25	项目满足预定的质量标准	1	2	3	4	5
26	项目符合安全管理要求	1	2	3	4	5
27	业主对产品和服务综合评价高	1	2	3	4	5
28	合作企业对合作过程满意，愿意保持长期合作关系	1	2	3	4	5

索引